山梨県の市町村
（2024年現在）

ふるさと山梨の民俗世界

可能性としての生活文化

山梨民俗研究会　編

アスパラ社

ふるさと山梨の民俗世界　―可能性としての生活文化―

目次

凡例

（1）本書は、山梨の民俗を広く知ってもらうことを目的に編んだ。民俗を網羅的に紹介しようとするのではなく、読み物として楽しんでもらえるよう、全体を四七のテーマで構成した。したがって、興味ある節から拾い読みするのも読者の判断しだいである。

（2）内容の構成は、『山梨県史』民俗編（山梨県、二〇〇三年）にある「空間の民俗」・「時間の民俗」・「現代の民俗」を基本に七章だてとした。第一章から第三章は「空間の民俗」に、第四章から第六章が「時間の民俗」に、そして第七章が「現代の民俗」に対応する。

（3）郡および市町村名は二〇二三年一二月現在の地名を表記した。一部、「旧」や「現」を付して読解に資するよう配慮したものもある。

（4）年次の表記は西暦を基本とし、必要に応じて和暦を補った。

（5）地域で用いられてきた民俗を示す語（民俗語彙）についても原則として漢字で表記したが、漢字で表記できない場合はカタカナで表記した。

（6）長文の引用、文字資料の引用については、二字下げて記載し、文字資料の表記は現代仮名遣いによる読み下し文とした。

（7）引用文献は、著者名・論文名・書名を記載し、その詳しい書誌情報は一括して巻末の「参考文献」に掲載した。

（8）説明が必要な語句については「▲」印を付し、頭注で補った。

（9）執筆段階で行われていた行事や民俗であっても、その後、中断したり、変化したりしたものもある。

（10）各節の執筆者はそれぞれの節の末尾に氏名を記した。また、巻末に執筆者一覧を付した。

序章　山梨の生活文化を探る

一　日本列島内の多様な生活

世界は多様であっても、日本列島に暮らす人びとは一つだと思っている人は多いのではなかろうか。日本は島国であり、皆日本語を話している。そして時々政治家から「日本は単一民族だから」という失言や言い訳が聞かれる。しかし、このような考えは間違いである。日本列島にはいくつもの個性ある文化を保持した人びとが暮らしてきた。アイヌや沖縄の人びとはそれぞれ独自の文化を形成してきた。北海道を旅し、沖縄を訪れ、そのことを実感してきた人も多いはずである。

それに対し、本州・四国・九州は一つの地域であり、古くから一つの歴史を形成してきたと考えられてきた。日本史の教科書の記述がそれを示している。一つに統合された国家の歴史が日本史であり、そこに記述されるのは日本の本州・四国・九州の歴史である。北海道のアイヌの歴史や沖縄の琉球国の歴史はほとんど登場しない。書かれるのは中央の政治権力との関係が生じた時にほぼ限られる。本州・四国・九州は一つの歴史を形成してきたという理解は古くからのものであり、学校教育の歴史で教えられ、人びとにすり込まれてきた。それに対して厳しく批判をして、新しい歴史のとらえ方を示したのが山梨県出身の歴史学者網野善彦《あみのよしひこ》（一九二八～二〇〇四）であった。網野善彦は、日本史理解を縛り付けていた古い枠組みを破り、日本列島をその外側の東アジアの一部として位置付け、そして逆に日本のなかの地域差に注目し、それらが独自の歴史を形成してきたとした。日本列島の各地域は、日本史の一部ではなく、それぞれ独自の歴史を形成して今日にいたっていると考えた。

テレビで「秘密のケンミンＳＨＯＷ」というバラエティ番組が放送されている（日本テレビ系列）。比較的評判が良く、それなりの視聴率を得ているようである。山梨県でも放送されているので、読者のなかにも視聴している人も多いであろう。毎回いくつかのテーマで各地の特色ある生活を取り上げる。もちろんバラエティ番組であるから、視聴者が面白がるようなテーマが設定される。たとえば、山梨県民は、モモは剥かずに皮付きのまま食べるとか、一升瓶に入ったワインを湯飲み茶碗で飲むとかいう類である。山梨県民には当たり前のことであっても、他地方の視聴者が不思議に思ったり、あり得ないと驚いたりする内容である。なかには山梨県民もそれを知り驚く。例えば、山梨県は寿司屋の人口あたりの軒数が日本一で、マグロの消費量も全国有数という放送があった。長寿番組となっていることで分かるように、取り上げる話題に事欠かない。毎週放送される番組で視聴者は、生活文化に地方差があり、自分たちの日常行っていることが当たり前ではなく、他地方の人からは驚かれるということを知る。それほどに違いがあり、それらには理由があり、歴史があるということである。

二　歴史は英雄英傑が作るか

ＮＨＫのテレビ番組を代表するのが大河ドラマであるが、その主人公の多くが武将と呼ばれる人びとである。戦いをくり返し、政治権力を掌握した人物である。視聴者は大河ドラマで歴史を知り、歴史を楽しむ。テレビ番組の歴史で扱うのは大半がこのような歴史上の人物である。最近では、城郭を取り上げる番組も多い。築城の技術や城をめぐる攻防戦を描くが、その主役は将兵ではなく、いつも武将である。山梨県であれば、言うまでもなく武田信玄である。そして、対峙《たいじ》した織田信長、徳川家康である。各時代で活躍した人物が歴史を動かしてきたという理解がそこには示されている。そして、日常生活の由来にもそのような人物が登場する。山梨県でなじみ深いほうとうも信玄との因縁が語られ、各地にある温泉も「信玄の隠し湯」などと説明される。さらに近代になって登場した信玄袋や信玄餅がある。信玄は時代を下がるほどに大きな存在になってきた。

信玄や信長、秀吉、家康に人びとの関心が集まるのは、その活躍が社会を大きく動かし、変化させたからである。政治が大きく変わり、経済の仕組みが大転換することで時代が変わる。日本史の授業でも、律令制の成立、鎌倉幕府の成立、信長・秀吉・家康の天下統一、明治維新、そして一九四五年の敗戦に伴う民主化が時代を画してきたことを教わり、それぞれに関わって大きな役割を果たした人物のことを知る。歴史は天下国家の歴史なのである。明治時代に歴史を研究する学問が成立し、多くの研究成果を挙げて、歴史的な事実を明らかにしてきたが、最初は「百姓には歴史はない」と農民は研究対象にもならなかった。その後、社会や経済の歴史が研究されるようになり、人口の大部分を占める人びとの生活と生産が時代の基本的なあり方を作っていると認識されるようになった。それが歴史の大きな部分を占めるようになったのは第二次大戦後のことである。

三　現在は過去からの蓄積

歴史研究がようやく農村や農民を対象に本格的に研究を始めたのは今からほぼ百年前であった。それとほぼ同じ時期に、歴史学の依拠する文字資料が社会的にいかに偏って存在するかを鋭く指摘したのが柳田国男《やなぎたくにお》（一八七五～一九六二）であった。過去に書かれ、それが偶然にも残って現在存在する文字資料は少ない。しかも過去に文字で記録される機会は社会的に格差があり、多くの人びとは文字に記録されることはほとんどなかった。まして自ら文字を用いて記録することもなかった。特に日々の繰り返しのように見える日常の生活や生産は記録されることはなかったと言える。その点で、文字資料によって明らかにできる歴史は非常に限定的であった。むしろ、過去からの蓄積は現実の人びとの行為のなかにある。

私たちが日常生活で当たり前に行っていることは、他の人びとも同じように行っている。もちろん個性的な生活をして、他の人とは違う独創的な部分もある。しかし、改めて自分の日々の生活を見ると、意外に周囲の人たちと共通した生活をしていることに気づく。朝起きてから夜寝るまでの一日の生活、春夏秋冬の一年間の生活、誕生から亡くなるまでの一生のどこをとっても他の人びとと同じようなことをしている。兄弟姉妹や親子と共通した暮らし、近所や地域と共通した行動、学校の級友や友人たちと同じような活動をしている。私たちは連帯と共同のなかで生活を維持し、発展させてきたと言うべきであろう。そして、これらの共通した生活は上の世代が創り出し、下の世代に引き継がれてきたことを経験的に知っている。しかし大昔からではない。あるものは親の世代に一般化したし、あるものは明治時代に始まったものである。もちろん、なかには江戸時代に流行したことに始まったものもある。現在の生活はそのような過去に登場したものの累積した姿と言える。

柳田国男はそのことに気づき、現在人びとが日常的に行っている行為のなかに資料を求め、それを活用して歴史を明らかにしようとした。この新しい学問を民俗学と言った。そして、民俗学が研究対象とする、世代を超えて継承され、現在行われている事象を民俗と呼んだ。最初、民俗学は各地で人びとが行っている行事や儀礼を手がかりに、それを全国規模で集め、その違いを比較することで、日本全体としての歴史を明らかにしようとした。それぞれの地域の民俗は、日本という大きな歴史の一コマとして位置付けられた。それにより、それまでほとんど気づかれなかった人びとの生

写真１　現在に生きる民俗①
用水路の清掃（北杜市長坂町）

活史が姿を現した。しかし、それは地域の歴史ではなかった。今から半世紀程前に、地域の民俗で地域の歴史を明らかにするという考えが主張されるようになった。社会的にも、地域を重視する傾向が強まり、「地方の時代」と叫ばれ、「地域主義」が提唱された。その動向のなかで、民俗学でも地域・地方を単なる資料獲得の場とせず、地域の資料でその地域を明らかにする考えが提出され、一般化した。山梨県でも民俗の調査研究は盛んになり、山梨の生活文化の豊かな姿が明らかになってきた。

四　山梨県の生活文化

山梨県の範囲は江戸時代までは甲斐国と呼ばれてきた。甲斐国は古代の律令制下の地方行政区分であり、久しい間地域呼称として用いられた。明治以降山梨県となっても甲斐国は人びとに親しみをもって用いられ、その略称である甲州は今も日常会話にも登場する。それは山梨県と甲斐国の範域が一致するからである。同じことは隣接する長野県についても言える。長野県は信濃国に一致する。長野県民であれば誰もが歌えるという「信濃の国」に示され、大学名も信州大学である。甲斐国でもある山梨県は、周囲を山並みに囲まれ一つの独立地域を形成している。その地理的条件は生活文化の様々な面で個性を生み出した。それを日常的に示してくれるのがいわゆる甲州弁である。最近はさすがにきれいな方言を聞くことが少なくなってきたが、それでも山梨らしい表現や言葉はふんだんに使われている。方言が示すように、山梨県には他の地方では見られない、行われていない個性的な生活文化が見られる。

しかし、県内を丁寧に見てみれば、狭い山梨県であっても地域差がある。先ずは郡内《ぐんない》と国中《くになか》の違いがある。その境は山地であり、水が関東地方へ東流する郡内と静岡県へ南流する国中と、大きく水系が異なる。郡内では国中を甲州と呼ぶ人がいるほどに、意識に大きな相違がある。日常的に話題になるのは言葉であるが、衣食住でも何かと違いがある。さらに、同じ国中でも甲府盆地の西側と東側では、西郡《にしごおり》、東郡《ひがしごおり》という言葉で何かにつけて違いが強調される。これらの地域差は生活の様々な面に見られ、それぞれの地域の歴史を示している。

山梨県は周囲を山に囲まれた地域という孤立性・独立性が強調されることが多い。しかし、国中の山地を源流とする川は南に流れて太平洋に出る。かつては舟運が盛んに行われていたし、川に沿って往還《おうかん》が走り、鉄道が敷設されている。郡内の川は東に流れて太平洋に出る。その一つである桂川の流れに沿って甲州街道が走る。それは国中を貫通して西は八ヶ岳と南アルプスの鞍部を長く緩やかな坂道で信州に出る。この信州へ開かれた地形を諏訪口《すわぐち》と言ってきた。甲府盆地では、諏訪口の空模様を見て天気の行方を判断した。諏訪口は、今では鉄道や高速道路の道筋になっている。また、北巨摩は北へ八ヶ岳山麓を通って信州の佐久地方に高原状につながっている。ここも佐久往還という道路が走り、鉄道が通っている。南では富士山の東西の山麓が開けて南に抜ける。特に東側の籠坂峠《かごさかとうげ》は古来人間の移動や物資の輸送路として重要な役割を果たしてきた。

写真２　現在に生きる民俗②
ムラの成人式で獅子舞（南アルプス市下市之瀬）

　山梨県は閉ざされた世界ではなく、四方に開かれてきた。したがって、山梨＝甲州だけでその生活文化を考えてはいけないことは明らかである。勇壮な祭りとして知られる諏訪大社《すわたいしゃ》の御柱《おんばしら》は長野県内各地で盛んに行われているだけでなく、山梨県西部のいくつもの地域でも行われている。山梨の名物にアワビの煮貝がある。これはアワビを煮た高級珍味であるが、海のない山梨でアワビがとれるはずがない。南の静岡から入ってくる。同じように、郡内南部ではイルカを食べるが、これも伊豆半島から駿河にかけて広く食べられ、同様に郡内でも食べられるのである。山梨県だけのこととして考えず、周囲の地方との共通性にも注意し、広域的に歴史を考えることも必要である。

五　自ら調べ、自ら考える民俗学

民俗学は人びとが日常的に行っていることを調べ、記録し、分析して地域の生活史を明らかにする学問である。よく民俗学は「野の学問」と言われるが、それは、一つには人びとが生活している現場で調べ、現場で考えるからである。生活している地域が研究の場である。研究室で書物を読み、資料を調べ、思索して答を出すのではない。地域で暮らしている人びとの生活の様子を見せてもらい、また話を聞かせてもらい、自らの手で記録し、考えるのである。特に重視してきたのは、話を聞いて記録することであった。インタビューである。一般には聞き取りと言うが、民俗学では聞き書きという。これは江戸時代の国学者本居宣長《もとおりのりなが》（一七三〇～一八〇一）が、師の教えを学ぶ方法の一つとして聞き書きをあげたことによるもので、話を聞かせてくれる地元の人を先生と位置付け、その先生から話を聞き記録するという態度を強調する言葉である。聞き書きでは人びとが日常的に用いている言葉を重視し、記録する。すなわち「野の言葉」を記録し、その言葉を手がかりに考え、答を出そうとする。

そして「野の学問」にはもう一つの意味がある。それは、普通の生活を送っている人が自らの意志で自分の時間を使って研究するという意味である。簡単にいえば、在野の学問である。この学問を開拓した柳田国男も最晩年には一時大学教授の肩書きを持ったが、研究生活の大部分の時間は大学等の研究機関に属さず、自分の家で研究した。自宅に畳で四〇畳もあるような大きな書斎を造って日常的な研究を行った。その書斎はまた教室でもあった。この学問に関心を抱いた人たちと面談し、また研究会を開いた。集まった人びとも大学に勤務する研究者ではなく、様々な職業人であった。山梨県でも早くから民俗学に関心を抱き、自分の身近な生活を観察し、民俗を記録する人びとが登場したが、皆他に職業を持ち、余暇に研究をするスタイルであった。

民俗学も、この半世紀余りの間に「野の学問」としての姿を後退させた。小難しい理屈をこねる学問になってきた。それを担うのは大学等で研究する学者たちである。しかし、「野の学問」の後退は民俗学の衰退である。山梨県はじめ日本各地で、地域で生活し、余暇を活用して民俗を調べ、民俗学の研究をする人が急速に少なくなっている。やはり「野の学問」としての民俗学を再び取り戻すことが必要である。それを山梨県から始めたい。

六　この本の来歴と意義

山梨県では『山梨県史』を二〇年ほど前に刊行した。全二八巻で、大きく歴史の流れを記述した通史編六巻とその基礎となる資料編一九巻（他に概説編一巻）で編成されていた。そこに民俗編と文化財編という、通史編でも資料編でもない巻が二巻加えられていた。民俗編は、県内各地で伝えられ、行われている民俗を系統的に記述したものであるが、通史編にも資料編にも位置付けられないのは、時代という尺度が示されておらず、現在の生活から過去の生活を窺う記述になっているからである。民俗編は生活事象の諸分野で構成している。そして通史編と資料編を併せた記述になっている。民俗編は一二〇〇ページに及ぶ分厚い本で、読書好きの人でも読み通すことに困難を覚える。しかも発行部数も少なく、入手困難である。惜しいことであった。

民俗編の調査、執筆に関わった者の大多数は、民俗編刊行後も組織を維持し、山梨民俗研究会と名乗って活動を続

写真３　現在に生きる民俗③
吉田の火祭り（富士吉田市）

けた。もちろんそれは県史編纂事業とは関係のない私的な活動であった。当初は県史民俗編では十分には記述できなかった問題について研究を深めることに重点を置いたが、やがて民俗編を基礎に、さらにその後の研究成果を加えて、山梨県の生活文化史をやさしく解説して、若い人々にも関心を持って貰えるような一冊を刊行するという企画が浮上した。この一〇年余り、その構成、執筆、編集を行ってきた。そしてここにめでたく刊行することができた。今ではすたれつつある古い事項よりも、現在山梨県で人びとが日常的に行っていることをテーマとして多く選び、その現在の様相を記述し、歴史性だけでなく現代的な意味も説くようにした。民俗学は過去を明らかにするが、それを通して現在を理解しようとする学問であることを示そうとした。

本書を読んでどこかの節に興味を持ったら、それをさらに自分の周りで探して記録し、自己流で良いからその意味を考えてみよう。そうすれば、必ずや自分流の研究から生活文化の歴史を描くことができる筈である。勇気を出して研究に向かって進んで欲しい。それが「野の学問」としての民俗学の一翼を担うことになる。

（福田アジオ）

第一章　つながる人々

（韮崎市）

1　世間は無尽から　―競り無尽から飲み無尽まで―

「無尽」という言葉

「無尽《むじん》」という言葉を聞いて違和感を感じないあなた。山梨県民ですね？

筆者は約三〇年前、甲府市にある高校の非常勤講師を勤めたが、「今日、無尽なんで。お先に」と声をかけて退出する同僚の言葉に驚いた。筆者は東京生まれ、愛知県育ち。大学は東京である。「無尽」・「無尽講」が「頼母子講《たのもしこう》」と同様、金融機関が未発達な時代に金銭の助け合いをする組織を意味する、との認識はあったが「今夜、無尽？　なにそれ？」であった。そのことを気にして回りを見てみると、甲府市内の居酒屋や割烹などの看板には必ずといっていいほど「無尽承ります」、「無尽会にご利用下さい」の文字が躍《おど》っているではないか。

『朝日新聞』（「第二山梨版」二〇一六年九月一〇日付）の「それいけ！やまなし探偵団」が「無尽」の記事を載《の》せているが、平畑玄洋記者はこう書き出す。「今春、山梨に赴任してから『無尽』という言葉をよく耳にする。飲食店で『無尽承ります』という掲示も見かけた」。筆者やこの新聞記者のように、よそから山梨に来た他人者《よそもの》にとっては不思議な民俗なのである。

いっぽう、山梨県民で「無尽」の語を知らない人はまずいないだろう。「無尽」は一本、二本と数えるが、一本の無尽にも入っていない大人は少ないと思われる。

無尽って？

「無尽」の説明をあらためてしておこう。無尽・無尽講とは頼母子講と同じで、数人でグループを組み、一定の期日（たいていは月一回）に集まり、講員が定額の掛け金を出して融通し合う、互助的な金融組織という説明が一般的であろう。とはいえ「無尽」「頼母子」はそれほど単純ではない。整理するといくつかのタイプがある。

写真１　無尽会の利用を促す宣伝看板（甲府市）

第一は、物を融通し合う形である。茅《かや》を持ち寄り、一軒ずつ屋根葺きを行う茅無尽（茅頼母子）などがそれである。これは山間地域などでは一九五五（昭和三〇）年頃までよく行われていた。

第二は、掛け金を出し合ってまとまった金を融通し合うタイプである。まとまった金額の欲しい人が、入札などにより利子を競り高額な利子（競り金）で落として、まとまった金を手にする無尽は「競り無尽」「掛け無尽」と呼ぶ。近年は「取り無尽」ともいう。一度落としてまとまった金を得た人は、次回からは掛け金に競り金を加えた額を支払い続け、全員が一度ずつ金を手にすれば、その無尽の集まりは基本的に終了する。掛け金を出し合う無尽の中でも、金の使い道が自由なタイプと、畳、布団、乳牛など、買う目的物を決めているものがある。物資不足の時代にはこれにより必要な物を購入した。ま

写真２・３　無尽会を促す宣伝看板（甲府市＜左＞　韮崎市＜右＞）

た、初回に集まった金を困窮する家に渡す、「お助け無尽」も行われた。

第三は、第二の変化形である。掛け金は持ち寄っても競り落とさずに貯金し、メンバーで旅行に行く「旅行無尽」のタイプや、日を決めて集まって懇親会だけを行うという「飲み無尽」「飲み講」「飲みっこ無尽」と呼ばれるタイプがある。金銭の融通には重きを置かないが、親睦は深めたいとして、これらの無尽は存続している。現在の無尽はこのタイプが多い。

無尽の機能

甲府市で二代にわたって自営業を営む親子に話を伺った。初代は現在七〇代半ば、二代目は四〇代後半である。初代は、一九九八（平成一〇）年頃までは、毎月、一回に六万から一〇万円程度の無尽に二本以上加入していた。一例を挙げると、一〇万円の無尽メンバーはほぼ自営業の人々で総勢一〇名。競り落とせば一回に百万円が手に入る。筆者が見学したときは「ボーナスを払わないといけないから、今回はなんとしても落とす」と意気込む人が競り落とした。いっぽう、経済的余裕のある人は、最後の集まりのときまで待てば、全員の競り金とともに受けとることができるので、金融機関に預けるより利息がよいと言っていた。自営業者にとっては無尽は実質的な機能を持っていた。

一九九八年前後の筆者の調査では「金を稼ぐようになったから、無尽を始めた」、「一人前になれば無尽に入るべき」などの言葉をよく聞いた。成人式で同級生が顔を合わせ、そろそろ仕事にも慣れ、収入もあるので「同級生無尽を始めよう」となる場合が多い。「無尽に入る」ことは「大人である」証明でもある。また「引っ越してきて、一〇年経ってやっと信用された」と町内会の無尽に誘われて喜ぶ人もいた。無尽を始めるときには、参加する人の人柄や素行などが吟味され、「信用されない人は入れない」。なぜなら、無尽が開始して早い回に落としてまとまった金を得た人が、その後、持ち逃げする場合もあるからである。だからこそ無尽に誘われるのは信用された証なのである。無尽は信用に基づく金融機関的な役割が実質的に機能していた。

無尽は人間関係のネットワーク作りにも一役買う。▲バブル時代には三〇本以上入っている人も稀《まれ》ではなかった。毎日のように無尽に出かけるのはなぜかと、ある自営業の社長に問うと「仕事がスムーズにいくから」との返答であった。毎月顔を合わせていれば仕事の情報も集まり、商談も円滑に行く。息子の結婚式に自分の無尽仲間を招待することもよくあった。無尽のつきあいが家族ぐるみのつきあいにもなるのである。

「無尽に入っている」ことは社会的に一人前であり、かつ信用もあることを示し、無尽による人間関係が仕事や生活を円滑にする基盤になっていた。

現代山梨無尽事情とその変遷

山梨の無尽で中心的な存在であった競り無尽は、本来的には自営業の多い街場の家業を成り立たせるためのものであった。先の自営業者初代は、二〇一三（平成二五）年現在も三万円、六万円程度の掛け

一人前
社会の構成員として義務を果たせる人や、大人ができるはずの仕事をこなせる人、あるいは経済的に自立している人のこと。

バブル時代
一九八五～九一年まで日本に起こった好景気時代のこと。

写真4　集まって情報交換（甲府市）

無尽に二本ほど加入していた。いっぽう、二代目は資金が必要なときは金融機関を利用し、無尽での資金調達は考えないといい、飲み無尽も同級生無尽も、一本のみの加入である。

もちろんこれは少ない方で、彼の友人達は皆、三本程度は入っている。しかし「お助け無尽も掛け無尽も、言葉は知っていますが、僕らの世代は、やっている人は少ないと思いますよ」という。世代差が生じていることがわかる。運転資金の必要でないサラリーマンの増加につれて、飲みっこ無尽も増加した。その流れの中で女性の無尽も増えていったようである。女性達もＰＴＡの仲間や町内会の無尽に加入し、「今夜、無尽です、と言えば姑にも文句を言われずに外に出られる」のだという。

無尽という名で呼ばれる集まりも、経済的に助け合う意味はほとんど消え、親睦を深める集まりの意味が重視され、その姿を変えていった。必ずしも定期的ではない飲み会も「無尽の飲み会」といい、職場の懇親会などのための貯金会も「職場無尽」と呼んで給料日に集金する。実体は変わっても「無尽」の語は消えるどころか、その意味内容を膨らませ、山梨県民にとって親しみのある言葉として存在している。

このように山梨県民は男女とも無尽ネットワークを作ってきた。仕事がスムーズにいき、助けてもらえる人がたくさんいるのは利点である。先に述べたように、ＳＮＳ普及以前から、無尽仲間の連絡網で様々な情報が共有されるという利点もあった。政治家が積極的に無尽に参加するのはそのネットワークを利用するためである。いっぽうで、フェイクニュースや悪意の噂話もあっという間に広がった。インターネットと同様の威力を持つ無尽ネットワークである。こうした「罪」の部分もあるものの、定期的に集まり、顔が見える人間関係の絆を山梨県民は大切にしているといえるのではないだろうか。

山梨だけではない無尽講

これまで述べてきた無尽のタイプは、実は山梨県だけにあるものではない。かつては他県でも多く行われていた。たとえば、長崎には畳や瓦を買うために金銭を融通し合う畳講、瓦講があった。「お助け無尽」タイプも、同一の購入物を目的として集まる頼母子講も全国的に存在していた。「掛け無尽」タイプの頼母子講を現在まで続けている事例が岩手県陸前高田《りくぜんたかた》市横田《よこた》町にある。また、愛媛県今治《いまばり》市や福島県会《あい》津《づ》若松《わかまつ》市、あるいは沖縄県でも「模合《もあい》」という相互的な金融組織が現在も機能している。岐阜県飛騨《ひだ》市古川《ふるかわ》では、お助け無尽的な「頼母子講」や、「大黒講《だいこくこう》」という名だが、実質的な「飲み無尽」が行われているという。

しかし、全県的に無尽（模合）がさかんなのは、山梨県、沖縄県であるといってもよかろう。理由を明らかにはできないが、先に述べたように、山梨県民は人と人とのつながりを大切にしているからかもしれない。顔の見えないつながりが大流行している現在、顔を見知っている関係性を大切にする「無尽」や「模合」、「頼母子」が存続していることに、人間性を感じる。山梨県から無尽の灯りが消えないことを願いたい。

（浅野　久枝）

模合
沖縄で行われる無尽の名称。ムエーと発音する。

大黒講
大黒天を協同でまつる団体のこと。

2 つきあいの作法

―お仁義のいろいろ―

お仁義という言葉

「わたくし、生まれも育ちも東京葛飾柴又《かつしかしばまた》です。姓は車《くるま》、名は寅次郎《とらじろう》、人呼んでフーテンの寅と発します」。これは映画「男はつらいよ」で、主人公の寅さんが毎度繰り返す歯切れの良い口上《こうじょう》である。仁義という言葉を聞いて、このような「仁義を切る」場面を思い浮かべる人は少なくないだろう。「仁義」とは、もともと儒教の中心的な徳目である「仁」（いつくしみの心）と「義」（道理にかなった方法）、つまり人として行うべき道を意味する言葉であったが、次第に挨拶などの礼儀作法を意味するようになった。

冒頭に述べた「仁義を切る」作法は、寅さんのような露天商や博徒《ばくと》などの間で初対面の挨拶として欠かせないものとされ、厳格な作法で行われてきた。いっぽう、山梨県内でオジンギ（お仁義）といえば親類縁者や近隣の家々との付き合いを意味し、ギリ（義理）という言葉もほぼ同じような意味で使われている。仁義にせよ義理にせよ、元々は人として守るべき道を意味する倫理的な用語が、実生活では付き合いの意味で使われているところに、人と人との関係を何よりも重んじてきた山梨の人々の思いがよみとれる。

写真１　富士吉田市新倉の香典帳
（『富士吉田市史』民俗編、242 頁）

ギリハリとジンギゴト

富士吉田市《ふじよしだ》では冠婚葬祭に招きあい、祝儀や香典を贈り合うことをギリハリといい、贈られる金品そのものをギリと表現する。出産祝いから宮参り、初節供、七五三、成人式、結婚式、年祝い、病気見舞い、葬式、新盆《にいぼん》、年忌供養まで、冠婚葬祭に限ってもギリハリの機会は数多い。さらに家の普請《ふしん》や屋根替え、火事や災害の際もギリハリは欠かせない。あれこれとひと月に何回も出向くというこの地域では、挨拶代わりに「義理が大変だ」といわれるほどその負担は重い。まさにギリダオレである。にもかかわらず今もそれが守られているのはなぜかといえば、ギリハリが相手と良好な関係を保つ確実な方法であり、贈り手自身の社会的評価、つまり「義理堅い人」かどうかという評判を左右するからである。

こうした儀礼的な場面では、寅さんのような仁義ではないけれども、時宜《じぎ》にかなった挨拶や口上を述べて祝意や弔意《ちょうい》を表すことが大切な礼儀とされている。山梨県内でいうオジンギには、このような挨拶を含めて、そのための訪問、贈答、饗応《きょうおう》という一連の付き合いすべてが含まれている。オジンギに行く（来る）、オジンギを受ける、オジンギをハル（ツケル）などの言い方は、様々な付き合い方をオジンギの一言で表現するこの地域の暮らしぶりを表わしており、それらは総称してジンギゴトとよばれる。

山梨県内で単に「オジンギに行く」といえばすぐに弔問《ちょうもん》が連想されるように、ジンギゴトの第一は葬儀の付き合いとされる。北杜《ほくと》市武川《むかわ》町柳沢《やなぎさわ》では、死の知らせを受けた人はまず何も持たずに悔やみに訪れるのがオジンギであり、通夜、葬儀に香典や悔やみの品を持って弔問に訪れることをオジンギに行くという。一家の主人が贈る香典（オトコシノジンギ）に対して、女性がハチ（鉢）と称して持参する米をオンナシノジンギといい、村内の不幸に対して定額の香典を贈るのがムラジンギである。弔問客は香典を出して喪主《もしゅ》に挨拶し焼香をすませると、縁先で組の主だった人に挨拶する。これをザシキノジンギといい、葬儀委員長をつとめる常会長《じょうかいちょう》と組の長老は並んで弔問客のジンギを受け、遺族や喪家《そうけ》（葬式を出す家のこと）の親分も座敷から庭に降りてジンギを受ける。

旧北巨摩郡一帯では喪主以外に親送《おやおく》りする死者の子どもたちがめいめい帳場を設けて香典を受け取る習慣があるが、それぞれの子ども宛に贈られる香典のことをツケジンギという。また、親送りをする娘の夫（娘婿）が義理の親の葬儀に贈る多額の香典を武川町ではムコジンギ、ムコウデンという。このほかにも北杜市長坂《ながさか》町では、実家での親送りをおえて帰宅した嫁に対して、嫁ぎ先の近隣などが悔やみに訪れることをオカエリジンギといい、これらの人々が新盆に訪れるオニイボンもオジンギである。まさにオジンギのオンパレードであるが、こうした多種多様なオジンギを的確にこなすことが一人前の資格として求められるのである。

オジンギにあらわれる人間関係

社会生活を送る上でオジンギが欠かせないとはいえ、それはむやみやたらと行われるわけではない。

相手との関係しだいで、挨拶だけあるいは贈答だけですませる場合もあれば、儀式や振舞いに招待し合う場合もある。儀式への関わり方も、客として座敷に座りまた儀式に参列するような付き合いもあれば、裏方として儀式の段取りを整えたり接待する側に回る場合もある。贈答についても、その土地ごとに守らなければならない約束事がある。香典そのものをギリともいうように、贈答品はあるべき人間関係を象徴的にあらわすものであり、その品目や量は贈り手と受け手の関係の深さをはかる尺度になる。このようにオジンギの機会とは、普段ははっきり意識されていない互いの関係を改めて確認する場であり、その関係を誰の目にも見える形で表現する機会ともなっている。

様々なオジンギの中でも、葬儀はその家の交際範囲をほぼ網羅する、最大の交際の機会である。葬儀に関わる関係者は大まかに言えば、①親族として葬送の儀式に参列し、死者を送り出す主体となるもの、②葬儀の段取りを整えその執行を手助けするもの、③一般の弔問客、に大別され、それぞれ付き合い方は異なる。

南巨摩《みなみこま》郡南部《なんぶ》町福士《ふくし》（旧富沢《とみざわ》町）では、「葬式は▲隣保《りんぽ》で出す」といわれ、②にあたる隣保（組合）の家々は、シタク、ホンビ、カタヅケの三日間（戦後は二日間）にわたって各戸から男女二人ずつ人手を出し、葬儀執行を取り仕切ってきた。死亡の知らせを受けると組合と村内のシンセキが集まって葬儀のオヤカタを決め、ヒキャク（死亡通知）、買い出し、葬具作り、穴掘《あなほ》りと棺担《かんかつ》ぎ、帳場（香典受付）、弔問客の接待係などの役割を分担した。組合の女衆は弔問客に出す昼食や墓地からもどる野帰《のがえ》りに出すハライノゼンなどの調理と接待を担当する。いっぽう、①にあたるシンセキは、死者の▲湯灌《ゆかん》、ヨトギ（通夜）を

隣保
隣保班。近隣の家々によって組織された互助組合。町内会・部落会の下部組織と位置づけられ、冠婚葬祭には相互扶助を行う。

湯灌
納棺前に死者の身体を湯で洗うこと。近親者が行い、逆さ水等の呪術的作法を伴う。死者を僧にする前に沐浴させる作法とされる。

つとめ、葬儀当日は式に参列した後、ワカレノサカズキを交わしエンキリモチを食べて葬列のトモにたつ。いわば死者を送る儀式の当事者となる人々である。

喪家に香典を贈る人々の大半は、死者本人の、または喪主にとっての親族や近隣など喪家と直接つながりのある関係者である。しかし中には、死者本人とは一面識もないような関係者が香典を届ける場合がある。先の北杜市や富士吉田市では、親送りをする子どもたちは喪家の帳場とは別にそれぞれの帳場を出し、自分宛のツケジンギを受け取る。また、親送りをおえて帰宅した嫁に対し、嫁ぎ先の近隣などがオカエリジンギに訪れることもある。これらの地域では、親の葬儀は子ども全員で行うものとされているため、喪主以外の子どもであってもその経済的負担は軽いものではない。子どもたちに贈られるツケジンギや悔やみは、彼らへの物心両面の援助を意味するものである。親を亡くした子どもたちのために、死者本人と直接の関係はなくとも、付き合いのある近隣や組の人々はオジンギをする。葬儀がジンギゴトの第一というのは、喪家との付き合いだけにとどまらない。

写真2　富士河口湖町大石の生活改善の掲示

変わるオジンギ、変わらぬオジンギ

オジンギを積み重ね付き合いを深めていくことは、人間関係を円滑にする上で大切な作法である。しかし、生活に余裕が出れば、付き合いの仕方も自然と派手になりがちである。「人並み」の意識から付き合いを競い合う結果となり、ついには人間関係を円滑にするはずの付き合いが重荷と感じられるようになる。まさに「義理が大変！」となるのである。

それゆえ、ひとたび経済危機に直面すれば、真っ先に槍玉《やりだま》に挙げられるのが付き合いであった。明治後半の勤倹貯蓄《きんけんちょちく》の申し合わせ、昭和初年から戦時下の▲農山漁村経済更生《のうさんぎょそんけいざいこうせい》運動、戦後の▲新生活運動、▲生活《せいかつ》改良普及事業《かいりょうふきゅうじぎょう》など、繰り返し付き合いの簡素化、生活の合理化が提唱されてきた。いまも地域の公民館などで付き合いの簡素化を呼びかける掲示を目にすることがあるが、繰り返し唱えられるということはそれだけ簡素化が難しいということでもある。富士吉田市では、新生活運動の一環として自宅挙式を廃し公民館や集会所での挙式を推しすすめた。しかし運動の波が去れば集会所での挙式はそのまま結婚式場やホテルでの挙式に移行し、より一層盛大な婚礼が行われるようになったそうだ。近年では、葬儀や法事は斎場《さいじょう》や葬祭ホール、祝い事はホテルや式場で行われるようになり互助協力の面ではたしかに簡素化されてきたが、付き合いにかかる出費の方は減っていない。人の意識は容易には変わらないともいえるが、最近よく耳にする結婚式を挙げないという選択肢や身内だけの家族葬をみると、人々の考え方にも確実に変化は生まれているようだ。

（中込　睦子）

農山漁村経済更生運動
農業恐慌によって荒廃した村落の生産力・経済力の向上と生活改善を目標に、一九三二（昭和七）年に始められた政府主導の運動。自力更生が強調された。

新生活運動
一九五五（昭和三〇）年に設立された新生活運動協会によって展開された生活改善運動。生活の合理化と環境衛生、衣食住改善が目指された。

生活改良普及事業
一九四八（昭和二三）年の農業改良助長法によって推進された事業。公務員として採用された生活改良普及員の指導により、衣食住や家計の改善、農村生活の向上が図られた。

3 たくさんのオヤたち ―親分と子分―

一二人のオヤ

南巨摩《みなみこま》郡南部《なんぶ》町（旧富沢《とみざわ》町）福士《ふくし》に住む一九二五（大正一四）年生れの女性には、一二人ものオヤがいる。「世話人が二組（婿さん方と嫁さん方一組ずつ。それぞれ夫婦なので計四人）、カネオヤが二組（同じく四人）、それに自分の実家の生みの親二人とここのうち（嫁ぎ先）の親二人」。生みの親以外に一〇人ものオヤがいることになり、「だから何かことがあった時には、大変だよね」と話す。南部町の周辺では、この女性のように、実《じつ》の親以外にいく人ものオヤがいるのが以前はごく普通だった。

どのオヤに対しても、実の親同様にオトウサン、オカアサンと呼びかけ、オヤの側はコの名前を呼び捨てにする。「オカアサンいる？」といいながらオヤの家に出入りするコの姿は、事情を知らない者の目には実の娘や息子にしか見えない。オヤとコは日頃から頻繁に行き来するだけでなく、互いの家の冠婚葬祭には実の親子同様に「本当に濃いシンセキ」の付き合いをする。この関係はオヤが亡くなるまで、さらにコがオヤの年忌法要に参列する限り続くといわれている。

ここにいうオヤとは仮親《かりおや》、つまり親分《おやぶん》のことであり、コは子分《こぶん》を意味する。オヤコの関係とはいわゆる親分子分関係のことであり、学術用語ではこれを擬制的親子関係《ぎせいてきおやこかんけい》（親子に擬《なぞ》らえる関係）と呼んでいる。戦後しばらくの間まで山梨県内の農村部にごく普通に存在した親分子分の暮らしぶりを、人々の記憶の中から呼び起こしてみよう。

オヤコになるきっかけ

南部町（旧富沢町）周辺でオヤコになるきっかけは、大きく分けて二つある。一つ目は子ども時代で、ナツケオヤ、ヒロイオヤとの間でオヤコになる。県内では、このほかにもトリアゲオヤ、チツケオヤ（乳親）、ヤシナイオヤなど、子ども時代の仮親が数多く知られている。旧富沢町では、ナツケオヤに子どもの名前を付けて貰《もら》うのが以前はごく普通だった。ナツケオヤになればコの成長の節目ごとに祝いの品や祝儀を贈り、正月にコが顔を出せば年玉を与えた。コの側もオヤへの年始は欠かさなかったという。

オヤコになるもう一つの大きなきっかけは結婚で、はじめにあげた女性のように、ナコウドオヤやカネオヤとオヤコの関係になる。ナコウドオヤは、オセワニン、セワヤキともよばれ、両家の仲を取り持つ役として婿方《むこがた》・嫁方《よめがた》の双方にたてるのが以前は一般的だった。自宅で行なう結婚式では、嫁・婿をはさんで最上席に両方の世話人がすわり、アイサカズキから披露宴まで婚礼のすべてを取り仕切った。

ナコウドオヤの他に、カネオヤ（オヤドンともいう）を嫁方・婿方の双方（または婿方）にたてることも、以前は多かった。カネオヤは本来、鉄漿《かね》すなわちお歯黒《はぐろ》を花嫁に付ける親の意で、お歯黒を付けなくなってからも、婚礼後の里帰りの着付けや髪結いの費用はカネオヤが負担するものとされていた。「オヤになる」といえば普通はこのカネオヤをさし、新婚夫婦の親代わりになって面倒をみる文字通り

ヒロイオヤ（拾い親）
親の厄年に生まれたり、子どもが病弱だったりなど、子の成育に不安がある場合、形式的に子どもを捨て拾ってくれた人を仮親とすること。

トリアゲオヤ（取上げ親）
出産に立会い、産婦を介助して子を産ませるのが本来の取上げ親であるが、仲人の妻などを取上げ親と呼ぶ地域もある。

チツケオヤ（乳付け親）
生児にはじめて母乳を飲ませる前には、実母以外の他人の乳を与えるものとされ、乳の提供者をチツケオヤという。

の親分である。夫婦間のもめ事や嫁姑《よめしゅうとめ》問題など、コ夫婦の家庭内に問題がおきればまずはオヤに相談する。とりわけ嫁ぎ先で孤立無援になりがちな嫁の言い分を聞くのがオヤの大切な役目とされている。

正月にはコ夫婦は揃ってオヤの家に年始に行き、コ夫婦に子どもが生まれれば、オヤは産見舞いや初節供、最近では入学祝いや就職祝いなどに相当額の祝い品や祝儀を贈る。従って、オヤを引き受ければかなりの出費は覚悟しなければならない。いっぽうオヤが亡くなれば、コの立場の者は「子分一同《こぶんいちどう》」として花輪を贈り、オヤの年忌法要にもコが生きている限り参列する。

世話してもらったコの立場からいえば、カネオヤも先にあげたナコウドオヤもオヤということになり、濃い親戚の付き合いになる。南部町周辺では、結婚後初めての節供を「女衆《おんなしゅう》の初節供《はつぜっく》」と称し、新婚夫婦は、嫁の実家、カネオヤ(以前は両オヤブン)、両世話人の四組ないし五組のオヤの家に餅をもって挨拶に行った。立派な大人である嫁の「初節供」とは奇妙に聞こえるが、生まれた子どもの初節供と同様、嫁いできたばかりの嫁はオヤたちにとって初節供を祝うべき新たなコと考えられていたのだろう。

オヤを頼む相手

コに対して実の親同様に、できればそれ以上に強力な後ろ盾になってくれる人にオヤ(親分)を頼みたいと思うのは人情である。北杜《ほくと》市一帯や甲府盆地周辺の村々では、オヤになるには家柄《いえがら》、勢力(社会的影響力)、人格、財産の四つの条件が必要とされ、この条件を満たす村の草分《くさわ》けや総本家《そうほんけ》、有力地主などにオヤになってもらった。オヤには婚礼の一切を取り仕切ってもらい、結婚後もコ夫婦の後見役《こうけんやく》として何かと面倒をみてもらった。コの側もことあるごとにオヤの家に出入りし、オヤから声がかかればすぐに駆けつけて仕事を手伝うのが当たり前とされた。さらに以前は、コの側から年に何度かオヤの家に働きに行くのが決まりだったという。コの家に子どもが生まれれば、当然のこととしてオヤに名付け親を頼んだ。こうしてオヤコの関係は世代を超えて引き継がれていった。

オヤコ間の庇護《ひご》・奉仕の関係がわかりやすい形で見えるのは、経済的な場面である。甲府盆地周辺の農村では、以前は村内の有力地主にオヤを頼み、コとなった小作人の小作料を安くしてもらったり、困窮したコに対してオヤが金銭や物品を融通《ゆうずう》したりした。いっぽうオヤの側がコに期待したのは労働力の提供で、大地主ともなれば農家の経営を維持するために相当数のコが必要だったという。コはオヤの後ろ盾をたより、オヤはコの労働力に期待するという関係が保たれていたのが、戦前までの農村の暮らしだった。これらの地域では「親分もないような者には嫁にやれぬ」といわれたほどで、コにとって有力なオヤを頼めることが社会的な信用につながっていたのである。

とはいえ、よくよく話を聞いてみると、オヤを頼む事情はそれだけではなかったらしい。たとえば、前に述べた南部町（旧富沢町）のナツケオヤは、将来子どもの力になってくれそうな人に頼むと説明されているが、実際には実の親同士が親しいとか近所に住んでいるといった理由で互いにオヤを頼み合うことが多いという。前に名前をつけてもらってあれば、頼まれなくても「今度はナツケオヤにならせてくれ」とオヤの方から申し入れることもある。つまり、オヤになってもらうのはコの後ろ盾になってほしいからというよりも、親しい家同士の付き合いの一つと考えられている。だからことさら有力者にオ

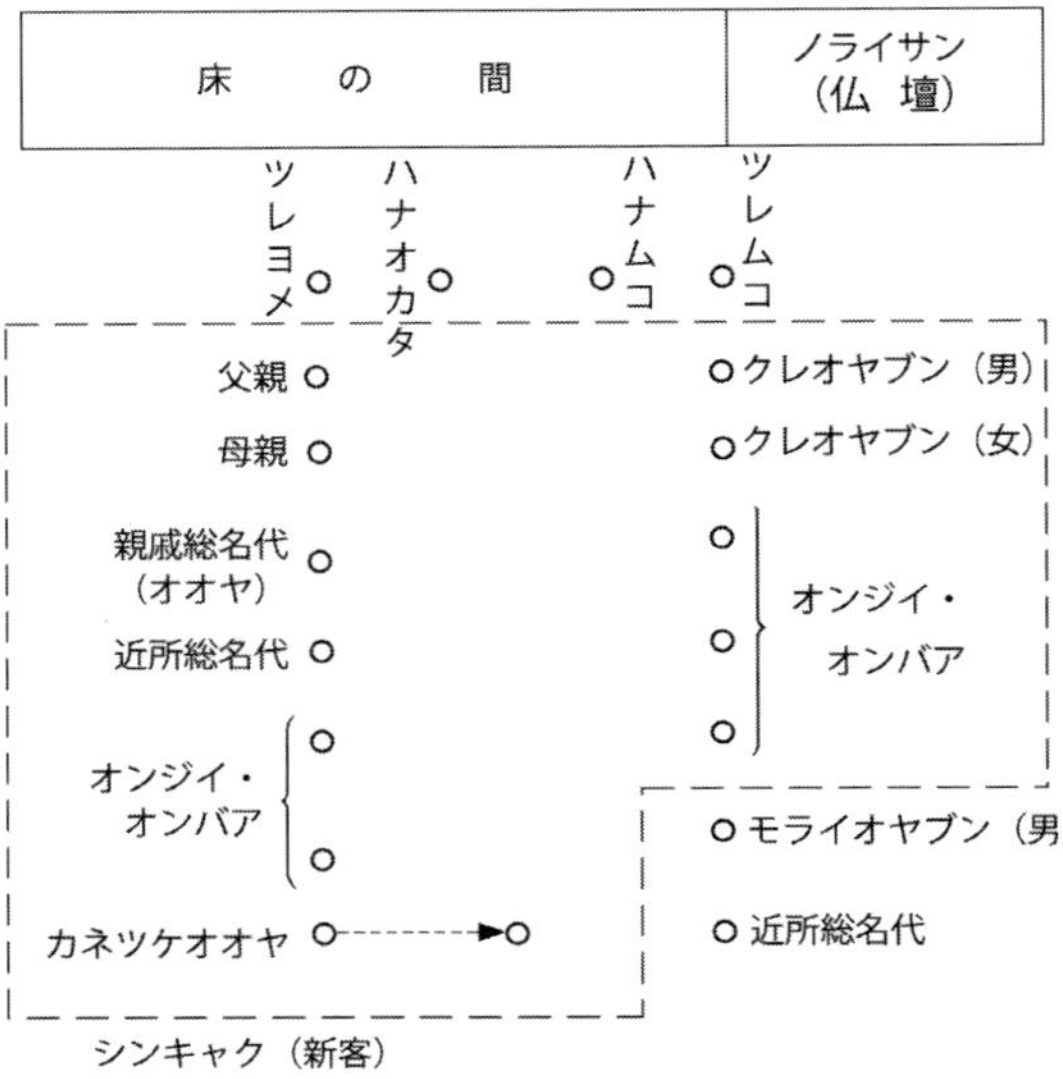

図表１　富士吉田市新倉の自宅での結婚式の座順
（『富士吉田市史』民俗編、224 頁）

ヤを頼む必要はないことになる。南巨摩郡早川町の奈良田《ならだ》や上湯島《かみゆじま》でも、ナヅケオヤ、ヒロイオヤ、祝言のオヤブン、カネツケオヤなど数多くのオヤが知られているが、ここでも特別な家柄のものや有力者にオヤを頼むことはないという。むしろある世代にオヤを頼まれたものが、次の世代にはコとして相手方にオヤを頼むという風に、互いにオヤの役割を果たし合うものとされている。オヤコの関係とは「遠くなった親類を頼んで縁をつなぐ」ものというのがこの地域の人々の説明である。

　オヤを選ぶ理由にこのような違いがあるのはなぜか。上湯島の親分子分を調査した服部治則《はっとりはるのり》は、焼畑主体の山村では、水田稲作農村のような地主の優位性はみられず、社会的な格差も生まれにくいこと、また地理的な封鎖性から村内婚が多く本家分家と親類が重なるため、家の由緒や格付けよりも家同士の共同性や親密性が重視されることが、ここでのオヤ選びの背景にあると述べている。つまり誰にオヤを頼むかということは、地域の事情に左右されるという

服部治則

一九二〇〜二〇一五年。社会学者・民俗学者・歴史学者。専門は農村社会学・戦国期甲斐地方史。三重県出身。山梨大学で教鞭をとる。山梨県内で親分子分関係を調査分析し、その起源を求めて戦国期武田氏の寄親寄子制度や武田家臣団の系譜に関する基礎研究を行った。

ことなのである。

親分から仲人へ

山梨県内の農村の大きな特色であった親分子分関係も、甲府盆地周辺では一九五五(昭和三〇)年代の終りにはほとんど見られなくなった。代わって強調されるようになったのは仲人(ナコウド・チューニン)の役割である。前にもふれたように山梨県内ではオヤブン(カネオヤ)とは別にナコウドをたてるのが一般的で、実際に縁談を持ちかけるのは家格や財産を問わず親しい付き合いをしているものだった。この人はハシカケとよばれ、当時はさほど重い役割とは見られていなかった。

しかし、時がたちオヤブンをとる習慣が廃れてくると、今度はナコウドが表に出て祝言をとりしきるようになった。このためナコウドには社会的地位のあるものや影響力のある有力者が選ばれるようになり、結婚後も夫婦の面倒をみるようになっていった。コの側もできるだけ経済的・社会的な援助を期待できそうな相手を求めるようになり、勤め人であれば職場の上司をナコウドとするようになった。現在の仲人事情について、北杜市に住む大正生まれのある老人は、跡つぎはさすがに習慣に従って昔からの親分の家にナコウドをたのむが、次男以下は経済的利益を優先して羽振《はぶ》りのいい実力者を選ぶようになったと嘆きながら語っている。さらに若い世代では、その仲人さえ立てない結婚が増えてきている。オヤコの関係は、まさに社会のありようを映し出す鏡なのである。

(中込　睦子)

4 一族の結束

―同族の祭りと助け合い―

マキ・イッケ・ジルイ

マキ・イッケ・イットウ・アイジ・ジルイ・オヤコ・ウチッキリ。

これらはみな、山梨県内で一族や親戚を表わす用語、つまり標準語のシンルイ・シンセキにあたる言葉である。県内で暮らしたことのある人であれば、こんな言葉を一度は耳にしたことがあるにちがいない。山梨県という限られた範囲にこのように多彩な親族を意味する表現があるのはなぜか、そもそもそれぞれの言葉はどういう関係者を指しているのか。ここでは、地域社会で特に重要な役割を果してきた、本家と分家の集団を意味する用語、マキ・イッケ・ジルイについて述べてみたい。

まず、マキは関東地方から東北地方まで東日本一帯に広くみられる言葉で、県内では国中（主に旧北《きた》巨摩《こま》郡・旧中巨摩《なかこま》郡・旧東八代《ひがしやつしろ》郡）に分布している。姓を冠して〇〇マキ（巻）とよぶように同姓の一族を指し、共通の先祖から分かれた家々と考えられている。ただし、マキ内部でも実際に関係がたどれるのは最近分かれた本家と分家だけというのが普通で、マキはこうした近い本家分家集団がいくつか集まって構成されている。

マキを構成する小集団を北杜《ほくと》市でアイジ（相地・合地）とよび、マキの仲間同士をマキウチともよぶ。

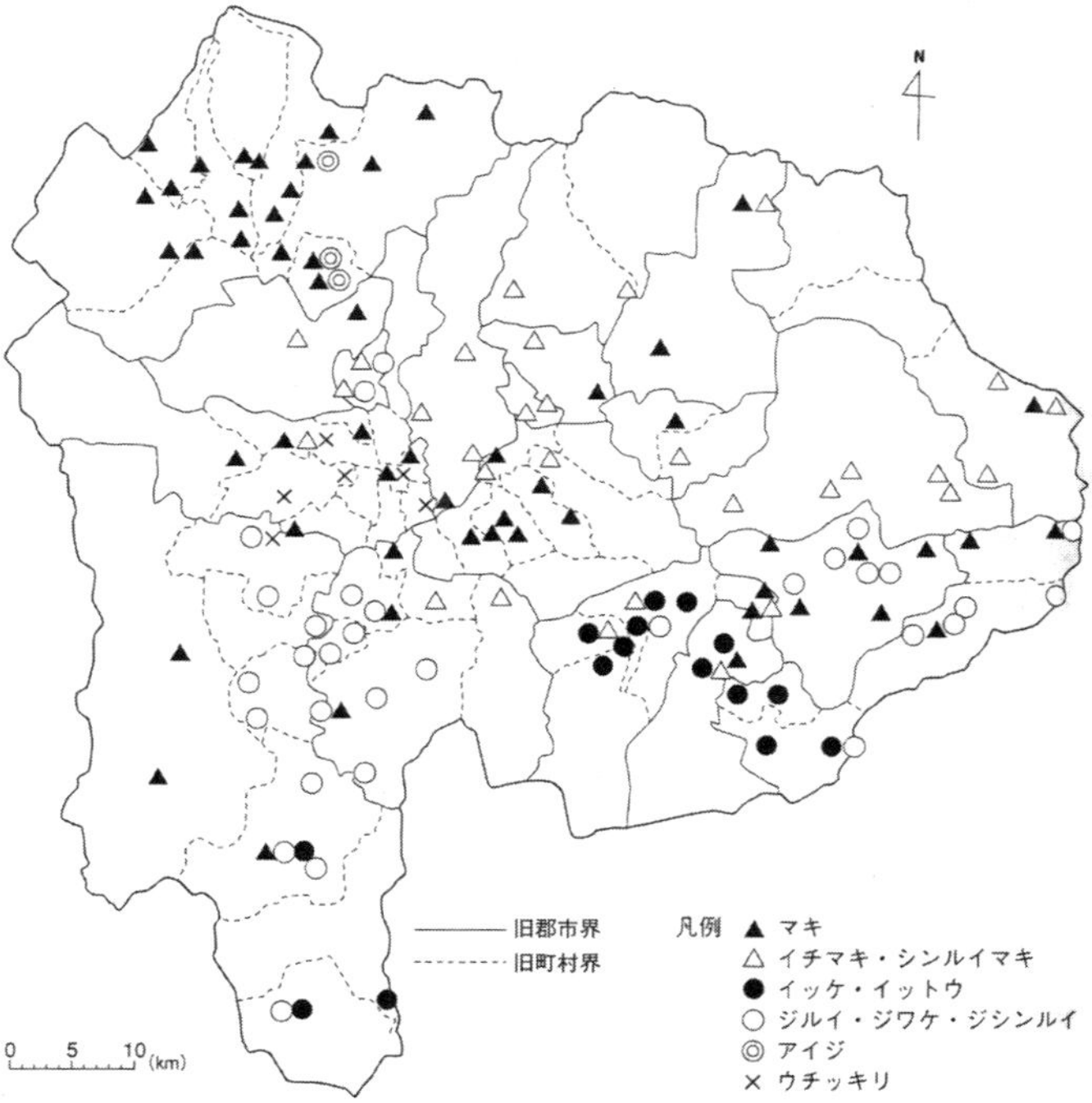

図表１　山梨県の親族組織の名称の分布（『山梨県史』民俗編、119 頁）

いっぽう、甲府市周辺から旧東山梨《ひがしやまなし》郡や北都留《きたつる》郡では、本家と分家だけでなく他の親戚も含んだ緩やかなまとまりをシンルイマキ、イチマキとよぶ。こちらは一族というよりも、縁故関係のある家を漠然と指す表現である。

富士吉田市や南都留《みなみつる》郡のイッケ・イッケシや県南部に分布するイットウは、関東から西日本にかけて広くみられる用語で「一家」「一家衆」「一統」の字があてられる。マキと同じように姓を冠して○○イッケとよばれ同姓の一族を意味し、その内部もいくつかの本家分家集団に分かれている。たとえば、南都留郡忍野《おしの》村忍草《しぼくさ》では同姓のイットウ内部がいくつかのイッケに分かれ、イッケ内部はさらに直接のオーヤインキョ（本家分家）に分かれている。富士吉田市周辺ではイッケごとにイッケシヒマチを行うほか、いくつかのイッケシが集まって同姓全体でミョウジカケ（苗字掛け）の祭りを行うこともある。

富士川流域の南巨摩《みなみこま》・西八代《にしやつしろ》両郡と郡内《ぐんない》東部にはジルイ・ジワケ・ジシンルイなどが分布している。「地類」「地親類」の字をあて、昔、土地を分け合った家同士という地分《じわ》け伝承を伝えているところもある。しかし、県内のジルイのすべてが地分け伝承を伴っているわけではなく、マキやイッケと同じように一族の意味で使われたり、どちらが本家か分家かわからないほど古くからの関係、または屋敷が隣り合わせで古くから縁故のある家と説明される場合もある。隣接する神奈川県や静岡県山間部にもジルイ・ジワケ系統の言葉が広く分布しており、地分け伝承を伴う例があるのも共通している。

イエージン（祝神）とミョウジカケ（苗字掛け）

一族の結びつきが誰の目にもすぐわかる機会といえば、一族の祭りがあげられる。北杜市須玉《すたま》町上津《かみつ》金《がね》では浅川姓の二一戸が三つのマキに分かれ、各々マキのイエージン（祝神、一族の神のこと）をまつっている。現在一二戸で構成されるあるマキは、イエージンとして石祠《せきし》三基と丸石数個をまつり、三月初《はつ》午《うま》と九月の春秋二回（現在は春一回）オヒマチ（お日待）をする。祭り日の午前中にマキ全員でイエージンに参拝し、その後、当番の家で会食する。神前に供える赤飯やオマル（団子のこと）を用意する世話役は一年交替の当番制で、オヒマチの費用はイエージンの敷地内の竹林の収益で賄う。会食の座順は今は特別な決まりはないそうだが、他のマキでは、昔は総本家《そうほんけ》であるオーヤを上座として各々決まった席次があったといわれているので、過去には本家中心の系譜的な序列が重視された時代があったかもしれない。しかし現在は、互いの系譜的なつながりよりも、祭り仲間という意識の方が強いそうだ。

写真１　浅川マキのイエージン祭り
（北杜市須玉町上津金　山梨県史編さん室撮影）

同じ須玉町の黒森《くろもり》では、マキごとのイエージンに加えて、いくつかのマキを含む同姓全体でミョウジカケのイエージンをまつる。黒森の藤原姓三四戸は五つのマキに分かれているが、そのうちナケーという屋号の家を総本家とする分家・孫《まご》分家《ぶんけ》一二戸から成るあるマキでは、ナケーの屋敷の裏手にあるイエージン（愛宕《あたご》さん）の石祠をまつっている。祭りの世話は当番制という例が増えてきている中で、ナケーを中心とするこのマキでは、春秋二回行われる祭りの世話はすべて総本家であるナケーが担当している。祭り前夜にはマキの家々がナケーに集まって会食し、翌朝、全員でイエージンに参拝する。これに加えて、藤原姓全体でオノゴロサンとよばれるミョウジカケのイエージンをまつる。オノゴロサンとは一族の遠祖とされる藤原斧五郎実親《ふじわらおのごろうさねちか》が戦に敗れ落ちのびて住んだとされる屋敷跡にまつられた石祠で、一族の祖神《そしん》とも作神《さくがみ》ともいわれている。ミョウジカケの祭りは春秋二回（四月二三日と一一月二三日）行われ、藤原姓の家々が回り番で頭屋《とうや》となる。祭り前夜に頭屋の家でオノゴロサンのオヒマチをし、祭り日には全員で祠《ほこら》に参拝する。各戸からはダンス（団子のこと）用の粉と赤飯用の餅米を集め、酒代も各戸均等割りにする。

北杜市高根《たかね》町樫山《かしやま》でも同様のミョウジカケの祭りが行われる。ここでは同姓がいくつかのマキに分かれ、マキごとにイエージンをまつるのに加え、浅川姓の明神さん、利根川姓の利根神社、大柴姓の大柴巻祝神《まきいわいじん》というように同姓全体でミョウジカケの氏神《うじがみ》をまつる。いっぽう、須玉町和田の藤原姓ではマキごとにイエージンをまつり、マキ内部の直接の本家分家であるアイジもそれぞれイエージンをまつる。

これらの事例を報告した服部治則《はっとりはるのり》によれば、オーソーヤ（総本家）を中心とする一族が拡大してゆくうちに一族の中でより近い関係の家々がマキ（さらにはアイジ）として分化し、同姓のミョウジカケの祭りの他に、各マキのイエージンをもまつる形が生まれたのだろうと述べる。同族の祭祀を意味するミョウジカケという言葉は山梨県に特徴的な表現であり、北杜市以外でも山梨市八幡《やわた》や富士吉田市などにも分布している。近世文書には一族の氏神を指して名字《みょうじ》（苗字）掛場《かけば》、苗字《みょうじ》カケ所《じょ》という用法がみえてお

写真２　堀内イッケの一家宝徳講帳簿
（富士河口湖町大石）

写真３　堀内イッケの甲子講の祠
（富士河口湖町大石）

り、神社を中心とする同族結合《どうぞくけつごう》は近世、さらに中世武士団にまで遡るのではないかと、服部《はっとり》は指摘する。

一族の相互扶助

富士河口湖《ふじかわぐちこ》町大石《おおいし》の堀内イッケの場合は、一族の祭りではなく「一家宝《いっけほう》徳講《とくこう》」という互助組織を結成し、経済活動を通じて一族の結びつきを保っている。

堀内姓は大石では最も多い姓で、家紋の異なる二つの系統が存在する。そのうちの一つである「三つ巴《ともえ》」紋の堀内イッケは現在三〇戸ほどで、年一回「巴のイッケ会（堀内一家懇親会）」を開いている。このイッケには一八八一（明治一四）年の「堀内一家宝徳講」（講員名簿）や積立金貸付関係の規約、帳簿類が多数伝存し、イッケの経済活動の様子を知ることができる。一九二〇（大正九）年の「一家規約《いっけきやく》」によれば、冒頭にイッケの相互扶助をうたい、積立を目的とする一家宝徳講を結成し世話人が積立金の管理、貸付、利子配当を行うこと、毎年正月にヒマチを行い積立などについて協議を行うことを定めている。

講員名簿の作成された一八八一（明治一四）年には、堀内姓二三名の氏

甲子講
十干十二支の最初の干支である「甲（きのえ）子（ね）」の日の夜に集まり、子の刻まで起きていて、大豆や黒豆、二股大根を供えて大黒天をまつる行事。

名を連記した最後に、イッケとして檜山《ひのきやま》を管理していたと思われる記載と、作業に不参加の者への過徴金が定められている。さらに明治・大正・昭和の「積立金貸付帳簿」も保管されており、現在も世話人がイッケの所持金を管理している。

この堀内イッケでは同族の祭りは行われていないが、同じ大石の「三つ引《びき》」紋の堀内イッケでは▲甲子講《きのえねこう》が行われており、梶原姓のイッケでも各系統ごとに大石神社《おおいしじんじゃ》と日月神社《じつげつじんじゃ》をイッケでまつりオヒマチをしている。オヒマチの世話役が当番制なのは先に見た一家宝徳講と同じであり、総本家が特別な役につくようなことはない。

そもそも大石では、イッケ内でも系譜をたどれる家の方が少ないそうだ。一家宝徳講は、このような緩やかな一族意識で結ばれた家同士の相互扶助組織であり、同格の家同士の無尽《むじん》のようなものである。大石の一家宝徳講がどのような経緯で始められたのかはわからないが、ともかく一族の互助組織として発展してきたことは間違いない。その背景には、本家分家それぞれの経済的自立が可能となるような社会環境があり、県内に広く見られる無尽の伝統も関係しているのかもしれない。一族の姿にはそれをとりまく地域社会のあり方が色濃く反映している。

（中込　睦子）

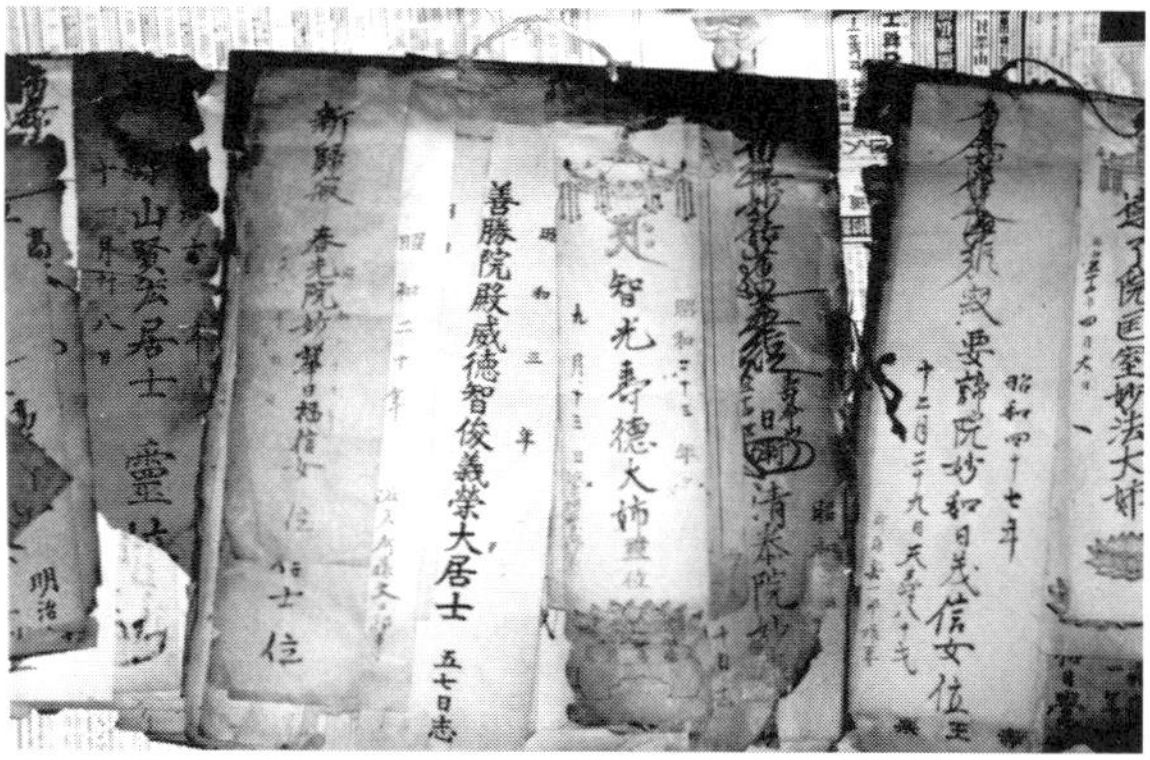

写真１　在家塚の紙位牌（南アルプス市）

5 親を弔う子どもたち ―親念仏と位牌分け―

オヤノシマイと位牌分け

昨日《きのう》までも今朝《けさ》までも　見上げ見下ろし見た親を
生命《しょうめ》変れば恐ろしや　一夜も此《こ》の土へ置きもせず
いそぎ野辺《のべ》にと送り出す

南都留《みなみつる》郡道志《どうし》村では、親が亡くなると、嫁にいった娘であれ分家した息子であれ、子どもたち全員に位牌を作って分ける。子どもたちはこれを自宅に持ち帰り、親の供養のための「親念仏《おやねんぶつ》」を催《もよお》すというのが一般的な習慣であった。冒頭の一節は、道志村川原畑《かわらはた》の親念仏であるが、親を見送る子の心情を思うと「人の親の念仏でも、（これを聞くと）悲しくて泣けらぁな」「悲しくて念仏をいうにいえんだよ」と村人は語っている。

山梨県内には、ここと同じように親の位牌を複数作って子どもたちや近親者に分ける「位牌分《いはいわ》け」が広く分布している。とくに県南部の郡内《ぐんない》（旧南都留・

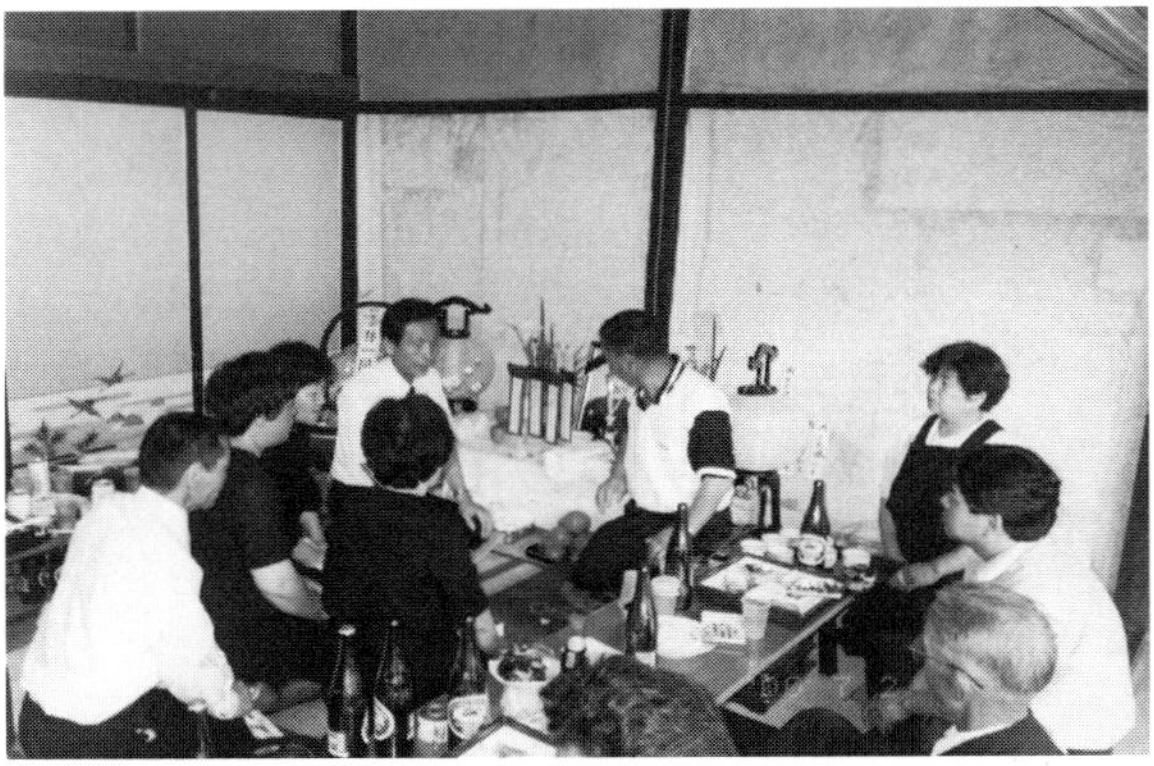

写真２　位牌分けの場面（北杜市須玉町）

北都留両郡）と県北部の北杜市《ほくと》（旧北巨摩郡《きたこま》）一帯は、位牌分けが特に盛んな地域として知られている。一口《ひとくち》に位牌分けといっても、白木《しらき》の位牌を子どもたちに分ける地域と紙位牌《かみいはい》、いわゆるカイミョウを親族や知人に分ける地域とがある。位牌分けが濃密に分布している郡内と北杜市周辺では白木の位牌分けが、いっぽう国中《くになか》では紙位牌の位牌分けが行われている。

これらの地域では、親の葬儀をオヤオクリとかオヤノシマイと称し、喪主だけでなく生家を離れた子どもを含めて、子どもたち全員で親の葬儀を出すのがあたりまえとされている。親を見送る子どもたちは、位牌を分けてもらうのみならず、喪主と並んでめいめい別帳場《べっちょうば》をたて、またツケジンギと称して嫁ぎ先の関係者から各々悔やみをうける。葬儀にかかった費用は子ども全員で分担する。子どもたちが会葬する際には嫁ぎ先の近隣などが同行し、葬儀からもどると嫁ぎ先でも忌中払《きちゅうばら》い、オカエリジンギと称して供養を催す。富士吉田市では、以前は新盆見舞いも子どもたちそれぞれの家に届けていたそうだ。また、ここでは嫁ぎ先の檀那寺《だんなでら》住職が▲客僧《きゃくそう》として嫁の実家の葬儀に参列する習慣もみられた。

これから述べる道志村の親念仏も、このようなオヤオクリ、オヤノシマイの作法の一つである。親の葬儀と葬後の供養について、喪主（実家の跡取り）だけでなく他家に嫁いだ娘たちや分家独立した息子たちまでが儀礼的な役割を担い、子どもたち全員で親の送りをすること、さらに子どもたちの嫁ぎ先や分家先の関係者までなくてはならない役割を果していることなど、オヤオクリの様々な作法には、今日われわれが常識としている「家の儀式」としての葬儀とは、いささか異なる葬送の世界がうかがえる。

道志村の位牌分けと親念仏

道志村川原畑では、昭和三〇年代の終わりまで、次のような親念仏が行われていた。

親が亡くなると、子どもの数だけ白木の位牌を作る。これをイタボトケ、ホトケサマという。葬儀がすんで、ひと七日《なぬか》、または四十九日《しじゅうくにち》が過ぎると、子どもたちは親の位牌を嫁ぎ先や分家先にもらって帰る。持ち帰った位牌はすぐには仏壇に入れず仏壇の前に飾っておく。子どもたちが親の位牌をもらってくると、頃合いをみて（次の彼岸が多い）嫁ぎ先の念仏仲間《ねんぶつなかま》に触れが回され、念仏供養が催される。これが親念仏で、「ホトケサマもらってくるから、嫁ぎ先でもちゃんと供養する」、「嫁の親だから、親を嫁ぎ先でも悼《いた》むという意味で念仏する」とされ、子どもが三人いれば三軒の家で各々親念仏をすることになる。

川原畑では、一五軒から二〇軒ほどの念仏仲間が四組あり、仲間ごとに春秋の彼岸の廻《まわ》り念仏《ねんぶつ》（当念《あたりねん》仏《ぶつ》ともいう）や葬儀の際の枕念仏《まくらねんぶつ》、埋葬後の念仏などを行っていた。親念仏の当夜になると、念仏仲間の女性たちが布製のギリ袋に米一升のギリ（悔やみ）を入れて嫁ぎ先の家に集まる。飾ってある親の位牌の前に三列に並び（組によっては丸くなって）、年長者が鉦《かね》をたたいてユイダシ（音頭《おんど》をとる役の意

客僧
客として他寺に身を寄せている僧を指すが、この場合は導師をつとめる喪家の檀那寺住職以外に葬儀に参与する他寺の僧のこと。

念仏仲間
定期的に当番の家で念仏を唱え、また村内の葬儀や法事、盆、彼岸などに念仏を唱えて死者供養の役目を担う。

繰り出し位牌
屋根付の厨子型容器に戒名を記した板片を複数納める形式の位牌。命日ごとに戒名を表面に繰り出すのが本来の使い方である。

味）になって仲間全員で念仏を唱える。①はじめ念仏、②十三仏《じゅうさんぶつ》、③四方固《しほうがた》め、④親念仏、⑤極楽浄《ごくらくじょう》土《ど》、⑥善光寺《ぜんこうじ》、⑦終《しま》い念仏《ねんぶつ》（南無阿弥陀仏《なむあみだぶつ》）と念仏を唱え、終わると念仏仲間や集まってくれた親戚などを茶菓《ちゃか》でもてなし、引き物をもたせて帰す。

親念仏がすむと、親の位牌は嫁ぎ先の仏壇の中に納められ、盆にもその家の先祖といっしょに盆棚《ぼんだな》に並べてまつられる。位牌の数が多くなり、仏壇に入りきらなくなると、古いものから繰《く》り出《だ》し位牌《いはい》に書き写し、位牌そのものは寺などに納めて処分される。現在では、このときにもらってきた親の位牌は繰り出しに入れずに白木の位牌のままとしたり、燃やしてしまったりする例が多いようだが、家によっては「よそから来たホトケサンもみんな繰り出し位牌の中に納めてある」という例もある。実際、川原畑のある家の繰り出し位牌には、一七七四（安永二）年没「神地伝三郎」と注記された男性の戒名と、一八七四（明治七）年没「平六妻□の母、□川大里郡□谷在久下村」と記された女性の戒名が含まれており、分与された位牌をことさら処分しない形が見られたことがうかがえる。

親送りの作法の広がり

親念仏の作法を伝えているのは、これまでに確認されたところでは県内では道志村周辺だけである。しかし、目を県外に転ずれば、静岡県駿東《すんとう》地方から伊豆半島北部にかけて、同様の親念仏（忌中念《きちゅうねん》仏《ぶつ》・客念仏《きゃくねんぶつ》ともいう）が広く分布する。葬儀後、七日ごとに行われる念仏供養を、死者の子どもたちがそれぞれ主催するというのは道志村とよく似ており、その供養の「的《まと》」となる親の位牌を子どもたち全

忌中部屋
伊豆で、忌中（四十九日まで）の間、死者の近親者が忌籠る部屋。部屋の一角を縄で仕切り、忌中棚を設けて新仏の位牌をまつり水や線香を手向ける。

員に分けるのも同様である。ただし、これらの地域で分与されるのは紙位牌がほとんどで、念仏が終わると紙位牌は川に流してしまう。

伊豆半島には、忌中《きちゅう》の間、喪家に設けられた▲忌中部屋《きちゅうべや》に子どもたちが忌籠《いみご》もる習慣を伝えているところがあるが、忌中の間、子どもたちそれぞれの手で営まれる親念仏・忌中念仏もまた、親の喪《も》に服し忌籠もる子どもたちの一つの姿なのではないかと感じさせる。念仏を終え位牌を流して忌明けする静岡の親念仏に対して、道志村では嫁ぎ先で念仏供養をうけた親の位牌は、その後も嫁ぎ先の仏壇でまつり続けられる。子どもが親を供養するという共通の心情に支えられているとはいうものの、道志村の親念仏の場合、仏となった親を娘の嫁ぎ先に迎え入れるための儀式という色彩が濃い。嫁に行った娘でも「自分の親をおがみたいだもの」という村人の言葉からは、死者の喪に服し、死者を供養するという営みが、必ずしも「家」の枠組みにおさまるものではなかったことを感じさせる。

親念仏のゆくえ

そうした人々の想いに支えられてきた道志村の親念仏も、昭和三〇年代には終焉《しゅうえん》を迎えている。川原畑の最後の親念仏は一九六三（昭和三八）年に行われたある家の親念仏だった。分家二代目にあたるこの家では、短期間の内に初代夫婦それぞれの両親、二代目にあたる現世帯主の妻の両親の合計六名の親念仏をしており、「この家ぐらい親念仏をしたとこはないぞ」といわれたほどだった。しかし、これ以降は地区の申し合わせで親念仏を廃止している。道志村内の他の地区では、これよりずっと以前に親念仏を廃止したところが多い。

位牌分けの方は、親念仏の廃止後も続けられていたが、ここ十数年ほどの間に親の位牌をもらわないケースが増えてきたという。もらっていっても供養できなくて困る、実家の方でちゃんと供養してくれるのだから持っていく必要はないなどといって、「位牌を作っても持ってかない」子どもが多くなったという。また、位牌を書く檀那寺から、仏壇にはその家の当主夫婦だけを入れればいいといった助言がなされる場合もあり、親の位牌とはいえ、嫁ぎ先に他家の位牌を持ち込むことに抵抗を示す意見も出てきている。

こうした傾向は道志村に限らない。位牌分けや親念仏を支えてきたのは、たとえ嫁いだ娘、分家した息子であっても、子どもとして親の供養をするのはあたりまえという地域の人々の了解であった。社会の流動化が進み、子どもたちの多くが遠く離れた都会で生活するようになれば、子どもたちの意識もそうした了解の外に出ざるを得ない。生も死も家庭内での私的な出来事とみなされる現代社会では、葬送の儀礼もまた喪主を主たる担い手とする「家族の儀式」ととらえられるようになるのは、自然の成り行きなのかもしれない。

（中込　睦子）

6　ムラをまもる　―ムラと村境―

写真１　山梨市釜口の悪魔除け

新しい橋にも大きな草鞋

笛吹《ふえふき》川の上流になる山梨市三富上釜口《みとみかみかまぐち》のなかの釜口の集落に入るには、笛吹川を渡らなければならない。そこには鉄骨製の立派な橋が架けられている。それを渡り終わろうとする所まできてふと上を見ると、その鉄の梁《はり》から藁でつくられた大きな草鞋《わらじ》が吊り下げられているのを発見する（写真1）。その草鞋の中央部には四角の穴が開けられている。近代的な橋に昔の物が吊り下げられているという不思議な光景である。毎年七月に、日を決めて朝から釜口の各家から人が出て道路掃除をするが、その終了後に草鞋をつくって地区の入口と考えられる二か所に吊り下げる。橋に吊り下げられた草鞋はその一つである。もう一か所は、家々の集合している部分を抜けた南側の道路上に縄を張って吊されている。この草鞋を吊すことを地元の人たちは悪魔除《あくまよ》けとか悪病除《あくびょうよ》けと呼んでおり、夏に伝染病が侵入しないように吊すのだという。草鞋に開けられた四角い穴は鬼の覗《のぞ》き窓だという。

写真２　山梨市道赤土の厄除け大草鞋

笛吹川上流部では集落が途切《とぎ》れた地点に草鞋や草履《ぞうり》を吊すムラが少なくない。また、甲州市塩山牛奥では、七月に行われる百万遍《ひゃくまんべん》の際に、草鞋を笹竹に吊るし、村はずれに立てるという集落が数か所ある。いずれのムラでも一か所ではなく、道路が集落に入ってくる地点に吊すので、何か所にもなる。

そのような集落の入口に吊された草鞋が巨大で、通りがかりの人々を驚かせているのは、やはり笛吹川上流の山梨市牧丘町《まきおかちょう》隼《はやぶさ》のなかの道赤土《みちあかど》のものであろう。現在では道が拡幅され、車道の横には歩道が付けられているが、その脇の桜の木に巨大な草鞋が吊り下げられている（写真２）。大きさは二メートルを超えて、三メートルもあるであろうから、疾走する車からも目に入ってくる。多くの人が不思議に思って見たことがあるであろう。道赤土は行事を共に行い、暮らしを維持してきたムラである。その人たちが毎年春三月に共同作業で藁《わら》の草鞋をつくり吊り下げている。そして一年間そこに下げられているので、一年中、何時でも見られる。ここでも災厄が外から侵入しないために設けるもので、厄除《やくよ》け大草鞋と呼んでいる。

ムラと村境

村境という言葉がある。村境というと、大字《おおあざ》とか住居表示で示された街区《がいく》の境のことのように思ってしまうが、山梨県で見ると大字の境でもなければ、まして新しい住居表示の街区の境でもない。大きな草鞋が橋の鉄枠に吊されている釜口は、釜口集会所という表札を掲げた建物があり、独立した公的な存在かのように見えるが、行政的な帳簿では登場しない。この地域の各家に掲げられている表札を見ても釜口という住所表記はない。この場所は「三富上釜口〇〇番地」であった。地図を見ても上釜口のみが表記されている。

　山梨県内では、家々が比較的集合し、その周囲に耕地や山林の広がっている姿が一般的である。この家々の集合した姿をしばしば「集落」と表現するが、この言葉は新しい。地域で古くから用いられてきたのは「▲部落」であった。部落は共同で氏神《うじがみ》をまつり、祭礼を執行し、また様々な行事を行う。部落を構成する各家は、冠婚葬祭の際には手伝い、また様々な付き合いをする。さらに、部落は各家の生産条件を共同にする組織であった。

　部落という言葉は古いと言っても、何百年もの昔から使用されてきた言葉ではない。明治年間に登場してきた語で、人々の生活と生産の組織を把握する語として用いられるようになって、急速に普及した。それまでは単にムラと呼んでいたし、今でもムラと言っている所は多い。山梨県の場合、ムラ＝部落＝集落は制度上の大字とは一致せず、一つの大字のなかに多くのムラ＝部落＝集落があるのを基本とした。大字は、一八九〇（明治二三）年の市制・町村制の施行に際して大幅な町村合併が行われたときに、そ

部落
一八九〇（明治二三）年以降、村は町村制の村の意味になったため、江戸時代の村やそのなかの生活組織であるムラを指す語として部落が全国的に普及した。その後、謂われなき差別を受ける地域をあらわす特殊部落、未解放部落、被差別部落という用法が登場し、その略語として部落が用いられた。部落には差別の意味はないが、行政やマスコミがその使用を避けるようになった。

写真３　山梨市室伏の神札

れまでの町村が大字として残されたものである。上釜口や隼は大字である。そのため、地番は大字単位で通して付けられており、大字の名称や地番からはムラ＝部落＝集落の存在をうかがうことはできない。

ムラ＝部落＝集落の存在を教えてくれるのは、施設としての神社や集会所であり、祭礼や行事であるが、もっともムラの存在を顕在化させるのが村境の装置である。釜口の悪魔除けと呼ぶ草鞋であり、道赤土の厄除け大草鞋である。そこから内側が自分たちのムラであり、その地点で外からやってくる危険なものを防ごうとするものである。それが悪魔除けとか厄除けという呼称に示されている。

様々な道切り

内外を区切り、外からの危険物の侵入を防ごうとすることを、「道切《みちき》り」と呼んでいる。道切りの装置は大草鞋とは限らない。県内にも様々な装置が設定されている(写真3)。一般的に見られるのは注連縄《しめなわ》である。ムラの入口にあたる所の道の上に注連を常時張るのではなく、祭礼や行事の際に臨時的に行われることでムラの内外の境を顕在化させる。祭礼に際して、道路上に張るだけでなく、家々を結んで集落全体を囲むことも行われる。またムラによっては、集落だけでなく、周囲の耕地も含む形で立てられることもある。笛吹市芦川《あしがわ》町新井原《あらいばら》では、毎年二月八日と六月八日の二回、疫病退散《えきびょうたいさん》を祈る念仏講《ねんぶつこう》を行うが、その折にムラの入口三か所にシメギを立てた。立てる地点の二か所は集落の外側、残りの一か所は道が峠から下ってきた地点で、家々と耕地を含んで守る形である。

外からの危険な侵入者を防ぐために、神仏の力を借りることもまた一般的である。神社や寺院が発行したお札《ふだ》を笹竹に挿したり、結びつけて同じように立てる所は多い（写真3）。火伏《ひぶ》せのために秋葉《あきは》や愛宕《あたご》の神札《かみふだ》を立てたり、お札を納めたりすることも行われている。しかし、東北地方各地に見られるような、巨大な藁人形を立てることはないし、近畿地方のような太い縄を張り、そこに祈禱《きとう》文を書いた勧請板《かんじょういた》を吊すということもない。道切り行事の方法は限られている。また、村境を越えて出入りすることに関して地域の人々が特別な観念を表現することはあまりない。全体的には、村境で危険なものの侵入を防ごうとはするが、それが人々の行為を大きく規制することはないと言えそうである。山梨のムラは相対的には開放的である。

道祖神は境の神か

山梨県民にとって道祖神はごく親しい存在である。毎年、正月には道祖神の祭りが様々に行われている。道祖神の意味を辞書で調べてみると、どの辞書も境界にまつられる神、境で外敵の侵入を防ぐ神と説明している。道祖神が境の神という理解は常識である。そうであれば、今まで見てきた道切りと同じ

念仏講
仏に救われることを願い南無阿弥陀仏と念仏を唱える行事、あるいはその組織。

シメギ
長さ二〇センチほどの竹などに紙垂を挟んで地面に立てた串のこと。

勧請板
祈願内容を記し、神仏に祈願して霊力を与えた板。近畿地方を中心に道切りに用いられる。

写真４　南アルプス市下市ノ瀬の道祖神場

ように、家々が途切れる地点にまつられていて良いはずである。ところが、県内各地の道祖神のまつられる場所を確かめてみると、村境と判断できる地点にまつられている例が少ないのである。山梨県では、道祖神がまつられている場所をしばしば道祖神場《どうそじんば》という（写真４）。このような表現は他県では聞くことがない山梨県独特のものである。道祖神場はむしろ集落の中心部にあると理解できる例が多い。道祖神の前は道路が広くなっており、狭いが広場のようになっている。

　道祖神場にはもちろん道祖神がまつられている。山梨県内の道祖神の祭りは様々な要素で組み立てられ、地域の行事としては最大の規模で行われる。ムラの氏神の祭礼よりも華やかで賑やかである。また道祖神場には道祖神だけでなく、様々な神仏がまつられていることが多い。そのため地域の人々は道祖神場に集まってくる。道祖神場は空間的にムラの中心であり、社会的にもムラの中心である。ここにも山梨のムラの性格が表れている。

（福田　アジオ）

7 行列の威力 ―甲府盆地を横断する神輿―

行列を伴う祭礼

毎年四月一五日、甲府盆地一帯に桃の花が咲き競うころ、一宮・二宮・三宮の神輿や神馬が釜無《かまなし》川の◆信玄堤《しんげんづつみ》に出向いてオカワヨケ（御川除け）を行う「甲州第一の大祭」が「お御幸《みゆき》さん」（大御幸、御幸祭）である。一宮は浅間神社（笛吹《ふえふき》市一宮《いちのみや》町一之宮）、二宮は美和《みわ》神社（同市御坂《みさか》町二之宮）、三宮は玉諸《たまもろ》神社（甲府市国玉《くだま》町）であり、江戸時代以前は、一宮・二宮の神輿に続いて、三宮の神馬が行列を組んで甲府盆地を横断し釜無川まで神幸《じんこう》（御幸）していた。これを夏御幸といい、一方、荒川畔の上石田（甲府市）まで行く冬御幸も行われた。現在はそれぞれの出発地で神輿を練ったり行列したりしてからトラックに乗せて石和地内の笛吹川付近や山梨県庁で休憩し、信玄堤へと向かっている。

信玄堤の一ノ出（いちのだし）付近にまつられる三社神社（一宮・二宮・三宮の神霊を勧請したもの）で神事を行ってから神職や神輿の担ぎ手たちが小石を持ってワァーと叫びながら釜無川に一斉に小石を投げ入れる。それをオカワヨケという。小石には「水神」の文字が墨書される。本来、川除けとは、堤防を築くことであるが、これらの石によって水を鎮め、洪水から流域の耕地を守護する川除け（水防）祈願の祭礼だと伝承される。

信玄堤
甲斐市竜王にある釜無川の堤防。聖牛、将棋頭などの総合的な治水構造物を伴う。この堤防によって、川筋が西方に変更され、甲府盆地は洪水災害から守られることになった。

写真１　「甲斐国一二三御幸ノ図」（1759 年）
（『御坂町誌』本誌編、口絵）

釜無川の水防は、武田信玄をはじめ、歴代領主の最大の課題であったため、「天下祭」ともいわれ、甲州を代表する祭りであった。一八六九（明治二）年まで三社御幸の形態をとっていたが、翌年には一宮に限定され、二宮・三宮は各々その氏子区域の村々を渡御することに変更され、一宮のお御幸さんとして行われてきた。二宮・三宮が再び参加するようになったのは二〇〇三（平成一五）年からのことで、一三〇年ぶりの三社御幸の復活といえる。

現在、お御幸さんといえば、神輿を担ぐ氏子の男たちが、顔に白粉で化粧を施し女物の花柄のジバン（襦袢）を着て、「ソコダイ」あるいは「ソッコウ、ダイトゥ」の掛声に合わせて、勇壮に飛び跳ねて堤を突き固めながら神輿を担ぐ姿が印象深いが、一宮の祭神が女神であることから、化粧した上で女物の襦袢を身にまとって神輿を担ぐとのだという。

二宮のお御幸さん

二之宮は美和神社を中心としたところである。美和神社の神体は大和（奈良県）の三輪山《みわやま》の麓の大神《おおみわ》神社・三輪神社からきているという。三輪神社は山そのものが神体だが、その拝殿の中にあった木造の神体を甲斐に持ってきたという。尾山《おやま》にある杵衝《きつき》神社は美和神社が最初にまつられたところだといわれ、後に現在の二之宮に移されたという。里宮にあたる二之宮の美和神社に対して、杵衝神社を山宮と称しており、その社頭には「山宮」の扁額《へんがく》が掲げられている。

かつて一宮・二宮・三宮が合同で旧暦四月、中の亥の日に釜無川信玄堤へ行って、堤防を踏み固めるオカワヨケの祭りを行った。水の難がないように、大きい水害がないようにと祈念する祭礼であった。三社が揃って祭りを行っている頃には、一宮と二宮の神輿が石和で出会うことになる。三社がともに、若い衆や神楽衆で構成される神輿の担ぎ手が信玄堤を踏んで堤防を突固める担ぎを行った。三社からそれぞれ神輿と神馬（三宮）が出て、一杯飲んだ勢いで信玄堤までを担いでいく。神輿の掛声は「ソコダイ、ソコダイ」と掛けるものというが、実際には「ホコダイ、ホコダイ」と聞こえる。「そこだ、そこだ、そこを踏め」という意味だという。神輿の行列は二宮の神輿がまん中で、三宮が後からついていった。そのため、地元二之宮では「二宮が一番偉い」といい、途中に立ち寄る県庁の桟敷《さじき》の上にそれぞれの神輿と御幣をあげてあいさつしていた。

二宮の春季例大祭のことを「お御幸さん」あるいは「お宮さんのお祭り」という。三社揃の祭礼は一八六九年までで、翌七〇年に停止させられた（「御祭礼及縁日」『甲斐志料集成』12）。二宮と三宮の参加が中止されて以降、三社御幸に先立って行われていた山宮御幸を例大祭に再編したものである。二宮の「お御幸さん」は、四月三日に行われる。この祭りがくると農作業をはじめる心構えをした。祭りの由来については、二宮の神さんが山宮の神さんに会いに行く、二宮は男の神さんで山宮は木花咲耶姫で女の神さんだという。

尾山の衆が長襦袢《ながじゅばん》に襷掛《たすきがけ》で、顔に白粉《おしろい》をつけて美和神社まで出かけてくる。往路は尾山で迎えに来て担ぐ。途中の休憩所をオコシカケ（御腰掛）、コシカケジョ（腰掛所）といい、道の上に神輿を置いて一休みする。

杵衡神社は山の際にある。二宮が主催して神事を行ってから神輿の還幸となる。二之宮の若い衆が神輿を担いで出発する。それをオムケー（お迎え）といい、二宮まで連れ帰る。

三宮のボンボコさん

三宮玉諸神社は、神馬の背に幣束を立てたボンボコさんを用いて御幸していた。「今年はボンボコ、来年は神輿」といって神輿を出すことを望んでいたという。ボンボコさんは神体の幣束を納める二段の笠状の作りものであり、それを神馬に載せて引き回す。神馬の周囲は一二本の抜身《ぬきみ》の薙刀《なぎなた》を持ったものが守護する（写真2）。三宮の祭神は大己貴命《おおなむちのみこと》であり、この神は国中の荒ぶる神々を平定して甲府盆地に平安をもたらした神と伝えられ、神馬と薙刀は、そのときの陣立を示すものといわれている。洪水を起こそうとする竜神を調伏する力を持っていた。竜神を威圧し暴れないことを誓わせたという。

三宮は、春季の例祭を行ってきた。氏子の町内を神輿が巡幸する賑やかな祭りである。これとは別に、お御幸さんの日に合わせて、三宮としての行列を復活させることが検討された。

二〇〇三（平成一五）年に二宮・三宮が揃っての三社御幸は復活した。最初は神輿を担いで参加したが、翌年からはボンボコさんを出した。ボンボコさんの笠は、新しく張

写真2　三宮玉諸神社のボンボコさん

り替えて一新し、馬は鳴沢村の牧場から借りて、かつての威勢を誇示する祭礼行列が復活した。また、神社には、かつて行列が浄め祓いに用いていた赤いヒーナガキ（雛籬《ひながき》）が残されているが、現在では、その祓いは行われない。

惣社祭と県内の御幸祭

お御幸さん（御幸祭、三社御幸）は、一宮・二宮・三宮が合同して行われる大祭である。このような祭り、合併祭のことを惣社祭《そうじゃまつり》と呼ぶことがある。

惣社祭は各地に見られ、相模の「国府祭《こうのまち》」はその代表的なものといえ、安房のヤワタンマチ（八幡祭）などがある。

お御幸さんも、惣社祭として始まったのではないか。中世には、武田氏の支配するところとなり、甲斐の惣社は、旧春日居町（笛吹市）国府の朱ノ宮（四宮とも、甲斐奈神社）、旧一宮町（笛吹市）橋立の橋立明神（甲斐奈神社）などに比定されている。これらの惣社に参ることが祭りの古態だったと推定される。それが当時の懸案であった甲州国中の治水に向かい、盆地東部を西進し釜無川信玄堤（三社神社）に出張するように発展したものと考えられる。

ところで、御幸とは、神が出でますことであり、御幸祭はその祭典を意味する。山梨県内には多くの形態の祭りが知られている。大正年間に山梨県史の編纂を目的にまとめられた『御祭礼及縁日』には、「御幸祭（一・二・三ノ宮）」のほかに、「西御幸」「吉田火祭（神幸祭亦火祭）」「八幡御幸」「七覚御幸」などが目次に掲げられ、それ以外の御幸を伴う祭礼（「甲斐奈神社祭礼」など）も記述されている。

西御幸は、一宮・二宮・三宮の御幸祭に次ぐ四月一二日の大祭で、甲府以西の祭礼なので西御幸という。神輿は上宮地（南アルプス市）八幡社から下宮地（同市）神部神社に渡御する。昔は行列が十万石以上の格式を備えて神輿にしたがった。

吉田火祭は、北口本宮富士嶽神社（冨士浅間神社）と摂社建岡神社（諏訪神社）の神輿が吉田宿の御旅所に神幸する祭りで一泊する。この夜鎮火祭を催す。翌日、下一の鳥居で休息して還幸する。

八幡御幸は、八幡神社（窪八幡神社、山梨市）で九月一五日に行われてきた放生会の祭礼である。神社から笛吹川まで、獅子頭を先頭に神輿が巡行し、河原（三越ヶ原）に到着する。現在では、八幡入の村々を巡行した後に神事を行ってから、神輿の担ぎ手たちが手にした小石を一斉に川に放り投げて川除けの祈願を行う。旧来は、神輿が笛吹川を越えた東岸の標木まで渡御していた。そこに八町の注連を張り巡らした注連場が存在した。現在は標木《しめぎ》の地名だけが残される。

七覚御幸は、五社権現（五社神社）・上宮《かみのみや》から山麓の下宮《しものみや》（王子権現、王子神社）まで毎年四月十五日に御幸（神輿渡御）が行われる。また真木截《しんぎり》、藤截《ふじきり》が行われた。下宮の庭に二丈八尺ばかりの柱（柱松）を立て二八本の結び目の第一の結目を截《き》り落とす。これら一連の行事を七覚御幸と称していた。

甲斐奈神社祭礼（白山神社と浅間神社を合祀、甲府市）は、六月朔日より同二五日に至る甲府城下町の大祭で、六月一五日には城下の町筋を浅間神社神輿の渡御が行われた。維新後は、神輿の渡御は行われなくなったという。以上が甲州の御幸祭の実態であった。

（青柳　陽一）

第二章　なりわいと技術

（甲斐市）

8 山のくらし ―山の領域と焼畑―

全国で行われた焼畑

山の出作《でづく》り小屋を戸締めするときには特別の感慨があるという。南アルプスの東麓《とうろく》、早川入《はやかわいり》（早川流域をさす）の山奥で焼畑を耕作して一生を終えた南巨摩郡早川町奈良田《ならだ》の人々の姿を記述するものがある（『秘境奈良田』）。「今度のツクリにゃ来られまいが、よく実ってくれでよ」。つまり、この次の一五年後の耕作時には生きてここに立つことはないだろうが、よく稔《みの》ってくれよ、と老人がアラク（焼畑一年目の畑のあと）を見渡してつぶやくことを、父親の姿に重ね合わせて述懐している。奈良田の耕地は、焼畑の集団地と、カイトとよばれる屋敷周りのわずかな常畑《じょうばた》からなっている。焼畑は年ごとに新しい場所を焼き、一六年目に最初の場所に帰ってくる▲輪作方法をとっており、一五年をヒトケ（一毛）とよんでいる。一世代を三〇年とした場合、ここではアラクの耕作を二回りすれば人の一生を終わることになる。

一般に焼畑とは、林地・草地などで、雑木・雑草を焼き、その跡地にソバ・ヒエ・アワ・大豆などを四年前後の輪作で蒔きつけ、地力が衰えると放置し、数年ないし十数年後、再び畑として用いる▲切替畑《きりかえばた》式の農法をいう。第二次大戦以前は東北地方から沖縄に及ぶ広い範囲で行われていた。南アルプスの東

輪作
耕作地を異なる種類の作物を周期で栽培する農法。

切替畑
焼畑耕作で、耕作地の地力が消耗すると別の場所に切り替えて同じ方法を繰り返す循環型農業のこと。

麓地域は、東北地方の北上山地、奥羽・出羽山地、新潟県の上越・頸木《くびき》山地、中部山岳の飛驒山地、中国山地、四国山地、九州山地などとならぶ日本の中でも有数の焼畑地帯であった。この地の焼畑には、秋に伐採し冬の間に枯らした雑木や雑草を春に焼く方法と、夏に伐採して夏のうちに焼いてしまう方法とがある。春に焼く場合には一年目に主としてヒエを、夏に焼く場合にはカブ・ダイコン・ソバなどを栽培することが多い。

写真１　奈良田集落の景観
（南巨摩郡早川町『西山村総合調査報告書』口絵）

南アルプス東麓と奥秩父南麓の焼畑

山梨県では、焼畑のことをヤブ・ヤブヅクリ（南巨摩郡）、サス（奥秩父山地）、ヤキマキ（南都留《みなみつる》郡富士河口湖《ふじかわぐちこ》町西湖《さいこ》）、ヤマサク（北都留《きたつる》郡小菅《こすげ》村）などという。

南アルプスの山麓地域、山梨県北西部の奥秩父山地などは焼畑農耕の盛んなところであった。近世以降の文献には苅生畑《かりゅうばた》と記され、一九五〇（昭和二五）年の農業センサスをみても、南巨摩郡は西八代《にしやつしろ》・南都留両郡とともに県下の都市別焼畑面積において際だっている。その中で、南アルプス山麓ではアラク、ヤブ、ヤブヅクリなどと記述し、奥秩父山地では夏刈《なつか》り、秋《あき》ブセ、上野原市秋山においてはオオガリなどと記述する。

早川入《はやかわいり》の一帯においては一九五五（昭和三〇）年頃まで行われ、焼畑のムラの象徴として奈良田の名は広く知られている。この地の焼畑耕作の実態については、『西山村総合調査報告書』や『秘境奈良田』などに詳細に記される。ここでの輪作の特徴は、秋に樹木を伐採して春焼きを行う場合には、アワ（一年目）、大豆および小豆《あずき》（二年目）、アワ（三年目）で山に返す形態をとる。いっぽう、夏に山焼きをする蕎麦農《そばのう》では、ソバ（一年目）、アワ（二年目）の順序で耕作を行う。奈良田を中心とした旧西山村（現早川町）のローテーションが広く紹介されているため、一般には早川入の標準的な形態と考えられがちである。

しかしながら、雨畑《あめはた》川流域においては別の輪作形態が存在した。それはソバ（一年目）、アワ（二年目）、小豆（三年目）、大豆（四年目）とするものである。雨畑の注目すべき伝承として、ヒエ・ホンビエのことをケシネ（奈良田ではケシネはアワのこと）といい、「穂をこいで煮てから干して」脱穀調整を図るというが、とりわけ製粉したヒエのことを、ここではケシネとよぶ傾向にあり、一年目に作るホンビエとソバが入れ替わったものと考えられる。早川入では十日夜《とおかんや》にはアワの粢《しとぎ》であるオカラクをこしらえて氏神《うじがみ》に供える。

奥秩父山地の北都留郡小菅村・丹波山村辺りでは、ソバ（一年目）、小豆・アワ（二年目）、小豆、桑などの輪作を行い、収穫儀礼は一〇月一七日の山の神の祭りにソバの粢を作って供えるものである。ケシネということばは本来、日常の食事という意味であるとされてきた。山棲《やまず》みの人々が主穀として何を食してきたのか、という問題を探る糸口を示しているともいえよう。

十日夜
旧暦一〇月一〇日の夜のこと。また、その日の行事を指す。収穫に感謝する意味合いをもつ。

粢
白米などを水に浸し、搗き潰してつくった食物。鏡餅形にして神仏への供物とした。

オカラク
粢に同じ。唐臼でアワを搗き潰して調製する。

焼畑とカゾ・三椏の栽培

山梨県を代表する和紙としては、市川大門《いちかわだいもん》の奉書《ほうしょ》紙、西河内領紙（西島《にしじま》和紙）、福士《ふくし》紙、逸見檀紙《へみだんし》などが知られている。北巨摩《きたこま》の逸見を除いて、そのほかは県南部の河内《かわうち》に集中している。和紙の原料となるカゾ（楮《こうぞ》）や三椏《みつまた》の栽培を組み込む形態の焼畑耕作が、雨が多く気候が温暖な河内方面に広く展開する。河内方面では、焼畑のことをヤブ、ヤブヅクリ、「ヤブを作る」などという。また新たに火入れした耕地のことをヤキヤブと称する。山の雑木を伐《き》り払ったり炭を焼いたりしたあとの山にヤブを作った。その後、この地に林業が導入されると、林業と組み合わせた形に変化していった。植林したスギ、ヒノキを伐採し、その跡地を焼いて何年か山畑《やまはた》に使う。その後、新たに苗木を植林して再び林業地として利用するというものである。近年まで引き継がれた焼畑は、この林業を組み合わせた形の焼畑である。

南部町福士の焼畑は一五年をヒトケとするもので、早川入の奈良田と同じであった。火入れは主に夏焼きで、集落の近くで行われた。火入れ後のソバ作りをソバヤブといって秋ソバを耕作した。同じく福士の御堂《みどう》では二年目にヒエを作り、三年目にはシマイモを植えるのが輪作の基本だったという。さらに、翌年は三椏を植えた。それをミツヤブという。また、南部町福士の徳間では火入れ後にソバを蒔き、翌年はヒエ、アワを作り、地味がよければイモ（里芋）を植え、三年目には豆類を作るのが基本だった。

そのほかに、焼畑に作る作物はコウボウビエ（弘法稗、四国稗《しこくびえ》ともいう）、キビ、アカモロコシ、オカボ（陸稲）などがあった。古くは春焼きの形も存在し、焼いた跡にはヒエを蒔《ま》き、翌年にアワや大豆などを作るものだったという。

地力が低下する四年目にはスギ、ヒノキといっしょに三椏を植え付ける。三椏の植え付けは、春先の三、四月頃のまだ木の葉が出る前に行う。三椏を植えると、日照りに遭わないように榛《はん》の木をいっしょに植える。榛の木は葉が大きいので適当な日影となる。三椏は植えて三年たてば切ることができる。その作業は、麦蒔きがすんでからの一二月以降のことである。

楮はクロカゾ、ホンカゾ、マカゾといい、三椏はミツ、ミカゾといった。楮は御用紙の原料、三椏は半紙の原料として、古くからこの地で生産されていたことは、地名に楮根《かぞね》があり、楮仲間が作られたという古文書の記録などからもうかがえる。河内一帯の和紙の原料であった。静岡方面の製紙会社へ売却したが、大正期に入って洋紙の流行で原料としての需要は激減し、この地の楮栽培は下火になった。その後は身延町西島から市川三郷《いちかわみさと》町に出荷した。明治二〇年代を最盛期として、楮、三椏の栽培はしだいに行われなくなった。それでも御堂では昭和四〇年代頃まで細々ながらも楮の栽培が続けられた。

水掛畑の作物と耕作

富士吉田市上吉田の富士吉田市立病院が建つ付近の水田地帯は、かつて一面に水掛麦《みずかけむぎ》の畑が展開していた場所である。西念寺《さいねんじ》丸尾《◆まるび》（檜《ひのき》丸尾溶岩）と城山《じょうやま》丸尾に挟まれた北向きの緩傾斜地である。江戸時代の土地売買証文《しょうもん》には、冬水ないしは春水の大麦や小麦を蒔きつける「田地」として売買の対象として出てくる。大麦何升蒔などと面積を表現している。ちなみに、当時の大麦一升蒔は三〇〇坪、一反歩にあたっていた。小佐野《おざの》とよばれる水掛の「田地」の中に桂川《かつらがわ》を大堰《せぎ》（小佐野堰）で分水した中沢川（小

丸尾
帯状に流下する溶岩。富士山の山腹から流れ出た溶岩流によってできた台地。

佐野川）が麻畑《おばたけ》川、梅谷地川、清光院川などに分かれて網の目のように分流し、水掛の畑全体を灌漑していた。

　富士吉田市では通常の畑をオカバタケとよんで、水掛の畑と区別している。オカで作るヒエは振り蒔きにし、水掛の跡地に耕作するヒエはヒエ苗を移植する植稗《うえびえ》とした。麦のあとには植稗を作った。ここには「チュウからハンゲン」ということわざがある。チュウとは夏至《げし》のことで、ハンゲンは▲半夏生《はんげしょう》のことである。「ハンゲン田は植えるな」、「ハンゲンマメを蒔くなら炒《い》って食《く》え」ということわざにもあるように、半夏生までに田植えや大豆蒔きを終わらせなければ、秋には収穫を見込めなかった。それまでに蒔物の蒔きつけをすませて、ヒエ苗の地ごしらえをして、夏の収穫後のハタケウナイ（畑耕い）にのぞんだ。その起耕をナッチウナイ（夏地うない）といって、土用ころの炎天下で行うもっともきつい農作業であった。

　ヒエの収穫は一一月初旬である。鎌で株を根元から刈った。筵《むしろ》の上に穂をそろえて、穂首《ほくび》をつかんで鎌で切り落とした。藤籠《ふじかご》に入れて背負子につけて家に運んだ。天気のよい日を選んで庭で小干《こぼ》しをし、▲クルリで棒打《ぼうう》ちを行う。篩《ふるい》に通して▲叺《かます》に収めた。おもにヒエのチャンコ（茶の子、団子）にして食べた。

　水掛麦のあとに漬菜《つけな》にするコウコウ菜（鳴沢菜《なるさわな》）を栽培した。種を蒔くのは九月の二百十日《にひゃくとおか》頃で、それを秋蒔といった。畝は東西に切り、畝幅は二尺（約六〇センチ）くらいにした。芽が出てしばらくすると水をかけ始めた。収穫は一月になってから行った。畑全体が灌水《かんすい》するようにし、畑の尻から水を排水した。菜は塩漬《しおづけ》にして食べる。

半夏生
七十二候のひとつ。夏至から数えて一一日目の七月二日頃をさす。薬草の一種、半夏（カラスビシャク）が生える頃で、この日の天候によって稲作の出来を占う所もある。

クルリで棒打ち
クルリは唐竿（からさお）のこと。唐竿は稲や麦、粟、豆などの雑穀の脱粒や芒（のぎ）折りなどに用いる脱穀用具。長い柄に打棒（うちぼう）を連結し、連結部分で回転する構造となっている。柄を手に持って振り、打棒を回転させて筵などに広げた穀類を打ち脱粒する。

叺
米・麦・雑穀・芋・肥料・塩などを入れる袋状の入れ物。藁縄で編んだ筵（むしろ）を二つ折りにし、左右の両端を細縄で縫い閉じる。

秋菜《あきな》とは別に、冬場に作る水掛菜があり、これは現在でも栽培されている。正月の雑煮に入れることから餅菜《もちな》ともよばれる。カブは白色であり、鶯菜《うぐいすな》に近い品種のものである。一〇月頃に種を蒔き、一〇月上旬頃から水をかけ始める。収穫は、水の中から直接根を引き抜くが、畑の上端から順に抜くようにして、水の中で根に付いた土を十分に洗って畑に戻すようにし、土が畑の外に流れ出してしまわないようにする。

焼畑地帯に限らず、それ以外の地域でも三度の食事に白米飯を食べるようになったのは昭和三〇年代以降のことであり、それ以前は畑作物である麦、アワ、ヒエ、トウモロコシなどの雑穀やイモ類が主食の中心であった。県下においても同様に食生活における雑穀利用の比重は大きかった。雑穀を調理するには粒食と粉食の二つの方法が用いられていた。雑穀栽培を中心とする地域では日常生活における粉食の比重は高くなる。郷土食としての「ほうとう」や「うどん」をはじめとして、さまざまな粉食の調理法の存在する山梨県は、雑穀栽培の卓越地帯であることから、このような粉食の食習慣もまた発達したともいえる。

（堀内　眞）

9 信仰拠点から休泊所へ

―富士吉田口登山道の山小屋―

世界有数の登山者数

二〇一三年六月、富士山はユネスコの世界文化遺産に登録された。富士山は信仰の対象であり、芸術の源泉であると評価されたからである。しかし、それ以前から世界的に有名な山であった。富士山が世界遺産に登録された年、富士山頂をめざした登山者はすべての登山ルートの八合目で集計した結果、合計三一万七二一人であった。このうち、山梨県の吉田《よしだ》ルートを登った人は一七万九七二〇人で、四ルートの中で群を抜いている。富士山全体の登山者数は世界的にみてもトップクラスである。

登山口と四本の旧登山道

現在、富士山頂へは四本の登山ルートが開かれている。山梨県側からは吉田ルート、静岡県側からは富士宮《ふじのみや》ルート・御殿場《ごてんば》ルート・須走《すばしり》ルートである。そして、すべての登山ルートは五合目（新五合目）と呼ばれる地点まで自動車道が開通しているため、多くの登山者は自動車道終点まで車で入山し、そこから徒歩で山頂をめざす。しかし、自動車道が古い登山道と一致しているわけではなく、各登山口から徒歩で登る道筋は別にある。

かつて、富士山には六つの登山口集落とそこを起点とする四本の登山道があった。登山口は、山梨県側が川口・吉田（北口）、静岡県側が大宮・村山《むらやま》・須山《すやま》（南口）・須走（東口）である。四本の登山道とは、川口から吉田を経る吉田口登山道、大宮から村山を経る大宮・村山口登山道、須山からの須山口登山道、須走からの須走口登山道である。

現在の吉田ルートと須走ルートは、古くからの吉田口登山道と須走口登山道の関係をいまだに保っている。両ルートは本《ほん》八合目で合流し、その後は一本の道となって頂上に至るのである。この合流点を大《おお》行合《ゆきあい》という。そのため、吉田口登山道と須走口登山道は、江戸時代から深い関わりをもつ道であり、現登山ルートに建つ本八合目以上の山小屋も古くから長いつきあいを続けていた。

吉田口登山道の概要

富士山の吉田口では領域を表現する言葉として、「草山三里《くさやまさんり》」「木山三里《きやまさんり》」「焼山三里《やけやまさんり》」がある。草山《くさやま》は切替畑《きりかえばた》・草場《くさば》・▲入会地《いりあいち》として利用されてきた原《はら》の領域で、鈴原《すずはら》・馬返《うまがえし》付近までをいう。その先は落葉広葉樹から亜高山性針葉樹林までの森林が続き、かつて中宮《ちゅうぐう》付近が天地界《てんちのさかい》と呼ばれていた。現在、森林限界は五合目の遥拝所《ようはいじょ》（標高二四〇〇メートル）付近となり、江戸時代末に発行された『富士山道知《みちし》留辺《るべ》』には「これより毛なし」、つまり「木無《きなし》」と記されている。焼山《やけやま》は砂山《すなやま》ともいい、そこから上は草木がほとんど育たない、溶岩や火山性のスコリア（破片状の火山噴出物）だけの道となる。

江戸時代、信仰施設が最も多く設けられていたのは吉田口登山道である。これは江戸を中心に発達し

入会地
共有地をもつ権利のある住民が、共同に使用収益できる土地。

た富士講《ふじこう》が、一八世紀半ばから盛んに富士山に登拝《とはい》したからである。また吉田口の合目は、馬返を起点として、森林限界であった天地界に五合目を、須走口との結節点を八合目としている。その間の各合目は、信仰施設のある場所に設定しているという。

写真１　大行合の上江戸屋（現本八合目）

かつて、吉田口登山道には北口本宮冨士浅間神社《せんげんじんじゃ》（下《しも》の浅間《せんげん》）から森林限界の五合目までの間に、一九軒ほどの茶屋《ちゃや》や小屋が建っていた。しかし、一九六四（昭和三九）年に富士スバルラインが開通したため、廃業を余儀なくされ、現在は五合目から上の山小屋だけが営業している。本八合目までの山小屋は一五軒ある（写真1）。

江戸時代の吉田口登山道では、現在の六合《ごう》五勺《しゃく》以下の山小屋を「茶屋」あるいは「小屋」と呼び、宿泊を目的としない休み小屋であった。いっぽう、七合目以上は「室《むろ》」と呼ばれ、溶岩で壁面を囲った石室《いしむろ》が休泊所であった。森林限界を過ぎると、雨風が強い富士山では木造の山小屋を建てるのは難しいからである。

また、頂上にはかつて一四、五軒の室があり、「お助《たす》け室《むろ》」と呼ばれた。宿泊ではなく休泊や避難をする小屋としての役割が大きかった。江戸の富士講が持った室は江戸屋といい、富士講の客が八割であったという。

御師
富士山では、富士登拝者のために祈祷や宿泊などの世話をする者をいう。

上吉田のマチと夏山稼ぎ

富士吉田では、七月一日の山開《やまびら》きを山始《やまはじ》め、八月二六日の「吉田の火祭り」の翌日を山仕舞《やまじま》いという。この登山シーズンを夏山《なつやま》と呼び、夏山で収入を得ることを山稼《やまかせ》ぎという。上吉田は富士山の山稼ぎで暮らしを支えてきた町である。信仰登山をする人達は▲御師《おし》が営む宿坊《しゅくぼう》に泊まり、町で登山の支度を調えて富士山に向かう。近代に入ると、一般の登山客もやって来て旅館に泊まり、富士山頂をめざした。

富士山五合目以上の山小屋は、かつては御師が檀家《だんか》の講社《こうしゃ》を休泊させるために経営していたが、明治以降は御師に限らず大工や製材業など建築関係の業者も経営に関わるようになった。また、上吉田でふだんは農業や養蚕業を専らにする家々も、夏山の二か月間は本来の生業を休んで山稼ぎをした。

たとえば、宿泊のための御師坊《おしぼう》や旅館、富士山内の山小屋や茶屋、売店、それらの山に荷揚げをする馬方《うまかた》や強力《ごうりき》、登山者の荷物を背負いながら案内をする強力、上吉田の町の中で登山用品を売ったり休憩させたりする支度所《したくじょ》、宿通《しゅくどお》り（金鳥居《かなどりい》の通り）に臨時的に出る出店、山小屋や店に酒や味噌などを入れる小売業など、町中が夏山稼ぎ一色になった。

とくに山小屋では、二か月間の稼ぎが一年間の収入に近いものとなるため、小屋主は山始めを「ヤマを開《あ》ける」といって、山小屋営業の開始には周到な準備をしてきた。

水桶出しと小屋の修理

山小屋の準備は山開きの一か月以上前から始まる。火山である富士山の土壌は保水力がないので、水の確保が難しい。生活用水や飲料水、調理用の水など大量の水を確保するために、水桶出《みずおけだ》しという作業をしなければならない。

五月下旬から六月初旬に、小屋主は初めて山に入り、山小屋を開ける。水桶（貯水タンク）を出し、梅雨時の雨水が屋根から樋へと伝ってタンクに集まるよう設《しつら》える。小屋の規模にもよるが、各小屋ではタンクを三本から一〇本くらい備えている。小屋主同士で誘い合い、一日仕事のおやつに一月遅れの五月節供の粽《ちまき》を持参して出かけたという。

いよいよ山開き一週間前の六月末、再び小屋主は山に登り山小屋を開ける。このときには、山小屋の修理を行う。本業が大工の場合は自前で行うが、それ以外は大工同伴で行き、冬の間に傷んだ場所を直す。前年の山仕舞いには、入口や窓に厚い板で落とし戸をし厳重に戸締まりをして下山するが、それでも冬季にガラス戸を割って侵入する不届き者がいる。また、山仕舞いまでに貯蔵していた薪も燃やされてなくなっている。山始めまでに、山小屋の修理を終え、薪を補充しておくのである。

山小屋でまつる神仏

山小屋の内部や周辺には、さまざまな神仏をまつっている。五合目以下では、小屋とは別に神仏をまつる堂社があり、五合目より上では小屋内部や洞窟内に神仏をまつっている。

一合目の鈴原社《すずはらしゃ》は、江戸時代には浅間《あさま》大神の本地仏《ほんちぶつ》である大日如来をまつっていたためオダイニッチャン（お大日さん）と呼ばれている。また七合目の東洋館では、小屋下の洞窟内（お穴）に八大龍《はちだいりゅう》

写真２　強力
（『富士山 山梨県富士山総合学術調査研究報告書 2』、106 頁）

王《おう》をまつっている。小屋内部にまつる神仏は、小屋を開けるときに下から背負って登り、小屋を閉めるときに再び背負って下る。あるいは、山仕舞いのときに小屋の床下の穴に埋納して下る。

小屋を開けるときと閉めるときには、神仏の祭壇を清掃し供物をあげ夏山の無事を祈る。また、神仏の祭日には赤飯などを供えてまつり、参拝者や馬方、近隣の小屋にも赤飯を振舞ったという。本来、富士山の山小屋は、神仏をまつるための施設であったことがわかる。

強力の仕事

夏の山小屋で、重要な役割を担ってきた人達の中に強力がいる（写真2）。強力には、山小屋に荷を揚げる仕事と、登山客の荷を背負いながら案内する仕事の二種類がある。

かつて御師が山小屋を経営していた時代には、御師専属の強力として登拝者を案内することも多かったが、山小屋への荷揚げを専らにする者もいた。現在はブルドーザーによる荷揚げが当たり前になってしまったが、かつて七合目までは馬の背で、それより上は人の背で荷を揚げた。八合目から上は富士宮市の富士山本宮浅間大社の境内地であり、聖域だからである。現在でも、富士山は信仰の山として守られ、山小屋の経営が継承されているのである。

（松田　香代子）

項目＼年度	1960	1970	1980	1990	2000
桑園面積（ha）	9,684	10,119	6,792	2,071	431
養蚕戸数（戸）	39,040	29,703	12,739	2,741	90
産繭高（t）	10,382	11,518	5,781	594	33

図表１　山梨県における養蚕経営推移　（『山梨県統計表』より作成）

10 お蚕をそだてる　―女性のはたらき―

山梨県の養蚕

山梨県は群馬・長野・埼玉県などとともに養蚕県として知られた。一九三五（昭和一〇）年でみると、全農家の七割以上が蚕を飼育している。農家一戸当たりの年間の掃立《はきた》て量が多いのが甲府盆地域である。この一帯は稲作にも適した地域で、山梨県の穀倉地帯でもある。扇状地の地形を利用した米麦の二毛作が盛んな地域であり、それらに養蚕が加わって、高度な集約型の農業が行われていた。

養蚕農家戸数のピークは一九六〇（昭和三五）年頃である。桑園《そうえん》面積と産繭《さんけん》量は一九七〇（昭和四五）年前後がピークになる（図表1）。しかし、その後は養蚕業の衰退期に入る。化学繊維の普及と安価な中国産生糸の輸入にともなって、生糸生産がいっきに落ち込んだ。加えて、現金収入の方途として、養蚕にかわって第二・第三次産業へ依存する傾向が強まったためでもある。

収益性の高い果樹栽培の普及も見逃せない。果樹栽培は消毒を多用するため、化学物質に弱い蚕の飼育とは共存できない。中央高速道路が開通した一九八〇年代は、減少の幅が大きくなり、二一世紀を迎えた頃には県内の養蚕業はほぼ命脈を絶った。

蚕卵紙　蚕卵を付着させた和紙のこと。

写真１　桑の運搬

作業の手順

養蚕は一年に三回ほど行われ、季節に応じて春蚕《はるご》・夏蚕《なつご》・秋蚕《あきご》と称した。春蚕の掃立ては五月上旬の田植え前、夏蚕は七月下旬、秋蚕は八月下旬で、いずれも一か月ほどで成熟し蔟《まぶし》に移す（上蔟《じょうぞく》）。

蚕卵《さんらん》は孵化《ふか》直前の状態で持ち込まれ、各農家に着くと数時間で孵化した。孵化したばかりの蚕《かいこ》が稚蚕《ちご》で、体長は二ミリ程度である。掃立てとは、▲蚕卵紙《さんらんし》から鶏《にわとり》の羽根などで、卵を籠に掃き落とす作業を指す。

蚕の卵のことを種《たね》といい、それを扱う業者を種屋《たねや》と呼んだ。以前は県内各地に種屋があったが、徐々に均質の種を大量に扱う、少数の専門業者が配給を独占するようになった。蚕卵は和紙に付着させた状態で各農家に分配し、受け取った側で孵化させたが、その後、品質の規格化が進み、二眠《にみん》まで成長させた稚蚕を購入し、繭を作り始める上蔟まで育てる方式へと変わった。

孵化した稚蚕は、脱皮を繰り返しながら成長し、一か月ほどの間に体重は一万倍にもなる。脱皮をするときは上体を立てたままの姿勢で、一、二日ほど静止する。これを「眠《ねむ》る」という。四回の休眠（脱皮）を経て繭をつくる。

糸を吐《は》く頃になると、蚕の首の付近が透明に透けてくる。こうした状態を、「引きる」などと表現している。引きた蚕は一匹ずつを手で拾い、蔟に移す。この作業をヤトイなどと称し、個々の蚕に個々の空間を与えて繭を作らせた。

蔟のことをモズ、ムズとも呼ぶ。昭和初期、ダンボールを素材とした▲回転蔟《かいてんまぶし》が普及した。これを発明したのは甲斐《かい》市竜王の斎藤直恵《さいとうなおえ》（一八七八〜一九四一）で

写真２　回転蔟の作業

回転蔟
繭になる直前の熟蚕が、巣を求めて上へ登る習性を利用した蔟。蚕が上部に集中すると重くなって回転し、その繰り返しですべての仕切りの中に蚕が収まる。

ある。ダンボール箱の中が細かく仕切られていて、個々のスペースに蚕が入り込んで繭を作ることができるよう工夫されている。蚕が入り込むと重みで回転し、常に空スペースが上方にいく仕組みになっている。

「まぶす」とは拡散させることをいう。回転蔟が登場する前は、藁モズや藤モズが使われた。もっと古い時代は萩などの木の梢を利用したという。枝先を向かい合わせて茅や藁の筵《むしろ》で包み、そのなかに引き始めた蚕を移して繭を作らせた。

一週間から一〇日ほどで繭かきとなる。繭を取り出すことを繭かきといった。藁モズや藤モズの時代は、繭かき作業は素手で行った。回転蔟が登場すると、専用の器具を用いて蔟の一列ごとに押し出した。収繭《しゅうけん》後、上等の本繭と売り物にならないクズマユ（屑繭）に選別した。

繭の収穫（収繭）には、油単《ゆたん》と呼ぶ繭を入れる専用の袋を用いた。容量は約五貫目（約二〇キログラム）で、搬送や売買のときに使用した。生の状態の繭は一〇日もすると、蛹《さなぎ》が成虫（蛾《が》）になって繭に穴を開けてしまうので、乾燥小屋を設けて蛹を殺す必要があった。

養蚕をめぐる儀礼と信仰

蚕は気候に大きく左右される。また、病気にも弱いため多くの信仰や儀礼を生み、後々に伝え残してきた。神棚や蚕室《さんしつ》の壁にお蚕神《かいこがみ》さんをまつり、養蚕の成功を祈った。

蚕の神といっても神社の札であることが多く、南アルプス市の高尾山《たかおさん》穂見《ほみ》神社、山梨市万力《まんりき》の大嶽山《だいたけさん》神社などの札を神棚《かみだな》に納めた。

北杜《ほくと》市須玉《すたま》町の比志《ひし》にある山《やま》神社の祭礼は、三月一七日・七月一七日・一一月一七日で、内外から多くの講社《こうしゃ》が代参《だいさん》した。ここの山神社では、参拝する者が縄を供える風習があった。持参した新しい縄を供え、供えてある古い縄を持ち帰って蚕具として使うと、蚕が当たる（成功する）との信仰を伝える。

観音《かんのん》も山の神とならぶ信仰対象である。たとえば、北杜市須玉町にある和田の岩屋《いわや》堂や同市高根町蔵《くら》原《ばら》の観音堂が知られる。二月の初午《はつうま》になると、着飾った馬が列をなして蔵原のお観音さんへ参拝に行く光景が見られたという。その帰りに買った蚕座紙《さんざし》を使うと蚕が当たると信じられていた。

笛吹《ふえふき》市の二之宮《にのみや》では、二階のウダツ柱にお蚕神をまつった。五月に行われる甲府の稲積《いなづみ》神社（正《しょう》の木《き》さん）の祭りで御札《おふだ》を買って貼《は》ったという。甲州《こうしゅう》市塩山《えんざん》では、この祭りに行った時に小石を拾い、それを御神体《ごしんたい》にまつったという。

富士吉田市向原《むかいばら》ではオシラ神講が行われていた。一二月にお蚕神の日待ちをした。蚕を飼う六戸が蚕神を納めた木製の祠《ほこら》を受け渡していたという。

県内では道祖神を蚕神として信仰する地域が多い。甲州市域では道祖神は猿田彦《さるたひこ》だと伝える。養蚕を発明したのが猿田彦で、道祖神を蚕神として信仰するのだといい、道祖神場《どうそじんば》に「蚕影山《こかげさん》」と刻んだ石碑をまつっているところが多い（写真3）。

蚕室
養蚕の作業場のこと。別棟に設けることもある。

蚕座紙
飼育籠や箱の下に敷く紙のこと。蚕の糞尿を受ける。

ウダツ柱
通常では大黒柱のことで、同じ位置にある柱をウダツ柱と呼ぶ。

猿田彦
記紀神話に登場する神。天上の神（天孫）が地上に降りた際、道案内をしたとされる神。

小正月《こしょうがつ》に蚕を模した繭玉を作って家の中に飾り、その後でドンドン焼きの火で焼いて食べる風習は県内に広く見られる。甲州市では小正月に子どもたちが「蚕大当《かいこおおあ》たり」と書いた札を配り歩く。養蚕が始まると蚕室内に貼って成功を祈願した。

蚕が怖がるとされた雷《かみなり》なども養蚕の信仰と深く関連する。甲州市塩山では、雷除《かみなりよ》けのため五月の掃立ての頃になると、正月用に搗いた餅をあられにして大豆とともに煎って食べたという。その他、同市勝沼町《かつぬま》柏尾《かしお》の春祭りに風が吹くと桑の成長が悪くなるからといい、春蚕を少なくしたと伝える。

関東甲信地方一帯に信仰圏をもったのが、茨城県つくば市にある蚕影《こかげ》神社である。▲代参講《だいさんこう》の形をとり、山梨県一帯に講社《こうしゃ》が作られていた。神社の祭神は稚産霊神《ちさんれいじん》で蚕業の祖神《そしん》として信仰されるが、縁起《えんぎ》の金《こん》色姫《じきひめ》の話は広く流布《るふ》する。

代参
団体の構成員が代表となり、交替で信仰地を参拝すること。

写真３　蚕影大神の石碑（甲州市）

継母《ままはは》に妬まれた金色姫《こんじきひめ》は四度の災難を受ける。一度目は悪獣《あくじゅう》（獅子《しし》）の山に捨てられ、二度目は鷹《たか》の山に捨てられる。そして、三度目は舟に乗せられて離島に流されるが、いずれも運に恵まれて帰宅する。四度目は屋敷の庭に生き埋めにされてしまうが、死して蚕に生まれ変わり、桑を食べて成長して美しい白糸を作った。蚕の四度の休眠を、順番にお獅子・お鷹・お舟・お庭と称する由縁だという。

四眠《よんみん》に入ると女性たちは団子を作った。また、お庭並びと称し、並び団子を作る所もあった。これが済むと「お庭起き」といい、食欲旺盛期をむ

写真４　網掛け作業

写真５　給桑の作業

かえる。飼育過程中もっとも忙しくなる時期である。

「蚕影山」と彫った石碑は県内各地で目にする。明治時代後半から昭和初期にかけての建立が多く、この時期の蚕影信仰の浸透がうかがえる。大正末期、茨城県にある蚕影神社の社殿の屋根の葺替えに当たって、山梨県内の講社から多くの寄付が行われた。寄付奉納額には当時の東八代《ひがしやつしろ》郡や東山梨《ひがしやまなし》郡下の一〇村以上の講社が名を連《つら》ねている。

活躍する女性

養蚕の主たる担い手は女性であった。蚕のことを「おぼこ」という。語源は「うぶこ」、すなわち生まれたばかりの赤子を指す。山梨では子どもを「ぼこ」と称する。「おぼこ」の養蚕は「ぼこ」の育児と同じく、女性の管理下にあった（写真４・５）。

養蚕の収入は家計にはいるが、売り物にならない屑繭の処理は女性に任された。真綿《まわた》として利用し、また真綿を糸に紡《つむ》いで織物にした。それらは個人の私物になるわけではないが、ただ何に使うのかは女性の裁量に任されていた。富士河口湖町大石では、機織《はたお》りで出た糸屑《いとくず》をためておき、それを売って小遣いにしたという。

（影山　正美）

11 甲斐絹の話 ―郡内織の歴史と技術―

羽二重
縦糸を二本（二重）にして織った布地のこと。純白で光沢のある織物として知られる。

『和漢三才図絵』
江戸時代中期の図入り百科事典。書名は範とした中国（明）の類書『三才図絵』から採用。

郡内の絹織物

「郡内《ぐんない》」を辞書で引くと、一つ目に山梨県東部の地域呼称のこととし、二つ目には郡内織《ぐんないおり》の略とある。郡内織は、県東部の桂川流域の山がちな地域で産出する織物の総称で、特にこの地域特産の絹織物《きぬおりもの》である海気《かいき》（後には「甲斐絹」と表記する）をさしていう。

郡内で織られていた絹織物について、文献上の初見は一六四七（正保四）年に板行された『毛吹草』巻四「諸国より出る名物」に、「郡内織・菱紬」とみられるものである。村方《むらかた》に残された資料の中にも、和泉国大島郡上神谷豊田村（大阪府堺市）の小谷家文書の「寛文九（一六六九）年四月吉日祝儀引出物覚帳」の中に、「▲羽二重二・郡内嶋一・わり嶋一」とあり、二枚の羽二重《はぶたえ》の裏地として郡内嶋《ぐんないじま》と割嶋《わりじま》がそれぞれ用いられていたことがわかる。少なくとも近世初期から絹織物の生産がはじめられていて、この地から遠く離れた関西地方にまで流通していたことが知られる。

寺島良安《てらしまりょうあん》の『▲和漢三才図会』は巻二七「▲絹布類」の中で、「加伊岐《かいき》」と「郡内絹《ぐんないきぬ》」は別々に項目立てされる。「加伊岐」の説明は、「思うに、加伊岐は阿蘭陀で生産される。糸は上品で黄あり赤あり茶色ありで、古い時期に渡ってきたものは地が厚く、後で渡ってきたものはやや薄い。わが国では未だ織られていない」とされ、もとはオランダとの貿易を通じて、東南アジアから島渡りで到来した絹織物であった。

地文
布地の模様のこと。

丈・尺
長さの単位。一尺は約三〇センチ、一丈は約三メートル。

紬
紡いだ糸で織った布地。真綿を紡いで織り上げる。

いっぽう、郡内絹は「思うに、甲州郡内から出る。絹は厚くて稠《こまやか》である。また地文に菱のようなものがある。多くは縦横の縞《しま》である。京都の贋織《にせおり》を京郡内《きょうぐんない》という。糸は細く美しく、しかも軟弱である」と記される。この地から産出される郡内織は、地紋《じもん》に菱《ひし》・綾《あや》を織り出すもののほか、縞《しま》や格子《こうし》などがあって、京都で生産される贋織の京郡内があるとされる。

『萬金産業袋』(一七三二年)にも、郡内嶋(縞)・白郡内・織色郡内などが次のように記されている。

甲州郡内で織られている。幅九寸五分、丈《じょう》五丈四尺《しゃく》、長尺は六丈二尺ある。模様・地色はいろいろで、玉虫地・白地もある。地に綾のあるものを八反掛という。黒地に白の横糸を用いたものをこま柄という。角つなぎや絣入もある。京都で織られていた紛らわしいものもあるが、生地が弱くて質がよくないので今は少ない。白郡内は、産地・幅・長さは郡内嶋と同じ。つやがよい。亀甲・菱・綾杉などの紋織がある。これを菱郡内といい、京都では紋郡内と称したという。織色郡内は産地・幅・長さは郡内嶋と同じ。色はいろいろあり、玉虫色の類が多い。海気に似ているので郡内海気ともいった。紋織、ひし織などもある。これらの郡内の絹・紬は谷村(都留市)付近で織られるものが上品であり、鶴川(上野原市)付近でも白郡内・郡内嶋が織られているが、これは地合いが薄いので等級が落ちる。

また、同じ年に著された『甲斐噺』には郡内絹がこの地域の村々の特産品となっていたことを記している。「白絹《しらきぬ》の上は真木・花咲(大月市)、菱絹《ひしきぬ》は小形山、嶋(縞)は上谷・下谷、海気は田野倉(以上、都留市)、八反掛は新倉、玉川紬《つむぎ》は松山(以上、富士吉田市)、夏袴地《はかまじ》などは、暮地・小沼(西桂町)

と申す村々より多く織り出していた」とある。

「海気」から「甲斐絹」へ

「海気《かいき》」は「海黄《かいき》」、「改機《かいき》」などとも書き、慶長年間（一五九六～一六一五）以前に南島（東南アジア）より伝わった舶来絹織物であるという。『紅毛雑話』によれば、「海気・海黄は、ベンガル国（インド）より産する織物なり、海黄はベンガルの語なり」とし、オランダの東インド会社を通じて日本に輸入されていた。寛文年間（一六六一～一六七三）頃に郡内で初めて模索したと伝えられ、その海気を「郡内《ぐんない》海気《かいき》」と称したという。

この「海気」に象徴される絹織物が、郡内絹・紬の総称として、一八七五（明治八）年になると「海《かい》絹《き》」と記され、同二〇年代には「甲斐絹《かいき》」と表記されるようになる。一八九二（明治二五）年に谷村の村長は、翌年アメリカで開催予定の万国博覧会に甲斐絹（広幅《ひろはば》・小幅《こはば》各三〇疋《ぴき》）の出品を勧誘している。この場合の広幅は洋服裏地や蝙蝠傘地《こうもりかさじ》などのヤール幅のものを、小幅とは従来の着物や羽織の裏地を指しており、この時期には生活の近代化に対応して、広幅の生産が着実に増加していった状況がうかがわれる。

甲斐絹の技術

甲斐絹の織物は、よく練った絹糸を用いた平織物《ひらおりもの》であり、技術上の大きな特色は、先練《さきねり》・先染《さきぞめ》の糸を

『紅毛雑話』
江戸時代の森島中良の著書。「紅毛」とはオランダ人。彼らから聞き取りした話を集録する。

疋
布の量の単位。一疋は二反。一反は二十二メートルで、着物一着分の長さ。

ヤール幅
長さの単位、約九一センチ。「ヤール」はオランダ語読み。英語読みは「ヤード」。

写真1　甲斐絹の羽織と着物

濡巻《ぬれまき》の技法で機巻《はたまき》することであった。その工程は、次のように行う。

まず、繭から糸を引き、七、八本をまとめて一本の糸としてゼンマイの枠に巻き取り、枠から外して水桶などに沈めておく。次に、水桶の中の枠から糸をハヤワを用いて管に巻き取る。この作業をミズクダを取るといい、ハヤワの把手を回しながら糸に撚りをかけて枠に巻き取り、この枠を糸の太さに応じて数個を用い、これらの糸を一本に合わせて整経《せいけい》を行う。これには古くは経台《へだい》という二本の棒を用い、反復することによって糸の長さを決めていたが、後に経枠《へわく》に巻き取る方法に変わった。

経枠から外した経糸や横糸は、まずよく練りあげる。これは生糸のニカワ質を灰汁《はいじる》や石鹸《せっけん》で煮込んで除去するもので、その後に染色する。明治以前は天然染料を用いていたが、明治中期以降に扱いやすい化学染料が普及すると、機屋《はたや》ごとに染色が行われるようになった。染色の後、糸数を数えながら経糸を組んでいく組込み、縞組《しまぐみ》を行い、それを機巻する。機巻は経糸を濡れたまま強く張って調整し、巻き取る濡巻の技術を用いて行う。このようにすると、糸に張りと艶《つや》が出るという。また、織り上げた布面《ぬのめん》は滑らかで、かつ光沢があり、布をこすりあわせると絹鳴《きぬな》りがする。

かつては日常生活の中では、甲斐絹を裏地に用いた羽織や着物などは高級とされ、良い質草《しちぐさ》になったという。現在でも和装物の裏地、夜具地《やぐじ》、コート地などに利用されることが多い。富士吉田市《ふじよしだ》と西桂《にしかつら》町の織物業者でつくる製品が、国内ばかりではなく、海外にも広く進出するようになってきている。

（堀内　眞）

12 ぶどうと葡萄酒
―その歴史と文化―

ぶどうの伝来

日本を代表するぶどうに「甲州」がある。生食《せいしょく》もできるが、最近ではワイン用としても知られている。ぶどうのふるさとは遠く西アジア。ギリシア・ローマを経てヨーロッパ・キリスト教社会に広がった。他方、ガンダーラ地方を経て仏教文化とともに東進し、唐（中国）に伝わった。日本へは飛鳥時代に、仏教とともに伝来したという説が有力だ。

「甲州」もまた、海外から伝来したようだ。近年行われたＤＮＡ解析では、ヨーロッパ系ぶどうのヴィティス・ヴィニフェラと中国の野生ぶどうが交雑して生じたのが「甲州」だという。「甲州」には、ぶどう伝来の歴史が息づいている。

山梨におけるぶどう栽培の起源は、残念ながら明らかではない。確実に栽培されていたのは江戸時代だ。旅行記や記録を見ると甲斐国がぶどうの産地として認識されていたことがわかる。甲府城下町遺跡（甲府市）からは栽培種のぶどうの種が出土している。栽培地は限られ、甲州市勝沼《かつぬま》町岩崎《いわさき》だけで栽培されていたものが、一八世紀末頃になってわずかに甲府近在にも拡《ひろ》がった程度だ。栽培地が顕著に拡大するのは明治時代、山梨県が殖産興業の一環でワイン醸造に取り組み始めてからだ。現在のような果樹

写真１　葡萄をもつ不動明王

写真２　葡萄状団子の供物

王国となるのは昭和も半ばになってからのこと、養蚕から果樹へと生業を転換してからだった。果樹王国山梨の歴史は、意外に短い。

甲州市に根付いたぶどう栽培の民俗

短いながらも、山梨県ではぶどうの文化が育まれてきた。ぶどう発祥伝説を聞いたことがあるだろうか。代表的なものでは大善寺《だいぜんじ》（甲州市）の行基伝説や、雨宮勘解由《あめみやかげゆ》のぶどう発見伝説があげられる。行基は夢の中で薬師如来《やくしにょらい》からぶどうを賜り、雨宮勘解由は甲州市勝沼の石尊《せきそん》祭の帰りにぶどうを発見した。いずれも神仏と結びついている点が興味深い。

稔りに感謝して建立された仏もある。デラウェアの産地として名を馳せた菱《ひし》山《やま》（甲州市）では、一九八一（昭和五六）年から一九八二（昭和五七）年頃に、菱山農協生産部会が「ジベデラ不動」を農協の敷地内に建立した（写真1）。「ジベデラ」とはジベレリン処理をした種なしデラウェアのこと。火炎を背負う忿《ふん》怒《ぬ》相《そう》の不動尊が、右手に剣を、左手に弾《はじ》けそうなぶどうの房を持つ姿は心を和《なご》ませる。明治期には、勝沼周辺において、盆の供物をぶどうの葉に盛る習俗があったことも報告されている。

一九五五（昭和三〇）年代におこった養蚕から果樹栽培への転換は、地域の

写真3　神楽の合間にブドー酒を酌み交わす
（笛吹市山梨岡神社）

祭りも変えた。小正月の道祖神祭りでは、繭《まゆ》の豊作の願いを込めた繭玉《まゆだま》型のダンゴが、ぶどう型のダンゴに変化した事例もある（写真2）。

ところで、「甲州」の通《つう》な食べ方をご存知だろうか。『甲州』はのど越し」とも言い、皮から実を押し出すように口に含んだら噛《か》み締めずにツルンと喉に送る。この食べ方は、すでに江戸時代には行われていたようだ。甲府城下町遺跡では、便所にあたる場所から栽培種のぶどうの種が出土している。

ワインとブドー酒

ぶどうの加工品であるワインの文化もご紹介しよう。江戸時代の『本朝食鑑』には「葡萄酒《ぶどうしゅ》」の作り方が載っている。果汁を氷砂糖といっしょに諸白酒《もろはくしゅ》（麹米《こうじまい》・蒸米《むしごめ》と精白米を使った酒）に混ぜて作るとある。当時の「葡萄酒」は混成酒で、私たちが知っている醸造酒のワインとは異なっていた。日本のワイン醸造は一八七〇（明治三）年に甲府で、民間ワイン醸造所の設立は一八七七（明治一〇）年に勝沼で始まった。

ワインは、一九四〇（昭和一五）年の酒税法交付までは、届出や認可なく各農家でも醸造することができた。そのため、ぶどう栽培の歴史が古い勝沼地域を中心に、農家では「ブドー酒」（ワイン）を楽しんできた。ブドー酒は、一斗瓶に入れてぶどう棚の下に埋めて熟成させることもあった。飲む時も気取らず、湯飲み茶碗を使う（写真3）。お茶代わりに来客をもてなしたり、「朝に一杯、昼に一杯、夜も一杯」と楽しんだりしたという。昭和初期には女性や子どもも飲んだという記録があるから驚きだ。というのも、ブドー酒は滋養強壮の薬でもあったからだ。一八九五（明治二八）年には、甲府の商家に対する出産見舞品として「ぶどう酒」が贈られている。その他の品物に「玉子」・「もち」がみえることから、滋養食品として用いられたのだろう。

明治三〇年代には勝沼地域のぶどう栽培者が、ぶどうの価格対策として組合をつくってワインを醸造し、組合員は冠婚葬祭用や日常酒としてその飲用を申し合わせた。勝沼地域におけるブドー酒愛飲の文化は、このような背景により形作られたのだと推測できる。

ブドー酒を愛飲し日常酒に用いる文化は、その後、果樹やワイン産業とともに拡大した。現在では、峡東地域を中心として冠婚葬祭、祭礼後の直会《なおらい》、神仏への奉納酒としてワインが用いられることは珍しくない。一升瓶に入ったワインも一般的である。

二〇一七（平成二八）年時点において、山梨で栽培されているぶどうは一四七品種、そのうち県内で育種された品種は三六種にもおよぶ。山梨県のぶどう農家の技術はきわめて高い。しかし温暖化や後継者不足、消費者の嗜好《しこう》の変化など、農家を取り巻く状況は決して明るい話題ばかりではない。いっぽう、近年日本ワインが世界に認められ、ユネスコ無形文化遺産に登録された和食との相性の良さにも注目が高まっている。山梨は、今も昔もぶどうとワインを通じて世界とつながっている。（丸尾　依子）

13　全国シェアを誇る伝統工芸品　―山梨の紙と硯―

市川大門と西島の和紙

山梨県を代表する「紙（和紙）の産地はどこか」と問えば、十人が十人とも市川大門（市川三郷町）や西島（身延町）を挙げるだろう。甲府盆地南縁に位置する市川大門と、同地より南部で富士川谷地帯の西島をはじめとする河内《かわうち》に広く展開された生業、紙漉きをもとに今日見られる産業に発展した。旧来、前者は市川紙として、後者は河内領紙《かわうちりょうがみ》の名で知られたが、今ではその拠点である西島から西島和紙と称され、市川大門手漉和紙や西島手漉和紙の名称で、それぞれ山梨県伝統工芸品に指定されている。

市川大門は、製紙業の町として産地化が進み、市川和紙工業協同組合に加盟する各社は、その多くが障子紙《しょうじがみ》、奉書紙《ほうしょがみ》、書道用紙などを工場生産しているが、手漉きによる生産は一社を残すのみである。一方、西島は、書画用の画仙紙《がせんし》（甲州画仙）や半紙の製紙を機械抄出や手漉きで行っている。地域の「身延町なかとみ和紙の里」では、紙漉きの体験工房を併設している。

甲州の和紙についての研究は、村松志孝編『市川紙業史』（一九五〇年）や岩沢愿彦「甲斐の『はだよし』―特に手本紙について―」（『日本史籍論集』下巻、一九六九年）、斎藤佐文吾『近世製紙業の研究』（一九九六年）など市川紙のものが中心であるが、これらは歴史学や経済史・産業史的な側面から追求したもので

画仙紙
書道や絵画用の縦長の和紙。標準的な大きさは、横七〇センチ・縦一三五センチ内外。

ある。次には、手漉きによる旧来の製紙と信仰について見てゆきたい。

市川大門の製紙業の沿革とその信仰

中近世における製紙業は「肌吉」と称する特産紙の抄出によって有名である。その沿革を従来の研究によって要約すると次のようである（「甲斐の『はだよし』」）。

戦国時代には生産が始まっていたらしく、一六世紀後半、徳川氏の時代になって急速に発展し、「肌吉衆」の出現をみた。徳川幕府に納める御用紙《ごようがみ》の調製を任務としていた。肌吉衆《はだよししゅう》は御用紙漉衆とよばれ、奉書紙・糊入《のりいれ》などの紙を漉き出していた。肌吉紙は市川大門で漉かれた楮を原料とする奉書紙であり、白くきめ細かくなるように、白米の粉を混ぜて漉きあげた。ほかに売紙を漉く一般の紙漉衆も存在した。

現在でも和紙の規格として、オオボショ（大奉書）・チュウボショ（中奉書）・コボショ（小奉書）、糊入などの呼称が残る。糊入は、もとは奉書紙と同様に米粉を混ぜて漉いた肌吉の糊入紙のことをいい、繊維の長い楮のザラザラした表面を埋めて滑らかにする。しかし、ネズミに食われやすいので漉かない、引き合いがなかったので製造しなかったという。原料の楮のほか、三椏も芦川の土手などに自生して数多く残っていた。

近代に入ると、障子紙と書道用半紙に重点を移して継続された。第二次大戦後の一九六〇（昭和三五）年に機械（懸垂短網《けんすいたんもう》）による製紙が開始された。高知県伊野の鉄工所が考案した抄機を導入したもので、製紙業の主流を占めるようになった。

市川大門の紙の神さま

市川大門の北東にある神明宮は紙の神さまといわれる。近世の白紙社《はくじしゃ》を再編した社であって、現在は神明宮としてまつられるが、『市川紙業史』によれば次のようないわれをもつ。甲斐源氏の源義清に仕えた甚左衛門が京都からやってきて、製紙の技術をこの地に伝えた。これによって市川紙の名声が高まった。甚左衛門は病没したが、人々は神明社の傍らに石祠を建ててまつった。命日に当たる七月二〇日には、地域の祭り当番と一緒に、製紙業者が取引先などを招待して祭りを行ってきた。一時の中断を経て、一九八九（平成元）年以降、八月七日に日をずらし「神明の花火」として祭りは復活した。別の言い伝えでは、和紙の技術は、「静岡」（修善寺ヵ）から伝えられたという話もあって、一定していない。

八乙女《やおとめ》神社に◆小林義次郎《こばやしよしじろう》の顕彰碑がある。彼は昭和三〇年代にビニール障子紙を考案した。楮の紙を漉く槽の中に白い液体(ビニロン樹脂)を加えることによって強度のある障子紙ができた。一時的にブームとなって、彼の没後、顕彰碑が建てられた。命日に寄附をした紙問屋などが集まって紙の祭りを行ってきた。

これとは別に、各家の正月には、恵比寿・大黒の切紙《きりがみ》が家々の荒神に吊り下げられる。神棚に切紙を下げる家もある。なお、紙漉きに用いるタモ（だも、トロロアオイ）を栽培している黒沢大木（市川三郷町）の道祖神祭のオコヤには、瓢箪の形を切り抜いた切紙一対が妻側に下げられる。田野（甲州市大和町）の道祖神のオコヤにも干支の動物を切紙にしたものが供えられる。

小林義次郎　一九〇四～一九七二年。市川大門の桑皮紙、障子紙の製造者。第二次大戦中、楮の代用に桑皮をもって活路を開く。同大戦後、一九五四（昭和二九）年に酢酸ビニールの原液を紙に抄きこむことを考案する。ビニール障子紙を開発し、市川製紙業の再興に尽力した。

蔡倫　紀元前一世紀の中国（前漢）の役人。製紙法の発明者とされた。

河内領紙・西島の和紙と蔡倫さま

河内（東河内・西河内領）における製紙の拠点は、富士川左岸の八代郡（東河内領）岩間村（市川三郷町）と、右岸巨摩郡（西河内領）西島村（身延町）であった。現在、製紙が継続しているのは、西島に限られ、書道用紙を中心に紙づくりが行われている。

江戸時代には、御用紙を漉いていたが、ほかの河内の村々と同様に売紙が主体を占めていた。『甲斐国志』は「三百五十石余、三百戸、千二百人」の大村で、「当村は紙漉申し候、但し十一月より二月まで、是は農業の間、男は紙漉、女は手伝い仕り候」とあって、紙漉きが行われていた。また、西島村笠井半兵衛書上に、「天正七年卯年より清兵衛と申すもの漉初め、だんだん紙屋多くまかりなり候」とある（『山梨県史』資料編一一）。（望月）清兵衛は運上紙取立役人として「西未改朱印」を受取るが、西は西島、未は元亀二年辛未年に因むとされ、西島の礎をなし、「紙祖」と称せられた（同印は山梨県指定有形民俗文化財）。寛文九（一六六九）年に笠井五兵衛に変わるまで代々同家がその役を務めた。売紙を漉く農民たちの間で株仲間が結成され、株を持つ家々がもっぱら紙漉きを独占した。

明治維新を迎え、一八七一（明治四）年二月、村役人に朱印が渡され、株仲間は解体された。一八八三（同一六）年ころから技術改良・品質向上が叫ばれ始め、この年紙祖清兵衛を「西島の▲蔡倫《さいりん》」としてまつった祠堂（紙祖蔡倫社）が、彼の菩提寺である曹洞宗永宝寺境内に建立された。

一九六六（昭和四一年）には、紙漉きと販売に関する一連の資料が「和紙製造用具」として山梨県の文化財（有形民俗文化財）に指定される。現在では、身延町の特産品に位置づけられる。西島和紙の施設として、美術館や体験工房からなる「身延町西嶋和紙の里」が一九九八（平成一〇）年に開館した。また、一九六八（昭和四八）年から蔡倫書道展が毎年開催されている。

写真1　蔡倫社

市川大門と西島の楮打・紙漉唄

紙漉きに関する仕事歌がある。紙草（紙の原料）の一つ、楮草（楮）の皮を打つ歌が市川大門に、紙漉の歌が市川大門と増穂（富士川町）、西島に残り、それらが採集されている（『山梨県の民謡』）。かぞ打ち唄（楮打歌）は、御用紙の肌吉紙を漉くこと、市川の花火などを歌う。「市川文殊智恵文殊」で歌い始める歌詞から、甲府盆地南縁で歌われた甲州盆歌の節で歌われた盆歌との共通性が考えられる。西島の紙漉歌は下津井節などの遠隔地の舟歌が富士川舟運の仕事歌に取り込まれ、さらに紙漉歌としても歌われたという（同書）。

〈かぞ打ち唄〉

○かぞくさ打ちにたのまれて　打つもいや　打たぬも義理のわるさや

　オーヤレ　ヤレ　（くりかえし）（くりかえし）（くりかえし）

　ソウダヨ　ソウダヨ

○市川文殊　智恵文殊　女にゃ針　男にゃ　すずり墨ふで

○芦川土手が　切れたなら　市川じゃ　紙すき舟で　こぎ出す

○七月過ぎて　盆過ぎて　市川の　花火の場所で逢いやしょ
○市川焼けた皆焼けた　御陣屋が　残りてなんぼかしあわせ
○すいた肌吉送るときゃ（絵符立て）御用　御用でお江戸まで

製紙原料の楮の皮を打つ作業に歌った唄である。七五五七四調で動作に合わせて早目に歌う。

（鈴木　利秋）

雨畑硯

雨畑硯《あまはたすずり》は、富士川支流の早川のさらに支流、雨畑川上流の稲又谷《いなまただに》を中心に産出する雨畑石《あまはたいし》（雨畠石、雨端石）で作られる。この石は、黒色緻密な粘板岩で、水分吸収度が極めて低く水持ちが良いこと、鋒《ほう》鋩《ぼう》が均質で適度にあることから、良質な硯材として知られている（『早川町誌』、『鰍沢町誌』下巻）。「雨畑石は墨をよく噛む」といわれ、きめ細かく均一であるため、磨墨・発墨に優れている。また、石に硬度があるため、永年の使用に耐えるという。

雨畑硯の製作は、雨畑石の産出地である南巨摩郡早川町雨畑と、江戸時代以来硯職人が多く住んだ富士川町鰍沢鬼島で行われている。

早川町雨畑は、早川との合流点から雨畑川に沿って六キロメートルほど遡ったところに所在する集落で、中心集落を本村《ほんむら》と呼んでいる。本村のさらに四キロメートルほど上流の、近世の枝村の一つ稲又周辺の谷間で硯材となる雨畑石が採掘されている。

雨畑石の採掘が始まった時期ははっきりしない。江戸時代にはすでに銘石として知られていたようで、石の採掘は禁じられていた。一般用に硯石を搬出することは許されず、わずかに転落流石となったものを拾って製作、販売する程度だったといわれる。

一八七四（明治七）年に硯石採掘地が官地に編入されて以降は自由採掘となり、産出された硯石の大半は、雨畑で加工されたとみられ、明治時代に雨畑の硯製造は最盛期を迎えた。一八七六（明治九）年には雨畑硯の販路拡大と偽物防止を目的として、雨畑地区に雨畑硯製造販売組合が設立されたという。

この頃、雨畑には硯職人が二〇名、原石を採掘する者が二〇名おり、村内で硯作りにかかわっている者はおよそ一〇〇名にのぼったという。しかしながら、硯の需要の高まりによって雨畑原石のみでは生産が追いつかなくなり、加えて明治半ばからは県外の粗悪品に圧倒されて、雨畑の硯製造は次第に衰頽していった。戦後は硯の需要低下により、雨畑の硯職人は激減し、雄勝《おがつ》（宮城県石巻市）に移住した者もあった。一九六五（昭和四〇）年頃には雨畑の職人は三～四人ほどになった。現在、雨畑で硯を製造販売している工房は硯匠庵のみである。

もう一つの雨畑硯生産地である富士川町鬼島は、近世には鰍沢村の枝村で、富士川舟運の拠点である鰍沢河岸の南方川岸に位置する。釜無川・笛吹川・芦川の三河川が合流する峡谷部右岸にあって、舟運の船頭を生業とする者も少なくなかった。鬼島では、江戸時代から雨畑川の流石を利用して硯作りが行われてきた。伝承によれば、元禄三（一六九〇）年、鬼島の雨宮孫右衛門が早川の河原で黒一色の石を拾い硯に加工したのが、同所における硯製作の始まりとされる（『鰍沢町誌』下巻）。寛政五（一七九三）

年の鰍沢村の村差出には、雨畑の硯石産出地が留山《とめやま》とされたため、鬼島の硯職人は雨畑村の者から流石を買受けて硯に加工していたと記されている。また、そこには五名の硯職人の名があげられている。『甲斐叢記』（一八五一年）にも同様の記載があり、鬼島では江戸時代を通じて硯製造が続けられていた。硯石の産出地である雨畑から遠く離れた鬼島が雨畑硯の産地となったことについては、富士川舟運の拠点である鰍沢河岸が、富士川支流で産出される硯石や製品の搬出に適していたことが要因の一つと考えられる。幕末には鬼島の雨宮鈍斎が硯の販路を江戸に求め、安政六（一八五九）年及び万延元（一八六〇）年に江戸城内への門札を入手している（『鰍沢町誌』下巻）。一八七四（明治七）年巨摩郡第三一区長差出の「商工取調書」には鰍沢に硯工が二名いたと記されており、一八七六（明治九）年と一八七七（明治一〇）年の内国勧業博覧会には鰍沢村の雨宮弥兵衛（鈍斎の子孫）が硯を出品している（『山梨県史』資料編一六）。一九〇三（明治三六）年に中央線が開通すると、舟運の船頭から硯職人に転職し、独立して工房を構えた者もあった。戦後は、筆記用具の変化によって実用品としての硯の需要は低下した。現在は書家向けの高級硯や工芸品としての硯を中心に製造している。鰍沢鬼島では、甲州雨畑硯製造加工業組合が結成された。二〇二二（令和四）年現在、五軒の工房が加盟している。

硯の製作

硯石は、雨畑地内稲又谷や室草里《むろぞうり》の鉱脈（「硯山」という）などから採掘した。現在は、稲又谷に開けた坑道から採取した原石を用いている。

江戸時代は、雨畑川に流出した原石（流石）を用いて硯を製作していた。『甲府買物独案内』（一八五四年刊）にも、甲府上一条町（甲府市城東一丁目）の高嶋屋久治郎（清光堂）が「国産雨畑流石」を用いた「硯細工所」を営んでいたと見える。

明治時代に入り、稲又谷に露出する鉱脈に沿って露天掘りしたり、坑道を設けて採取する坑道掘りをするようになった。坑道掘りでは、粘板岩が一定の幅を持った層になっているところから採石した。削岩機や発破士によるダイナマイト爆破で原石を採取したが、硯材としての使用に耐えるのは採取した原石の六分の一程度にとどまったという。稲又川の崖には、岩盤を直接露天掘りしたところと、坑道掘りした穴（坑道）が計四か所空けられた。

採掘した原石から、厚みや形、質感、鋒鋩の状態を見極めながら硯に適した材石を選び、選んだ材石を鏨《たがね》で割って表裏を平らにする。

硯を製作することを「研ぐ」、または「切る」という。硯の製作には、八本から一〇本の鑿《のみ》が必要であり、原石が硬いので、鑿の柄を肩に当てて体重をかけ、肩の力を利用して削り出していくのが特徴である。彫り上げたものを五種類の砥石を用いて仕上げていく。

〈硯石の採取〉　硯の製作は手作業で行われる。もとは流石を使うのが基本だった。山取りの石（新石という）を使うと「玼《きず》がつく」とされ、一定期間寝かせたものの中から製作の用途に合った石材を選択した。

〈硯材の観察〉　原石の形や目（「文理」という）を観察して製品の形を想定する。

〈石拵《いしごしらえ》〉　構想に基づき、まず硯側《けんそく》をまとめ、表・裏面の厚さが一定になるように、鏨で割っていく。次に、表面（硯面）と裏面（硯陰）を鑿で削って平滑にしていく。

〈成形（彫り）〉　両面が平らになった硯材を、鑿を使って粗彫りし、大まかに外形を整える。石拵のできた原石に縁（内側の輪郭）をつけ、海（墨池）と岡（墨堂）を鑿で削る。墨池と墨堂を平らに彫り込み、仕上げていく。鑿を肩に当てて右手を添え、左手で硯材を押さえ、身体全体で押しながら削り込み、硯を立体的に整形する。現在では、原石を平らにするまでは、機械（ダイヤモンドカッター、サンダー）を利用する。その後は、鑿を使用して手彫りで行う。鑿の先にタンガロイ（超鋼）が入っている。丸鑿・角鑿を作業に応じて使い分ける。縁を残し内側を彫り下げて、墨池を作り出す。葡萄などを造形した彫刻を施す場合は、二〇〜三〇種類の鑿を使うことになる。

〈研磨〉　その後、各種砥石を用いて正確な寸法に整える。荒目（大村砥）、中目（上野砥）、細目（対馬砥）、人工砥石（金剛砥）などを順番に使い分けて磨きあげていく。表・裏両面を研いで滑らかにする。

〈仕上げ〉　磨きの済んだ硯は、最後に漆を塗って仕上げる。つや出しと劣化防止のため、墨液や漆を薄く塗布して光沢を出して仕上げる。以上の製作工程をとって雨畑硯はできあがる。

現在、学校教育に用いる「学童用」硯はほとんど製造されなくなり、書道家が用いる高級品が製造の中心を占めており、東京をはじめとする関東地方はもとより、全国的に取引され、海外にも輸出されている。

（堀内　眞）

14 活躍する甲州商人 ―市と行商―

山梨県は閉鎖的か

山梨県の旧国名である「甲斐《かい(ひ)》」は以前には「峡《かい(ひ)》」が語源であると言われ、山に囲まれた閉鎖性が強調された。しかし、この考えは音韻《おんいん》的に否定され、これに替わり現在は「交《か》い」でないかと提唱されている。もしそうなら、農業生産を補完するものとして、古くより積極的に他国と関わり、商業活動を行ってきたことを物語るものと言えよう。

古代の音韻
現在では同じ発音とされる音が、古代の日本語では別の発音だった。それを、甲類と乙類と研究上では呼んでいる。甲斐の「ひ」は甲類なのに対し、「峡」は乙類であるとされる。

現在に残る市

高校の日本史教科書を読むと、鎌倉時代に三斎市《さんさいいち》（月に三回開催）が行われ、五日市《いつかいち》・八日市場《ようかいちば》などの地名が残ると記述されている。県内にも二日市場《ふつかいちば》（北杜《ほくと》市・甲府市）・三日市場《みっかいちば》（甲州市）・四日市場《よっかいちば》（都留《つる》市・笛吹《ふえふき》市）・七日市場《なのかいちば》（山梨市）・八日市場（山梨市・身延《みのぶ》町）などの地名が多々あり、定期市が開催されていたことはうかがえる。また、古市場《ふるいちば》（甲府市・南アルプス市）・市部《いちべ》（笛吹市）などの地名も残る。しかし、そこで行われた市《いち》の詳しい実態はほとんど解明されていない。

現在も見られる市は、祭礼のさいに開催される縁日市《えんにちいち》である。その代表的なものとしては、南アルプス市十日市場《とおかいちば》で開かれる「十日市」である。同所にある安養寺《あんようじ》の縁日に開催され、山地と平地の産物を交換することから始まったと言われ、江戸時代には正月と七月に開かれていたが、現在では二月一〇・一一日に開催される。甲府盆地に春を告げる祭りと言われ、周辺の住民はこの祭りを心待ちにしている。もともとは木工品（臼《うす》や杵《きね》など）や農具と、旧正月に当たるため縁起物《えんぎもの》（甲州ダルマなど）が並べられたが、「十日市で売ってないものは、猫のたまごと馬の角《つの》ぐらいだ」と言われるほど賑わった。現在は十日市場地区と実行委員会が主催している。二〇一二年には暴力団排除条例で暴力団関係者の関与する露店《ろてん》を排除しようとしたため中止となったが、翌年には復活した（写真1）。

この他にも五月二日から五日にかけ、甲府市の「正ノ木《しょうのき》さん」とよばれる、稲積《いなづみ》神社の縁日市も多くの人を集めている。江戸時代から続くこの市は、もともとは農家が種や苗木を購入していた。どちらも近年のコロナ禍で中止・縮小されたが、もとの賑《にぎ》わいに戻っている。

行商

かつてはどこでも、商品を携えた多くの行商人が行き交った。その商う品も野菜・豆腐・衣服・日用品など様々で本項では考察しきれないが、本県では行商に従事する者が多かった。古くは奈良田《ならだ》（早川町）などの木製品、芦川《あしがわ》（笛吹市）のコンニャクなど特徴ある行商が見られたが、交通手段が未発達の時代、その販売地域は限られていた。明治以降、産業が発達し鉄道網が整備されると、農閑期を利用して従事する者も現れ、女性の行商も戦中から昭和三〇年代頃は多く見られた。西郡《にしごおり》（釜無《かまなし》川以西の南アルプス市・富士川町）の既製服・メリヤス類、勝山《かつやま》（富士河口湖《ふじかわぐちこ》町）の呉服、六郷（市川三郷《いちかわみさと》町）の印▲

章・印材、甲府市の宝飾品などは全国的に販売が展開された。
高度経済成長期以降は、流通網が発達し生活スタイルが変化したため、行商人の数は減少しているが、二〇世紀末でも海産物・ネクタイ・装身具などを扱う商人が会社・官公庁・学校などを訪れて販売していた。

印章と宝飾品　甲府市の荒川源流では水晶を産し、江戸時代後期に採掘が活発化した。この水晶を材料に旧六郷町では印章、甲府市では宝飾品の製作が盛んになった。

熊王徳平　一九〇六〜一九九一年。農民文学作家。日本プロレタリア作家同盟山梨支部を結成。著書は『甲府盆地』など。

甲州商人

山梨県の行商と言えば「甲州商人《こうしゅうしょうにん》」という言葉が思い浮かぶ。富士川町出身の作家・熊王徳平《くまおうとくへい》が自らの体験を踏まえ執筆した小説で、ことば巧みに粗悪品を高級品と偽って売りつけようとする行商人と、出来るだけ値切ろうとする客との化かし合いが面白おかしく描かれた。その後、映画化（「狐《きつね》と狸《たぬき》」一九五九年、東宝）され、さらにテレビ・ドラマ（「オットいたゞき」一九六六年　ＮＥＴ〈現・テレビ朝日〉）となり全国的に知られるようになった。
実際、一部には詐欺《さぎ》同然の行いをした者もいたことは否めない。行商に従事した古老の話でも、布地の一部分だけが本物で、その部分の糸を抜いて焼いてみせたり、化繊を純毛や絹と偽ったりして、相手を油断させるなど様々な「手口」があったとのことである。もちろん、こうした不正を働く者は一部で、多くの商人は地道な商売をして顧客の信用を得ていた。ただ、商品が売れない時の交通費・宿泊費の支払いや割賦販売での代金の回収などの苦労もあった。

写真１　十日市（南アルプス市）

変わる販売形態

市や行商は交通・通信手段が発達した現代では、性格が大きく変わった。前述の通り市は祭りの一部となり、店舗を持たない販売形態は電話やインターネットを使った通信販売が中心となった。しかし行商は自動車を使う竿竹《さおたけ》・廃品回収や山間地の生鮮食品販売など違った形で現在も見られる。特に高齢社会の進行とともに、食料品など生活必需品の「宅配」は今後も重要性を増すと考えられ、通信販売とともに大企業が参入し、新しい段階を迎えている。

（野口　茂文）

第三章　身近なモノとくらし

（甲州市）

15 屋根型から見たくらし ―消えゆく民家―

草葺き民家の屋根

写真１　兜造り（笛吹市芦川町）

山梨県の民家は四つほどの形態に分けることができる。

富士北麓の郡内《ぐんない》地方には、入母屋《いりもや》の破風《はふ》側の屋根を断ち切り、窓を設けた民家が多い。側面から見ると、兜《かぶと》の形に似ていることから、兜造りと称している（写真１）。また、鬼瓦などと呼ぶ土地もある。養蚕《ようさん》の拡大にともない、改造されて生まれた民家のひとつである。二階部分を蚕室《さんしつ》として利用するようになり、採光・換気用の窓を設けたのである。

甲府盆地東部では、切妻《きりづま》屋根の正面中央部を櫓《やぐら》状に突き上げた民家が目立つ。これを櫓造りと呼ぶ（写真２）。これも蚕室として使用するために改造された民家である。甲府盆地南西部にはシモク造りと呼ばれる、Ｌ字型やＴ字型の曲り屋がみられた。これもまた養蚕の拡大にともなって、一室を増やした民家である。シモクとは撞木《しゅもく》のことで、鉦などを叩く打ち木をいう。

北巨摩地方の草屋根《くさやね》は切妻や入母屋が一般的で、改造の跡が見られない。寒冷な気候であるため、軒を低くして保温効果を高めている。

写真２　櫓造り（甲州市）

民家の型と生活

短期で現金収入をもたらす養蚕は、農家にとって大切な副業である。蚕《かいこ》が成長してくると、オボコ分けと呼ぶ分箔《ぶんぱく》作業を行う。分箔は、蚕の飼育に用いる容器を成長に応じて増やすことをいう。さらに、繭をつくり始める上蔟《じょうぞく》期に入ると、回転蔟《かいてんまぶし》に移す。大量の蔟《まぶし》を吊るすため、天井の低い二階部分が役立った。

養蚕に不可欠なのが、広い飼育空間と作業空間であり、採光および換気機能である。県内の特徴的な民家は、いずれも養蚕経営に対応したものであった。

民家の形に影響を及ぼしたのは養蚕だけではない。昔は農作業に牛馬を利用しており、民家は畜舎《ちくしゃ》でもあった。馬の産地として知られた北巨摩地方では、屋内の一角で馬を飼った。

屋内にはダイドコと呼ぶ広い土間があり、ここは作業場として使う。収穫した穀物を一時的に保管しておき、雨天時に麦打ちなどの作業をしたり、夜《よ》なべ仕事で炭俵などを編《あ》んだりした。また、桑の葉を保管する桑場《くわば》にも利用された。そのダイドコに隣接して厩《うまや》があった。

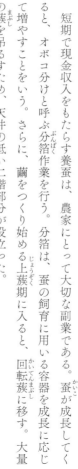

庭に面した縁側では穀類や豆類などを広げて天日に当てて干《ほ》した。家への出入りは、通常、大戸《おおど》に付けた小さな半戸口《はんどぐち》を利用した。馬などを出し入れするときは大戸を使った。

家族生活の中心となる部屋が居間で、中央に囲炉裏《いろり》が設けられている。囲炉裏をヒジロと呼ぶのは県

自在鉤
囲炉裏の火で煮炊きするのために鍋などをつるす道具。天井から吊り下げた軸木は、自由に上げ下げできる。火に近づけたり遠ざけたりして火力の調節が自在になる。

ヨコザ
上座の主の席のこと。語源には諸説ある。

内共通であるが、鍋《なべ》を掛ける▲自在鉤《じざいかぎ》の呼称は地域で異なる。北巨摩地域ではオカギンドサンあるいはオカギンド、峡南・峡中地域ではオカギサンあるいはオカゲンサン、郡内《ぐんない》にいくとオコウジンサマあるいはコウジンサマである。荒神《こうじん》は火の神である。

囲炉裏を囲む座にはそれぞれ名称があり、座る人物が決まっていた。上手《かみて》は▲ヨコザで主人が座る。ヨコザの反対側はデンザで嫁さんの座である。ヨコザの下手《しもて》で、キジロに挟《はさ》まれた場所は養子婿《むこ》の座である。キジロは薪を置く場所を指し、燃やすのは養子婿の役目とされた。ヨコザの下手で炊事場（オカッテ）に近いところは主婦の座である。ご飯を盛る仕事はここに座った主婦が受け持った。

屋根材		戸数
麦わら	麦わら	256
	トタン被覆	218
かわら		816
トタン		162
ストレート		4
スラブ（コンクリート）		7
茅		1
合計		1464

図表1　屋根材
（昭和42年8月調査、『八代町誌』より）

屋根の材料

草屋根の材料は、茅《かや》・麦わら・稲わらが用いられる。富士山麓や八ヶ岳山麓は茅材が多いが、茅材の入手が難しい富士川流域や甲府盆地では麦わら材が多くなる。たとえば、一九六七（昭和四二）年の笛吹市八代町の住宅調査によれば、茅屋根はわずか一戸にすぎず、トタン被覆を含めた麦わら材の屋根が三分の一を占めている。麦わらは稲わらに比べて耐水性が強いが、一〇年もすれば葺き替え期を迎えるので、トタンで覆うようになった。

写真３　差し茅の作業（北杜市須玉町）

茅屋根の葺き替え

草屋根の葺き替えは定期的に行う。これが屋根替えである。茅葺《かやぶ》きであれば、四〜五〇年に一度となる。材料となる茅は協力して集める。

屋根替えとは別に、数年おきに傷んだ場所だけを葺き替える。これを差《さ》し茅《がや》という（写真3）。

作業は専門の職人に依頼する。葺き替えの大まかな工程は以下のとおりである。

まず、古い茅や下地の竹組を取り除き、新たに下地を作る。天井から上の部分（二の小屋）に、等間隔で縦横に竹を組む。これを下地作りと呼ぶ。

次は葺き上げ作業である。軒付け（軒の部分の茅の厚みを決める）をすると、下から上へと葺き上げていく。一握りの茅を一尺五寸（約四五センチ）幅に広げたものを一枚と呼び、それを二枚重ねにして置いていく。上から細長い押木《おしぼく》で水平方向に押さえ、針金で垂木《たるき》とを締め付ける。垂木は、屋根を支えるため、棟から軒先に渡す長い木材である。

次が棟作《むねづく》りとなる。最上部の棟木《むなぎ》まで葺き上げると、茅の束を棟を被《おお》うように縛《しば》り付けて棟木を被う。雨漏《あまも》りしないよう、念入りに行う。最後に、棟をはさんで平行に二本の長い丸太《まるた》を乗せ、丸太の間に植物の岩松《いわまつ》を敷き詰める。

吉日《きちじつ》を選んで上棟式《じょうとうしき》を行う。棟の中央に幣束《へいそく》や餅、水入りと酒入りの徳利を一本ずつ供え、餅を投げる。幣束は串と呼ばれ、朽ちるまで立てておいた。

（影山　正美）

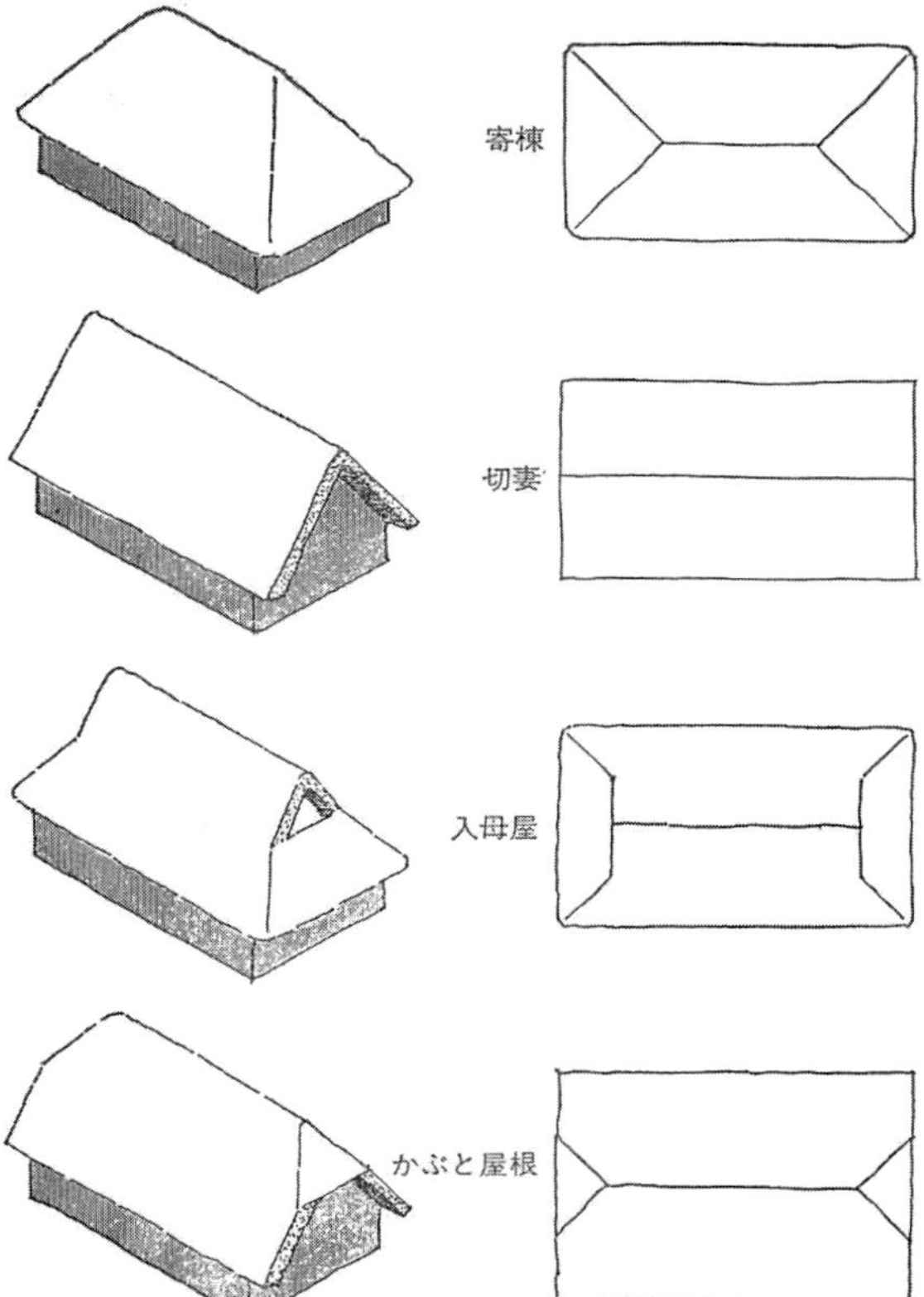

参考資料　屋根型
（安藤邦廣『茅葺きの民俗学』22 頁）

16 漬物上手の男たち ―半農半機のくらし―

妻は機織り、夫は炊事

郡内《ぐんない》といえば郡内縞《ぐんないじま》。井原西鶴《いはらさいかく》の『好色五人女《こうしょくごにんおんな》』に出てくる八百屋《やおや》お七《しち》が、火あぶりのときに着ていた小袖も郡内縞。西鶴の作品などの浮世草子には、「郡内島」「ぐんない嶋」などの表記を含め散見される。

郡内縞は郡内地方から出荷された甲斐絹《かいき》の総称である。また、近松門左衛門《ちかまつもんざえもん》の『心中天網島《しんじゅうてんのあみじま》』にある「郡内」も郡内縞をさす。すでに地名のみで通用する特産物であったことがうかがえる。

甲斐絹という表記は明治三〇年代以降のことで、それまでは「海気《かいき》」、「改機《かいき》」などと表記しており、羽織裏、夜具、布団などに用いた。羽二重よりもなめらかで美しい光沢の絹織物で絹鳴《きぬな》りがした。絹鳴りとは、布の摩擦《まさつ》で生じるきしみの音のことである。羽織を脱いだり着たりするときの絹鳴りは、さぞ粋《いき》なことであったろう。

織り子は、みな女性である。明治以降、甲斐絹の用途も、洋服の裏地や傘地《かさじ》などに広がったが、織るのが女性であることには変わりはない。美しい光沢は、先染《さきぞ》めの絹糸を用い、経糸《たていと》を濡れた状態で、張力を強く整経《せいけい》して織るという独自の技法による。

機を織る家では、妻は稼ぎ手として機織《はたお》りに専念する。繊細な絹織物に手荒れは厳禁で、水仕事や農

『好色五人女』
江戸時代の浮世草子。井原西鶴作、一六八六（貞享三）年刊行。当時話題になった実際の姦通・恋愛事件に取材し、五組の男女の恋愛を描いた小説集。悲劇に終わる話が多いが、後の小説や演劇に多くの影響を与えた。

八百屋お七
恋人に会うために放火をして火刑に処せられた八百屋の娘。歌舞伎上演で流布した。

業は男の仕事であった。妻が機を織り、夫は織物を販売し、田畑で働き、子どもを背負って炊事や洗濯をする。これは、珍しいことではなかった。筆者は西桂《にしかつら》町で美味しい沢庵《たくわん》をいただいたことがあったが、なんと、漬けたのはその家のおじいさん（当時八〇歳、一九一八〈大正七〉年生まれ）だという。沢庵も白菜も、昔取った杵柄《きねづか》で、漬物上手のおじいさんが漬けていた。

一台の織機から工場へ

この漬物自慢のおじいさんの家の話をしよう。明治末年は養蚕が終わった農閑期に▲賃機《ちんばた》で収入を得ていた。やがて土間《どま》を拡げ、織機を三台に増やす。そして水車を動力とする力織機《りきしょっき》を入れて機屋《はたや》となった。郡内の機織り業は、大正半ばから昭和初年にかけて、大きな変化が起きた。力織機の導入である。通常、力織機の動力は電力であり、電気を引くことが必要だったが、西桂町では、電力に頼らなかった。家の側を流れる用水で水車を回し、力織機を動かした。水車の回転数は水量によって変わり、織機のスピードが安定しない。当時、西桂町の主力商品は裏地であったが、他の織物に比べると、低い回転数で織ってもそれほど差し支えはなかった。水車という動力を選択できたのも、西桂町が裏地の産地であったことが大きい。

この水資源は、もともとは新田開発のために桂川《かつらがわ》上流に堰を築き、集落に引き込んだ灌漑用水である。機屋は、用水から分水をして自分の家の水車を回した。そのため水の分配での争いも起きた。水車を作るときの規則や農業優先の水の分配のルールを定め、両立をはかりながら水車が設置されていった。

『心中天網島』浄瑠璃。近松門左衛門作の世話物で、一七二〇（享保五）年に初演。大坂天満の紙屋治兵衛と遊女小春が網島の大長寺で心中した事件を脚色したもの。

賃機　道具や原材料を貸与され、織り上がった製品に応じて労賃を受け取る家内工業。

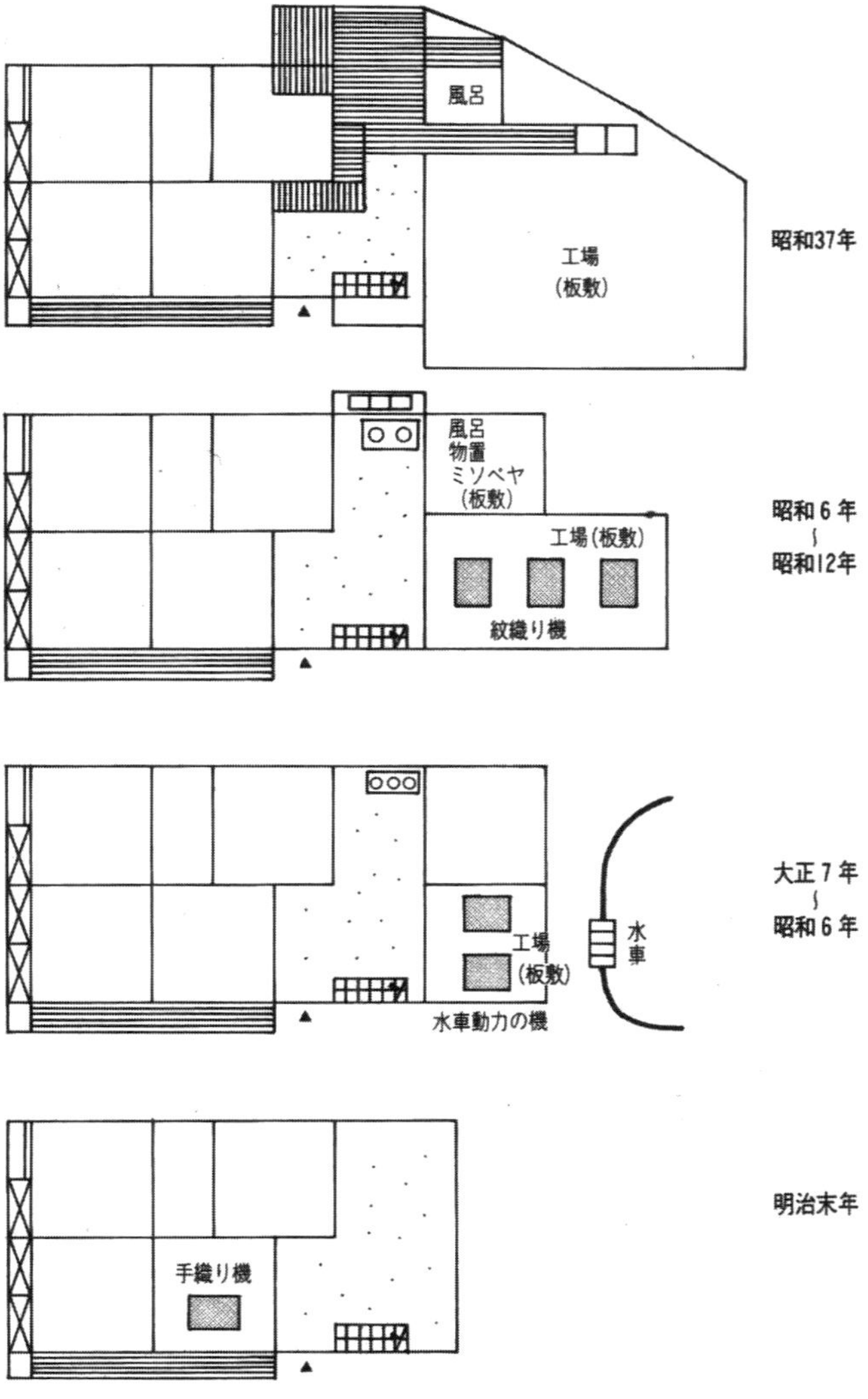

図表1　機屋の変遷
（『西桂町誌』資料編第3巻、637頁）

図表1で示すように、この家では、一九三一（昭和六）年には工場を拡大し、ジャガード機を入れた。ジャガード機は大型の機械であり、水車では動かすことはできないので、この頃から電力に切り替えている。とはいえ、しばらくの間、水量の多い時期は水車、水量が減ると電力というように、両方を使っている機屋もあった。

用水を引き込む家

この水車に使った用水をもう少し詳しくみていこう。用水は、単に川《かわ》と呼んでいた。ところどころにドンドンと呼ぶ段差があった。民家の近くには、川まで下る石段を作り、川に降りられるようにした。これを川端《かわばた》という。「川、三尺《さんじゃく》流れれば清まる」といい、米をとぐのも、野菜を洗うのも、洗濯をするのも、みな川端であった。家によっては、川を屋敷の中に引き込み、川端を設ける家もあった。朝早く起きて、上流の家が水を使う前に水を汲《く》み、ダイドコロと呼ぶ土間《どま》に置いた水瓶《みずがめ》に水を満たしたものだという。町内の各地で簡易水道を設置したのは昭和二〇年代半ばからであり、それまでは飲用水もこの川を利用したのである。水道が整備された後も、泥の付いた野菜を洗ったり、濯《すす》ぎものをしたりするときに川端は重宝である。年末には川端には水神の幣束《へいそく》を立て、新年を迎えるのであった。

図表2は、一九〇三（明治三六）年に谷村《やむら》（現都留市）から買った家である。このあたりは、家をゼロから建てるのではなく、買って移築したという例は珍しくない。川を屋敷内に引き込んでおり、川に沿って建物が二棟ある。一棟は風呂と外便所、もう一棟は物置であり、ここに水車の跡が残っている。

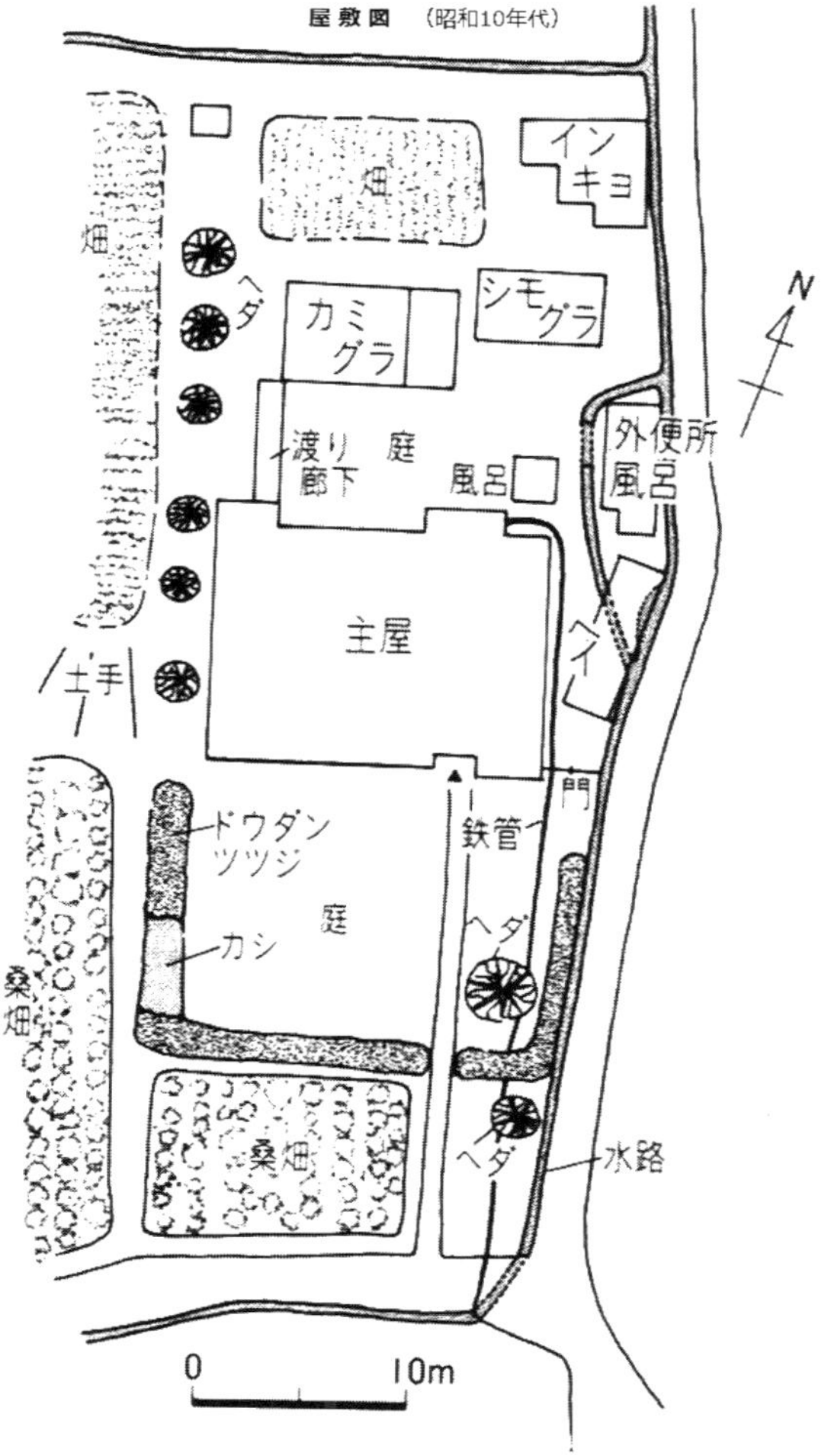

図表2　屋敷図
(『西桂町誌』資料編第3巻、673頁)

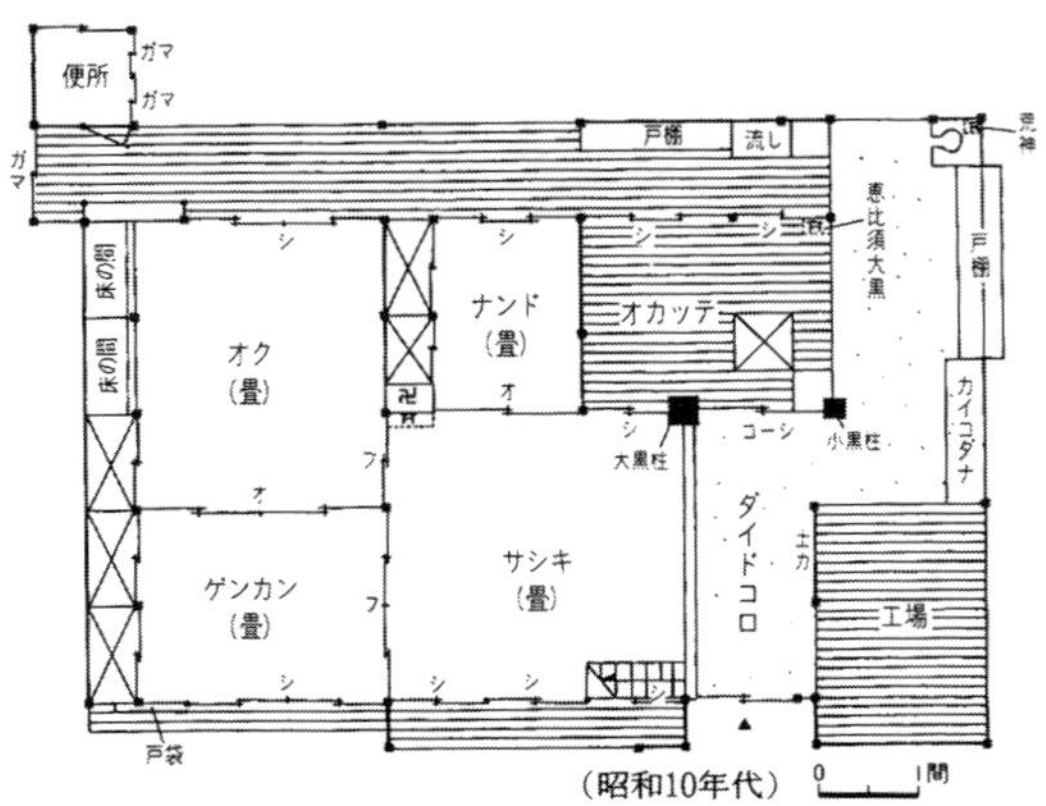

図表3　間取り図
(『西桂町誌』資料編第3巻、673頁)

主屋《おもや》の間取りは、表側の土間側に広い座敷があり、座敷の裏にナンドとカッテが配置される(図表3)。奥にも、表と裏に二部屋の座敷がある。このような間取りを前広間《まえひろま》型といい、郡内での典型的な住まいである。床の間があるのは裏側の奥であり、婚礼では、オク、ゲンカン、ザシキの三部屋を建具をはずして使った。ここはゲンカンと呼んでいるが、デイとかイマと呼ぶ家が多い。

この家では、昭和一八(一九四三)年頃まで養蚕を行っており、ダイドコロを入ったところにある板敷きの部分は、▲糸取りの作業場であった。昭和の初め頃までは、住み込みの女衆を雇って、養蚕や糸取りをしたという。養蚕をやめてからは板敷きの部分を改造し、織物工場にした。

養蚕と機織り

このあたりは、昭和の初め頃まではどの家も養蚕をしていたといい、ナンド以外の部屋は養蚕に使ったものだという。畳を上げると、養蚕に使用した炉《ろ》が残っている。春蚕が終わった頃は、機屋の仕事も少なくなる頃だったという。女性たちは自家用の糸を取った。

機織りといっても、使用する織機には二種類あり、主に自家用の布を織る手織機《ておりばた》と動力を使う動力織機がある。前者を手機《てばた》、後者を織機と呼び分ける。機織りの盛んな地域であるが、自家用の着物をすべ

糸取り
繭を煮て糸を取ること。

て自給していたかというとそうではない。一九二六（大正一五）年には木綿を織ることはなく、手機での機織りは絹織物であった。母親たちは、よそ行きのための布を織り、着物を縫い、娘の嫁入りに持たせた。

また、機織りをすると、織り始めと織り仕舞いには、わずかではあるが糸が余る。賃機では、この糸は▲織り子の取り分となり、短い糸をためて一本につなぎ、つなぎ糸にしておいた。この糸を緯糸《よこいと》にして布を織り、布団などを作った。

織り子
織物を織る働き手。「子」は「売り子」の「子」と同じく働き手を指す。

若い織り子たちの楽しみ

工場に奉公に来ている若い娘たちにとって、楽しみなのが北口本宮冨士浅間神社（富士吉田市）のお初申《はつさる》であった。初申とは五月五日の初申祭《はつさるさい》のことで、農業や養蚕の加護を祈る祭りである。機屋は、お初申を休日とした。そして、五月五日は袷《あわせ》からセルへの衣更えをする日でもあった。セルとは薄手の毛織物のことである。織り子たちは、雇い主から祭りの小遣いを貰い、その年に初めて袖を通すセルを着て、お初申に出かけた。この日のために着物を新調する織り子もいた。「お初申にはセル」を合い言葉に、この日を楽しみに働いたのだという。昭和の初め頃の話である。

織り子は、家族だけではなく、近隣の農家の娘を住み込みで雇った。腕のよい織り子は、のぞまれて機屋の嫁になることもあった。機織りの腕のよい女性こそよい嫁として迎えられ、一家の稼ぎ手となったのである。

（山崎　祐子）

17 カルサン・股引・モンペ

―ズボン式着物にみる乙女心―

カルサンとは

カルサン（カラサン）はかつて山梨県の山間部で穿《は》かれていたズボン型の着物の呼称である。主に女性が農作業の時に穿く。ちなみに主に男性用のズボン型着物として、股引《ももひき》がある。時代劇の旅装の人物、たとえば水戸黄門《みとこうもん》では助《すけ》さん格《かく》さんが着ている着物である。

カルサンは長野県などの北の方面から伝わり、山梨県内に広まったと考えられている。そして、戦時下で推奨されたモンペの普及とともに、しだいになくなっていった。そんなカルサンをめぐる話を紹介しよう。

カルサンは山袴の一種で、かつて農山村で着用した労働着の下衣のことである。一説には、カルサンの語源はポルトガル語のカルソからきており、大きくふくらませた半ズボンを意味していたともいう。日本では中世末に来日したポルトガル人のズボンを真似して武士から町人まで幅広く着られたが、とくに江戸時代には武士の旅装として用いられた。

これとは別に、近年まで中部地方の農山村や寒冷地で野良着として男女共に着用したカルサンがあった。山梨県の山間部で穿かれていたカルサンは、この山袴のカルサンをいう。山袴とは、正装として着

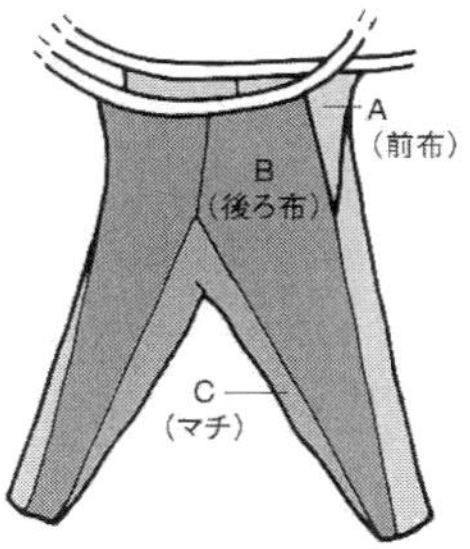

図表１　カルサン類の模式図

用される襠高袴《まちだかばかま》（座敷袴）に対して、農山村などで日常生活や労働時に穿かれる腰板のない袴の総称である。全国各地の山袴は呼称がさまざまなことから、その形態でタッツケ形・モンペ形・カルサン形に分類されている。

山梨県のカルサンは、脇が大きく空いた部分があり、尻の部分は小さく高く上がっている。座敷袴とは違い、膝下は細く足に密着する形である。カルサンは、山深く斜面が多い土地に適した農作業着として用いられていた。

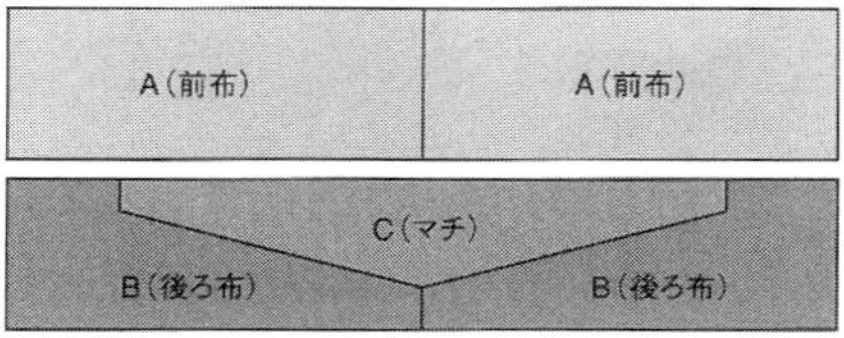

図表２　大まかな布の裁ち方

無駄なしのカルサン

カルサンには布の制限がある。かつては着物の布を家庭の機械で織っていた。機織《はたお》り機《き》の布の幅には制約があり、約三八センチである。着物は、通常この三八センチの幅を最大限に生かして作る。糸をほどいて着物を解体して洗濯（洗い張り）したり、古くなった布を雑巾などに再生するためにも、幅が保たれた方が良いのである。

カルサンは、マチと呼ばれる股下部分の形から、大きく三種類に分けることができる（図表3参照）。

タイプ1は、マチが大きな二等辺三角である。後ろの布が大きいことで、割にゆったりした着心地になる。

タイプ2は、マチが菱形のものである。新しいモンペなどに多く、穿き心地に余裕がでている。

さらにタイプ3は、マチが真四角や、二等辺三角のもので、尻回りが太く、腰回りがゆったりしてい

型	資料	裾への後ろ布とマチの入り具合	マチの形
タイプ1	カルサン（富士河口湖町船津）	 後ろ布は裾に入る	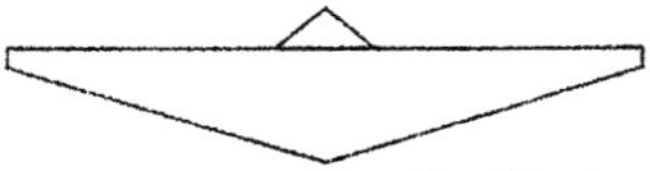 裾に入るマチ
タイプ2	モンペ（富士吉田市新倉）	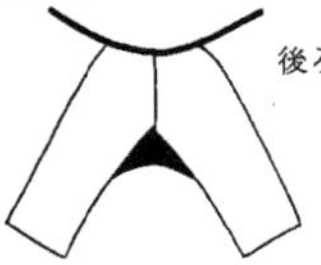 後ろ布＝前布	 股下のみのマチ
	モンペ（山中湖村平野）	 後ろ布＝前布	 裾に至るマチ
タイプ3	カルサン（四角マチ）（道志村）	 後ろ布は裾に至らない	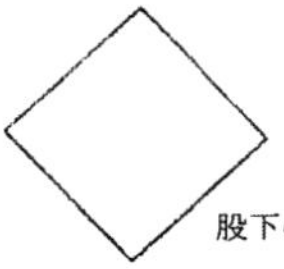 股下のみのマチ
	カルサン（三角マチ）（道志村）	 後ろ布は裾に至らない	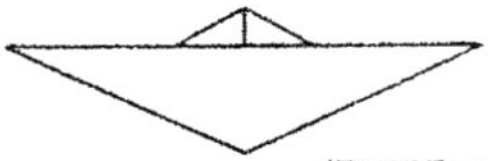 裾に至るマチ
	カルサン（山中湖村平野）	 後ろ布は裾に至らない	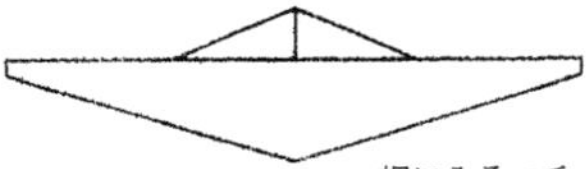 裾に入るマチ

※黒い部分がマチを表わす

図表3　富士北麓の山袴の形態
（図表1～2および写真1～2『仕事と仕事着』
富士吉田市歴史博物館企画展解説より転載）

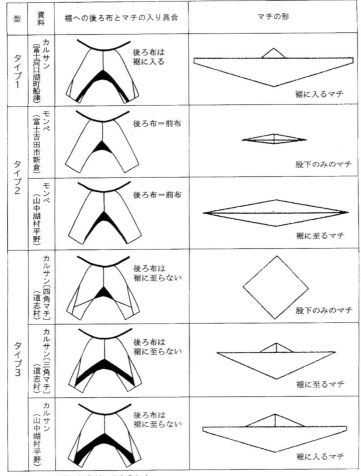

るが、膝下はフィットしている。

現在のズボンとの対応

現在のズボン、特にジーンズにはさまざまな呼び名・種類がある。スキニー、テーパード、ボーイフレンドデニムなどだろうか。タイプ1は腰回《こしまわ》りに余裕があり、股上は深いが膝下はフィットしている。テーパードタイプと言える。カルサンの生地は木綿で紺染《こんぞめ》、模様は縞《しま》模様が多い。縞模様のテーパードは、今風《いまふう》な感じがする。タイプ2は、腰回り、裾《すそ》回りともに余裕があり、ボーイフレンドデニムタイプといえる。

マチの形が特徴的なタイプ3は、さらに腰回りがゆったりしている。いっぽう、膝下は割とぴったりしているため、大工の作業着に似ている。道志《どうし》村では女性も山仕事をしたので、傾斜地での作業には腰回りに余裕のある形が便利であった。しかし、問題が一つあった。それは「足が短く見える！」ということだ。これは大問題である。街場に出ていく時には、峠で細めのカルサンに穿き替えたという話も聞く。

カルサンの着合わせとトイレ問題

カルサンは四本の紐でウエストを固定する。前の二本の紐は細く長めで、ウエストに二重に巻き付ける。後ろの二本の紐は太く短めで、後から前紐の上に巻き付けて結ぶ。これは袴と同じ構造である。袴は脇が大きく明いている。この明きはカルサンにもあり、特徴の一つである。これによって体格が多少

写真1　カルサン姿
（山中湖村山中、昭和初め）

変化しても、大丈夫である。

カルサンには、腰丈が短めの着物を合わせることもあれば、膝下まである長着《ながぎ》を合わせることもあった。写真1は、長着の上からカルサンを着た女性である。腰のあたりが大きく膨《ふく》らんでいるが、脇が大きく明いているため入れ込むことができている。

脇の明きが効果を発揮するのが、野良《のら》での作業中の小用の時である。昔は女性といえども外で行っていた。後ろの紐だけを解いてそのまま臀部《でんぶ》（お尻《しり》）をペロッと出してやや前かがみで用を足していた。それを可能にする脇の明きは必要不可欠だったのである。

モンペの普及とおしゃれ

第二次世界大戦下、女性はモンペというズボン型の着物を穿くようになった。戦争中であったから贅《ぜい》沢《たく》なものは顰蹙《ひんしゅく》を買ったが、モンペの形自体にはズボン型という以上に規制はなかった。モンペとカルサンは最初は形の違いが見られない。先行して使用されていたカルサンの影響で、モンペも脇が大きく明き、紐でウエストを縛る形だった。しかし、次第にゴムの普及もあり、戦後になってウエストにゴムが入る形になっていった。

初期型のモンペを使用していた女性によれば、カルサンとは大きく違うところがある。モンペはカル

写真２　久留米絣のモンペ
（山中湖村平野、昭和 17 年頃制作）

サンのような農作業用ではなく、外出用でもあったというのである。カルサンとは違い、おしゃれの意識が強く出てきている。

写真２のモンペは、山中湖畔に住む女性が一〇代後半の頃に着ていたものである。地味な生地であるが、兄の久留米絣《くるめがすり》の着物を作り直したモンペである。絣は手間のかかる高価な布だ。そのような高級な布で作るモンペに年頃の乙女心がうかがえる。

流行っていたおしゃれもある。当時の女性は、布一枚を腰回りに巻いていた。当然のことながら、短い上着を着ると、モンペの脇の明きから見えてしまう。それを逆手にとって、花柄の腰巻をつくり、チラ見せするのが年頃の女性に流行ったという。同じような話は他の地でも聞かれたので、広まっていたと思われる。昔も、年頃の女性の「おしゃれしたい」という自然な思いが感じられる。

山梨県へのカルサンの伝播と終焉

山梨県ではカルサンは主に標高の高い山地に伝わったようである。同じように山がちな長野から、じかに見聞きした人が伝えたと考えられている。インターネットなどがない時代であり、伝わった時期には地域差がある。山梨県で最初に伝播したのは明治期、当時の芦川村（現笛吹市）とされている。この地域は山梨県の中央やや南で、長野県から近いとはいえない。長野県に近い、北杜《ほくと》市などよりも早く入ってきている。

いっぽう、甲府盆地にはカルサンは伝わっていない。一九世紀の「国玉農《くだまのう》ごよみ（甲府市国玉町）」を見ると、通常の着物の裾をまくっただけで作業をしている。南の静岡県方面には伝わっていない。

着物時代の乙女たちが、現在のズボンの流行と多様性を見たら驚くだろう。しかし、昔の乙女たちもおしゃれを求めた。見せ腰巻や、足の見え方を気にしたり、生地にこだわったりと、今にも通じるおしゃれ心を見せてくれる。皆さんも、年配の方に聞いてみてはどうだろうか。かつての乙女たちのおしゃれ心を。

（髙橋　晶子）

18 ベタベタも、モチモチも
―豊かな粉食文化―

粉にして食べる

日本では大麦を麦飯に、ヨーロッパでは燕麦《えんばく》をオートミールのような粥に煮て食べる。小麦はどこでも粉にする。麦には溝があり、外皮が可食部の胚乳《はいにゅう》に入りこんでいる。つまり、外皮をきれいに剥がすことができない。どうすればよいか。食い込んでいる外皮もろとも粉に挽いてしまえばよいのだ。水車はそのための施設であった。

穀物を食べるには、粒のまま食べる粒食《りゅうしょく》、粉にして食べる粉食《ふんしょく》、炊飯した粒を押し潰して食べる押し潰し食がある。研究者が分類している言葉なので一般に馴染みはないだろう。押し潰し食とは、餅が該当し、半分くらい潰すぼた餅、五平餅《ごへいもち》などもその仲間になる。穀物ではないが、サツマイモも薄く切って干したものを保存し、粉に挽く。トチの実は蒸かして餅にする。粉食も押し潰し食も穀物だけではない。

穀物を粉にするには手間がかかる。穀物を水につけて十分に吸水させたり、炒ったりすると、外皮と胚乳がもろくなり、生のままより粉砕しやすい。米を水につけて潰したものを粢《しとぎ》というが、これは山梨県内ではあまり伝えられていない。炒ってから粉砕するものには、大豆から作るきな粉や大麦の▲香煎《こうせん》がある。加熱された粉なので、そのまま食べることができる。大麦の収穫後の暑い時期に、冷たい水で練っ

香煎
大麦を炒り石臼で粉にした食材のこと。

写真１　水車（甲州市）

写真２　水車の内部

て食べることもあった。穀物の脱穀や製粉には水車が使われた（写真1・2）。

粢や香煎は、石臼が普及する以前の穀物を粉にする方法の名残だとされている。いずれにせよ、粉食が日常の主食のポジションを獲得するには、石臼の普及が前提だといえよう。県内で粉に挽いて食べた穀物としては、米、小麦、稗《ひえ》、ソバ、トウモロコシ、アカモロコシ、エゾッピエなどがあげられる。これらの粉食は、一種類の穀物の粉で作ることもあるが、二種類以上を混ぜて作ることもあった。

変幻自在の粉食

まず、県内の小麦の食品をまとめておきたい。山梨市の一九一八（大正七）年生まれの女性から聞いた話である。この家では、農業や家事を手伝う使用人を何人も雇っており、午後三時頃にオナカイリと呼ぶ間食を出した。普段はトウモロコシでオヤキを作ったが、モノビには小麦粉でオヤキを振る舞った。すると「あそこじゃあ、小麦のオヤキだよ」と羨ましがられたという。小麦のオヤキは格段に上等なのである。モノビとは朔日《ついたち》、一五日や年中行事のある日をいい、この日は仕事が半日、または丸一日の休みとなった。

小麦と比べて、トウモロコシや稗では食感が明らかに違う。小麦には▲グルテンを生成するタンパク質が含まれているからである。適度な弾力や粘りを持つグルテン

グルテン
小麦粉に含まれるタンパク質のこと。水分を含むと強く粘る性質がある。

は、水を加えることで生成する。ウドンのコシ、パンが発酵して空気を逃がさないのもグルテンの性質による。てんぷらやケーキではさっくりと粉を混ぜるのはグルテン化を最小限にするためである。

こねてから時間をおくとグルテンは強化する。塩を加えてこねるとさらに強まる。ウドンやパンは塩分を加えてこね、寝かしてから成形するのはそのためである。また、塩分を加えて成形したウドンは、茹《ゆ》でているときに塩分が溶け出す。溶け出した隙間に熱湯が入り込むので、短い時間で均等に火が通る。ベタベタにならない口当たりのよいシコシコしたウドンになるのである。

グルテンに注目して考えると、ウドンと他の食品は別系統の食品となる。周辺の他県でスイトンと呼んでいるものを貝殻ボウトウと呼ぶのも、ホウトウがウドンとは別物であり、スイトンやダンゴの延長上にあることを示す語彙として興味深い。食感をどうするのかは、グルテンの扱いが影響し、粉食の多様性にもつながっている。

粉での利点の一つに形が自由に作れることがある。県内では、ダンゴは晴《はれ》の日の食物である。米の粉で作る月見団子はきれいな真ん丸にするし、小正月のダンゴは、真ん丸もあれば繭《まゆ》の形もある。真ん丸のダンゴは、形は美しいが火が通るまで時間がかかる。普段の食事のオヤキ、チャンコは、平たく丸めて加熱したものである。ホウロクで焼いてもいいが、炉《ろ》の灰の中に埋めて蒸し焼きにすると、ふっくらと仕上がる。中に小豆餡《あずきあん》や野菜を煮たものなどを入れることもあり、中に入っているもので食事にもおやつにもなる。黒飴を一つ入れて焼くオヤキは、中の飴玉がとろりと溶け、子どもにとって最上のおやつであった。ホウロクとは一般には素焼きの浅い鍋を差すが山梨県では浅い鉄鍋のことをいう。

成形できるかできないかの固さに練って、箸でつまんで汁に落とせばスイトンになる。スイトンはオツケダンゴともいう。指の跡を付けるように握ればニギリダンゴ、もう少し水分を多くし、杓文字《しゃもじ》ですくって汁に入れると貝殻ボウトウになる。また、水で溶いた粉をホウロクで焼けばウスヤキ、タラシモチになる。

根菜プラス粉

粉を煮て食べるものにオベットウ、オネリ、ネリクリと呼ばれるものがある。芋類やカブなどの根菜を煮て、稗やトウモロコシの粉を加えて練る。寒い季節の朝食に作ることが多かったが、作り方はいろいろある。

〈例一〉　大正時代の話である。カブ（野沢菜のような漬け菜《つけな》の株の部分）を柔らかく煮た味噌汁に、稗の粉を加えて、かき混ぜながら煮ると、全体がペースト状になる。これを茶碗に盛り付けて食べた。そのまま鍋に入れておくと固くなるので、冷えたものを切り分けて炉であぶって食べた。昭和の初め頃には、サツマイモとトウモロコシの粉で作るようになった。カブと稗のオベットウよりもはるかにおいしかった。オネリという（西桂町《にしかつらまち》）。

〈例二〉　サツマイモを輪切りにして煮る。煮えたら、煮汁をこぼし、トウモロコシの粉やソバ粉を入れて練り、塩で味をつける。または、サツマイモの粉で作る。茶碗にサツマイモの粉とソバ粉を二割ほど入れ、熱湯を注いで掻く。さらにもう一度熱湯を注ぎ、注いだ湯を捨ててよく練り、醤油をつけて食べた。ネリクリという（身延《みのぶ》町）。

〈例三〉　トウモロコシの粉に熱湯を入れ、とろとろになるまで煮る。ジャガイモ、サツマイモ、カボチャ、サトイモなどを小さく切って煮て、とろとろになったトウモロコシを加え、ぷつんぷつんというくらいまで煮て仕上げる。味噌をつけて食べる。オネリという（山梨市牧丘町）。

ここの三例をみても、マッシュポテトのようなものから根菜入りのトウモロコシのとろみ汁のようなイメージのものまであって、多様であることがわかる。〈例一〉の場合、根菜をわざわざ煮るのではなく、残りの味噌汁で作る場合も多い。さらに、味噌汁に残りご飯を入れたオジヤを作り、そこにトウモロコシの粉を掻き込んでもよい。中途半端な残りものをオベットウにすれば家族全員の朝食になる。また、冷めたものはある程度の固さになるので、弁当に持たせることも可能なのである。

モチモチの工夫

粳米《うるちまい》の粉で作る食品に、小正月や月見、盆や彼岸のダンゴがある。トウモロコシや、アカモロコシ、稗、エゾッピエなどと食感が大きく違うのは、含まれているデンプンの性質が違うからである。粘りが足りないので、どうしてもボソボソとしてしまう。

食感をよくする工夫の一つが、こね方である。こねることをデッチルという。オヤキを作るには、普通は木鉢に粉を入れ、熱湯を注いでこね、形を整えて炉の灰の中に入れたり、ホウロクで焼いたりしてできあがる。それにひと手間を加える方法がある。木鉢で練ったあと、ちぎって、蒸籠《せいろ》で蒸かし、それをまた練って生地を仕上げるのである。生地に艶《つや》が出て、モチモチの食感になる。

また、モチグサ（ヨモギ）やヤマゴボウの葉を茹でて混ぜるのも粘りを出す効果がある。

オベットウ、オネリについても同じことがいえる。できたてではなく、冷めてからも食べることを考えれば、ボソボソよりモチモチがいい。稗やトウモロコシの粉だけを粉粥《こながゆ》状に煮るよりも、根菜の繊維をいっしょにペーストにした方が冷めたときにボロボロにならないし、粉の節約にもなる。

「ご飯を炊く」という日本語は、竈《かまど》に▲羽釜《はがま》をかけ、米を飯に炊飯することである。▲押麦《おしむぎ》が普及する以前の▲ヒキワリや丸麦《まるむぎ》を下煮《したに》して作るムギメシやオバク・スバクと呼ぶ麦の粥などは、竈ではなく炉の自《じ》在鉤《ざいかぎ》に鍋をかけて作った。郡内《ぐんない》には「ナベメシを煮る」という表現があった。ホウトウもオヤキもオベットウも、竈ではなく炉で作る主食である。私たちの祖先は、米粒のみではなく、多様な食文化を育んできたのだ。

（山崎　祐子）

羽釜
周囲に出っ張り（鍔）がある釜のこと。竈に落ちないよう鍔が支える。

押麦
水分を加えて加熱した麦をローラーなどで押しつぶしたもの。押麦などに加工していないものを丸麦という。

ヒキワリ
石臼で砕いた大麦のこと。吸水性が増し米と混ぜた煮炊きが可能。

19 関東・甲信どこでもホウトウ ―養蚕地帯の食―

順	都道府県の全体		非農家		農家	
1	山梨	31.6%	山梨	24.6%	群馬	43.2%
2	群馬	31.3%	群馬	21.7%	山梨	38.4%
3	栃木	17.7%	栃木	15.6%	埼玉	28.3%
4	埼玉	16.8%	埼玉	12.5%	栃木	20.5%
5	長野	14.9%	長野	11.9%	東京	20.3%
6	福島	13.7%	福島	11.2%	長野	17.3%
7	山形	12.7%	山形	11.1%	福島	16.2%
8	茨城	10.6%	茨城	9.5%	神奈川	14.7%
9	岩手	10.1%	岩手	8.7%	山形	14.3%
10	宮城	8.2%	宮城	7.6%	大分	11.8%
全国平均		7.2%		6.0%		10.3%

図表1　夕食における麺食比率〈家庭内食〉
(『昭和41年度　食糧消費総合調査報告』より作成)

全国有数の麺食県・山梨

図表1は、夕食における麺食《めんしょく》比率の高い都道府県を上位一〇位まで拾い出したものである。山梨県は群馬県と並んで、飛び抜けた麺食地域であることがわかる。山梨県は全国でも有数の麺食県なのである。ホウトウは麺食県の山梨を象徴する食べ物といえる。

一一月上旬の実施調査で、残念ながら麺の種類まで問うていない。季節から推測すると、麺食の内容はウドンや蕎麦《そば》、ラーメンなどが多いと思われる。山梨県に関してみれば、ウドンや蕎麦もさることながら、「毎晩のように作った」といわれるホウトウが、数値を押し上げていたと思われる。麺食の比率の高い地域は、山梨県・群馬県とその周辺の長野県・栃木県・埼玉県などで、北関東から甲信地方に集中している。

この地域は養蚕《ようさん》地帯で共通している。養蚕には広い桑畑が必要である。限られた広さの土地で桑を育て、同時に米・麦の穀物を栽培しなければならな

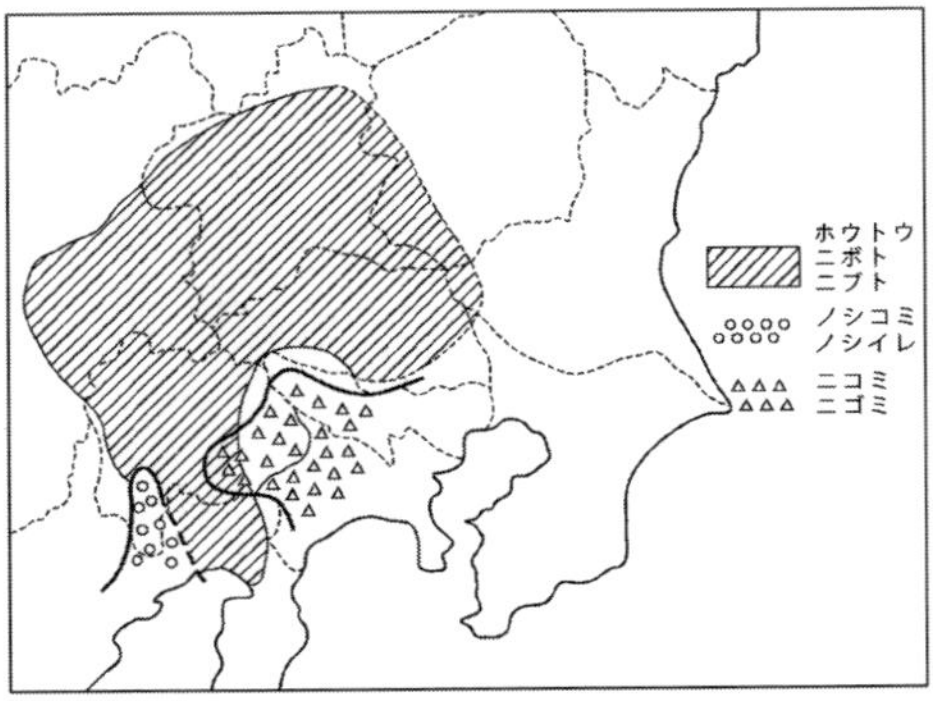

図表２　ホウトウ呼称の広がり

い。土地を効率良く使うために、小麦が裏作として栽培された。斜面にある水田の方が水はけが良く、畑地に切り替えやすい。ホウトウ料理は、山間部の養蚕地帯に発達した食文化と言えよう。

ホウトウ、ノシコミ、ニコミ（ニゴミ）

多くの山梨県民が、「ホウトウは山梨県の代表的郷土料理だ」と考えているにちがいない。だが、分布図からもうかがえるように、ホウトウ（ホートー）は甲府盆地を中心に使われている呼称で、この呼称が県下全域を覆っているのではない。

南巨摩《みなみこま》郡の南部町方面に行くと、まったく同様の料理をノシコミないしはノシイレと称している。郡内《ぐんない》では、ニコミないしはニゴミと呼ぶ。また、ノシコミ・ノシイレの呼称は、南巨摩郡の南部町方面を中心に、県境を越えて静岡市清水区の北部地域にまで及んでいる。

静岡市清水区の北部にある小河内《こごうち》や宍原《ししはら》では、ノシコミやチギリコミの呼称が用いられている。ノシコミは生地を平らに伸ばし、包丁で太い麺を切り刻み、汁に入れる。それに対して、チギリコミは生地の塊からちぎり取って、汁に入れる。小河内では、こうした料理のことを汁煮《しるに》などとも呼ぶ。

南巨摩郡の南部町方面において、ホウトウの名称がまったく存在しないというのではない。ニギリボウトウ・カイガラボウトウがある。ニギリボウトウは、練った小麦粉を素手で握り取り汁の中に落とす料理をいい、カイガラボウトウは小麦粉をゆるめに練り、カイガラ（貝殻を用いた柄付きの杓子《しゃくし》）ですくって汁の中に落として煮込《にこ》む料理をいう。ノシコミ・ノシイレとは、麺であるかないかの違いにすぎない。

いっぽう、ニゴミないしはニコミ呼称はニゴミウドン・ニコミウドンの略称で、県境を越えた神奈川県の北部や、東京都の多摩地域に広がっている。ニゴミ・ニコミの食材はもちろん、調理過程もホウトウやノシコミとまったく同一である。この地域では、単にウドンと称しただけでは、ニゴミと他の一般的なウドンとの区別がつきにくい。一般のウドンを指す場合にはアゲウドンと称し、これは「湯あげウドン」を略した呼称で、ニゴミ・ニコミの名称がウドン文化とともに普及・拡大したであろうことを推測させる。

ホウトウ呼称の広がり

ホウトウ（ホートー）は甲府盆地では一般的に使われる呼称であるが、盆地内に限定されたものではない。御坂《みさか》峠を越えて富士吉田《ふじよしだ》市域に及び、富士山の東麓《とうろく》を通って静岡県御殿場《ごてんば》市など駿東《すんとう》地方や沼津《ぬまづ》市方面に及んでいる。さらに、静岡県の富士市・富士宮《ふじのみや》市から旧芝川町（現富士宮市）など、富士山の南麓から西麓一帯にも広がっている。

次に、長野県方面に目を向けると、こちらにも広範な分布をもつ。佐久平《さくだいら》でもかつては日常食の地位

小豆のホウトウ　汁粉の汁にホウトウの麺を入れた食べ物のこと。

を占めていた。また、正月の儀礼食としてホウトウを食べたという例が点々とみられる。分布は西の方面に広がるが、境界は上田盆地付近と考えられる。さらに西の善光寺平《ぜんこうじだいら》へ行くと、同様の料理をブッコミと称する。長野県では、諏訪《すわ》盆地から松本平《まつもとだいら》方面にも分布する。松本市域では七夕や冬至の儀礼食として▲小豆のホウトウを食する。ところが、伊那《いな》地方に入るとホウトウ呼称はほとんど耳にしない。

山梨県の東側方面は、群馬県や埼玉県など関東平野の北西部に分布する。群馬県ではホウトウ、埼玉県にはニボト・ニブトの呼称がある。ニボト・ニブトは煮ボウトウの意であろう。また、群馬県から埼玉県にかけて、「昼《ひる》バテイ」がある。盆の昼に食べるウドンをいうのであるが、おそらく「昼ボウトウ」の変化であろう。なお、群馬県ではキリコミ・オキリコミの名称が並存しており、全国に広く知られているのはこちらである。

全国的な視野に立てば、ホウトウおよび類似呼称の分布はもっと大きな広がりをもつ。なかでもハット・ハットーは、栃木県から東北地方にかけて分布する。ハット・ハットーはいわゆるホウトウ料理を指し、呼称もオハト・オホト・オホウトウなどの類似型である。

（影山　正美）

20 モノとくらしを展示する ―博物館と民俗―

写真１　博物館の展示

わかりにくい民俗展示

博物館の民俗展示というと、どんなものを思い浮かべるだろう。古い農具が並べられている様子を思い浮かべた人が多いのではないか。そのイメージは間違いではないし、たいていの博物館の民俗展示は、残念ながら見ただけで地域の民俗がわかるというものではない。

博物館の展示は、見る人には不親切に感じられる場合もある。もっと解説を細かくたくさん書いてほしいと思う人もいるだろう。確かに、解説を細かく書き、それを読めば勉強になることも多い。しかし、自戒も込めて書けば、解説を読んで満足してしまい、モノをほとんど見ない人が多いのも事実だ。そこで、資料というモノそのものを見てもらうため、あるいは余計な先入観を与えないために、あえて最低限の解説しか書いていない場合もある。

ちなみに、展示を見るということは、モノを見て何かしらの情報を読み取るという行為だ。見て理解するという行為は主観的であるから、資料の解説も学芸員の眼というフィルターがかかっていることを忘れてはいけない。解説はあくまで資料を見る補

写真2　博物館の展示

助として、自分自身の眼で資料を見てほしい。

さて、博物館の民俗展示とは何のためにあるのだろう。民俗展示に不可欠な民俗資料（民俗文化財）について、文化庁では次のように説明している。

> 民俗文化財とは衣食住、生業、信仰、年中行事等に関する風俗慣習、民俗芸能、民俗技術およびこれらに用いられる衣服、器具、家屋、その他の物件など人々が日常生活の中で生み出し、継承してきた有形・無形の伝承で人々の生活の推移を示すものである。（文化庁ホームページ「民俗文化財」）

ここから、民俗文化財（資料）とは、ある時代・ある地域の生活用具であるということがわかる。資料は、その地域の生活の変遷や特徴を示すサンプルとして収集されている。それを公開し、地域の生活の変遷や特徴をモノで示しているのが民俗展示といえる。

展示をおもしろく見る方法

博物館の民俗展示はどのように見たらおもしろくなるのだろう。さまざまな見方があるだろうが、基本となるものがあるとすればこれに尽《つ》きるのではないか。

①解説を読む　②観察する　③想像する

これらの順番は前後することもあるだろうが、まずは、そこに書かれた解説を読んでみる。博物館の解説には、壁に取り付けられた大きなサイズのパネルと、資料それぞれに添えられた▲キャプションがある。壁の大きなパネルには、その展示や展示コーナーの概説が書かれていることが多い。まずこれを読んで予備知識を得よう。次に個々の資料に移る。資料に添えられたキャプションには、資料の説明が書かれている。これを読むことで、その資料の使われ方や展示のなかでの位置づけを知ることができる。

大切なのは、何は無くとも資料をじっくり観察してほしいということだ。展示室で来館者の動向を見ていると、資料そのものを見る時間は一〇～一五秒程度あれば良い方で、解説や説明を読む時間の方が圧倒的に長い。だが、資料について知ろうと思ったら詳細な観察が不可欠だ。

では資料のどのようなところを見たら良いのだろうか。たとえば、素材は何で作られているか。木製品であれば、キリやスギのように柔らかい木と、ケヤキやクリのように硬い木がある。一つの道具を作るにも、部位によって材が使い分けられていることもある。また、作られた地域によって、素材に違いが出ることや、使用された跡が資料に残されていることもある。鍬や鎌などの農具は握った跡が付いていることもある。握り続けて擦れたり凹《へこ》んでいたり、手垢や汗が染み込んだ道具には労働の厳しさも感じられるだろう。同じような形の道具が並んでいたとしても、どこかに違いがあるものだ。

博物館などで資料を見続けていると、資料を見る「眼」ができてくる。興味を持って見ていると、いつしかその対象が知らず知らずのうちに「眼につく」ようになってくるのである。大量の古道具を調査し、その中から興味の対象を探したり、情報を読み取ったり所有者に聞いたりしながら資料化していく

キャプション
写真や図表に付ける見出しや簡単な説明書きのこと。

のは大変な作業だが、博物館展示の場合はすでに学芸員の眼によって選ばれたものが並んでいるのだから、来館者の皆さんは一つ手間が省けているといえる。学芸員が書いた解説を読み思考を追いながら資料を見ることで、「眼」を養うための近道ができるかもしれない。

つまり筆者の言いたいことは、たくさんの資料を見てほしい、それだけである。個人的には、どんな見方をしても良いと思う。ただ、博物館資料にはそれを使っていた人、それを書き残した人、作った人が必ずいる。これは民俗資料だけでなく、古文書や古美術でも同じことが言えるが、民俗資料は時代が比較的新しいためか、他の分野の資料よりも人の気配が生々しく感じられる。だからこそ、モノを介して過去の人々と対峙《たいじ》するような気持ちで、モノの背景にいた人々と、その人々の生活に思いを馳《は》せて、過去の誰かが生きた痕跡を探ってみてほしい。観察と想像力こそ、博物館で民俗とその魅力に触れるために一番必要なものではないかと思う。

（丸尾　依子）

第四章　人生のおりめ

（北杜市）

21 神輿を担ぐ女性たち

―安産・子授けを願う切実な心―

写真１　安産祭り（山中湖村）

女が神輿を担ぐ祭り

「モーソロモーソロモーソロモーソロモーソロ」この掛け声にあわせて、神輿の後方に長蛇のごとく繋がっている人々が、いっせいに跳《は》ねながら後ろへ下がる光景は壮観である。長蛇の列をなしているのは女性が多く、子授《こさず》けを願う人や、無事出産のできた産婦だけでなく、出産を控えた妊婦もいる。これは南都留《みなみつる》郡山中湖《やまなかこ》村山中に鎮座する山中諏訪神社（諏訪明神《みょうじん》）の祭礼風景である。御利益《ごりやく》を充分に頂ける、霊験あらたかな山中諏訪明神の神輿を「担げば」安産、子授けまちがいなし、とされている。全国に安産を祈願する神社仏閣は多い。しかし妊婦や産婦が「神輿を担ぐ」祭りはめずらしい（写真1）。

山中の人々はこの神社のことを、親しみを込めて「お明神さん」と呼ぶ。諏訪明神の祭礼は九月四日（宵祭《よいまつ》り）、五日（本日《ほんび》、本祭《ほんまつ》り）、六日（後祭《あとまつ》り）の三日間にわたって行われる。四日の宵祭りの夕刻にお霊屋《たまや》（御旅所《おたびしょ》）に向かって神輿が出発する。神輿は一晩お霊屋に鎮座し、翌日の本日に本殿《ほんでん》に向かって還御《かんぎょ》し、本日の終わる直前、午前零《れい》時《じ》近くに本殿に納まるのである。この祭りのクライマックスが先に述べたシーンである。お霊屋に納まる前には臼の周りを、本殿に納まる前には境内の御神木《ごしんぼく》の周りを、御神《ごしん》

御旅所
祭礼に際し氏子区域を移動中の神輿が一時的に安置される場所。現在では休息場所の意味となり、その場で接待を受けることが多い。

足袋裸足
下駄や草履などをはかず、足袋のまま地面を歩くこと。

歌《か》を歌いながら神輿が三回廻る。このときは女性が神輿に触ったり、担いだりしてよいとされている。男性の担ぎ手の間に割り込んで担ぐ人もあるが、担いでいる人に触れれば「担いだ」ことになるという考えのもと、神輿の後ろには前の人の肩に手を置いた人々の長蛇の列ができる。御神歌最後の「モーソロ」を繰り返し詠ずるところで、神輿がリズミカルに後退する。ゆっくり前に進むだけならば危険もないが、ぎっしり詰まった行列が、いっせいに後退するのは危険きわまりない。

転ぶ人はいないのか？　妊婦が転んだらどうなるのかしら？　他所者《よそもの》からみると、とても恐くて見ていられない。ところが「祭りで転んで流産したり、難産で死んだという女性は山中には一人もいない」と彼らは胸を叩く。「絶対、大丈夫。丈夫な子を産むために走ります」と▲足袋裸足《たびはだし》で走る妊娠三か月の女性もいれば、まだ首の据《す》わっていない乳飲み子を背負って安産のお礼参りに参加する人もいる。もみくちゃにされても彼女たちは「大丈夫」なのである。

このような形態は、少なくとも大正時代か昭和のごく初期には、すでに行われていたようだ。神輿が納まるのは両日とも深夜に近い。自家用車が普及していなかった一九五五（昭和三〇）年くらいまでは、富士吉田市や道志《どうし》村など近隣の若い嫁たちは、もっぱら昼間に参詣した。子授け、安産に霊験あらたかなお明神さんにお参りするのであるから、この日だけは姑の目を気にせずに出歩ける、楽しみな日でもあった。日傘《ひがさ》代わりのコウモリ傘を差した女性たちの長い行列が神社まで続いたという。

いっぽう、地元山中の嫁たちは、深夜近くになるとショウブカタビラと呼ぶ単衣《ひとえ》の着物を裾端折《すそはしょ》りにして、素足という正装で神輿を「担ぐ」。この一年に出産した女性はその姿で子を背負い、宮参りに着

禁忌
やってはいけないこと、タブー。

お百度を踏む
願いを叶えるため、神仏に繰り返し、連続して祈願すること。

せるブッカケ（掛け着物）を子に掛けて祭りに参加した。

人々の強い信仰心

この祭礼の催行《さいこう》に、山中の人々は死の禁忌を厳しく守る。前年の祭りからの一年間、身内に不幸のあった人々は祭りの期間中は山中を離れ、外泊してまで祭礼に忌《い》みがかからないように心を配る。正装の女性もいまだに見かける。また、神社に納まった神輿の周りを巡っては、一円ずつ賽銭箱に入れることを繰り返し、何かの祈願のためにお百度《ひゃくど》を踏む人の姿も見ることができる。このように地元の人々の強い信仰は維持されている。いっぽう、自家用車とSNSが普及した現在、首都圏や長野県、遠くは岩手県、宮崎県などからの参拝者も激増している。かつてはもっぱら女性が「担いだ」が、現在は夫や恋人と並んで「担ぐ」人たちも増えてきた。

自家用車やSNSが普及しても、これだけの人を集める祭りになったのはなぜだろうか。それは、先に述べたように「ここの祭りで神輿を担げば、絶対に安産だ」という信仰に基づいた、山中の人々の自信にあるように思う。明神様《みょうじんさま》の霊験を語る譚《はなし》はいくつか伝えられている。一九一九（大正八）年に神社が火災にあったときには、オタマシイがパチンパチンと音を立てて火災を知らせたという。

お明神さんの祭りに関しては、九月四日に祭神の豊玉姫《とよたまひめ》が龍の姿となって明神山《みょうじんやま》から山中湖の湖面にお渡りになると信じられており、山中湖で漁をする漁師も、湖に出なかったという。近年でも「さわさわと何か渡るのを見た」と言う人もある。言い伝えを知らない観光客さえ龍《りゅう》のような雲が山肌を駆け上がるのを見たなど、祭礼に神が現れると語られる。子授けの霊験については、外部からの祈願者たちも「結婚して一〇年も経って子宝《こだから》に恵まれた。だから毎年お礼参りに来ている」と、御利益を語る人も多い。このように昔から現在に至るまで、霊験譚《れいげんたん》が語られ続けている。

こうした地元民の信仰心に加え、地域の結束力、若い衆の力などが加わって、活気のある祭りとなっている。

霊験譚
神仏の恵みや利益を説いた物語のこと。

写真2　底抜け柄杓（身延町）

山梨県内における安産信仰の広がり

子授け、安産に霊験あらたかな諏訪明神は、実は山中だけではない。たとえば、富士《ふじ》河口湖町河口《かわぐちこ》、忍野村忍草《おしのしぼくさ》、富士吉田市上吉田、大月市猿橋《さるはし》など、桂川《かつらがわ》流域の多くの諏訪神社は子授け、安産の信仰を集めている。

その他にも、県内には御利益を頂けるとされる神仏は多い。甲州市勝沼町《かつぬま》休息《きゅうそく》の休息山立正寺《りっしょう》子安観音《こやすかんのん》では一一月二三日、二四日の会式《えしき》に県外からも参拝者が参る。安産の御礼には「するっと子どもが抜ける（生まれる）」からと、底の抜けた柄杓《ひしゃく》を奉納し、安産したら二つにして返すことが行われている神社仏閣は県内にも広くあり、現在でも立正寺や身延町下山《しもやま》の産宮神《さんぐうじん》には多くの柄杓が奉納されている（写真2）。神仏から石や地蔵尊を借りてきて、子を授かったら二つにして返すという事例もある。たとえば、韮崎市《にらさき》上円井《かみつぶらい》にある子育地蔵尊では、堂内の地蔵をこっそり持ち出し、子を授かれ

写真３　子育地蔵尊（韮崎市）

ば二体にして返す（写真3）。現在は石の地蔵でなく、人形に替えるケースが多い。

御利益があるとされる物はさまざまである。たとえば、笛吹《ふえふき》市八代《やつしろ》町南《みなみ》の定林寺双子塚《じょうりんじふたごづか》のサワラの木の皮や石。神仏に供えた蝋燭《ろうそく》の燃えさしなども、頂いてきて灯せば、灯っている間に安産できるといわれる。市川三郷町四尾連《しびれ》の子安神社の神楽で放たれた矢は、霊験があるとして所望する人が多い。北杜《ほくと》市須玉《すたま》町江草《えぐさ》の勝手子安《かってこやす》神社（江草のオコヤスサン）で頂ける「命《いのち》の緒《お》」と呼ばれる麻の紐《ひも》は、産婦の髪に縛《しば》れば安産のお守りになるという。

富士河口湖町河口の諏訪神社の祭礼（九月上旬）は、現在も安産祈願やお礼参りの人々で賑《にぎ》わう。この日に握り飯が配られたが、「母《はは》の白滝《しらたき》」の滝壺から拾ってきた小石入りのオムスビであれば男の子が、小石が入っていなければ女の子を授かるといった。その他には、祭礼時の奉納相撲に出た力士が締めた褌《ふんどし》なども御利益があるとされた。

また、山梨県は小正月の道祖神祭りが盛んな地域であるが、その際に▲男根形の御神体を新婚の嫁に拝ませて、子宝を願うという祭りもいくつかある。県内にはこの他にも子授け、安産の神は多く、地域の氏神の霊験譚は数多い。

確固たる民俗的な信仰心があってこそ、これらの祈願が現実となる。氏子たちの絶対的な信仰心、神への信頼感によって、氏子以外の人々にも霊験を現す山中明神と同じような神は、あなたのすぐそばに鎮座しているかもしれない。地域の身近な神々を、敬いの心を持って再度見てみてはいかがだろう。

（浅野　久枝）

男根
男性の性器、陰茎のこと。男根は多産、豊穣などをもたらす力があるとして、各地で崇拝の対象となっている。

22 子どもは地域で学び育つ ―民俗の中の教育―

民俗の中の教育

近代学校教育制度が生まれるまで、子どもたちが一人前の大人として生きていくためのさまざまな技術や知恵を身につける「学びの場」は、家庭であり地域社会であった。

子どもたちは、家庭において、家事や農作業の一部を担うことで、そこで必要とされるさまざまな技術や知恵を身につけた。地域社会においては、二つの「学びの場」があった。一つは、年中行事の一部を担う「子ども組《ぐみ》」である。ドンドンヤキ(どんどん焼き)をはじめとする小正月《こしょうがつ》の祭礼や、ナギンデー(投げ松明《たいまつ》)などの盆《ぼん》行事を担いながら、社会生活のために必要な態度を身につけ、地域社会の一員としての役割や責任を自覚した。

地域社会におけるもう一つの「学びの場」は、遊び仲間である。同年齢の子どもたちと遊ぶのが一般的な今日と異なり、異年齢《いねんれい》の子どもたちがいっしょに遊ぶ中で、子どもたちは自然についてのさまざまな知識や、仲間とのつき合い方を学んできたのである。

子ども組
小学生から中学生くらいまでの集団。自治的性格をもち祭礼などで役割を担う。

投げ松明
富士川流域の盆の火祭り。火球(松明)を竿頂の藁の容器に投げ入れる。

冬の薪拾い
家庭の燃料は農閑期を利用して蓄えた。

草を踏み込む
春に草を刈り取り浮き出ないよう土中に埋め込む。「刈り敷き」のこと。

家庭の教育

現代でも玄関や風呂の掃除、食器の片付けといった「お手伝い」をする子どもたちはいるが、子どもたちが生業《なりわい》に関わる機会はほとんどない。かつて、子どもたちは、今の子どもたち以上に家事の一部を担い、さらに生業の一部を担っていた。これは近代学校制度が誕生した明治期以降、高度経済成長期頃まで、山梨の山村・農村部においては一般的であった。

家事においては、小学校三、四年生になると、男の子も女の子も子守をした。家に子守をするような子がいない場合には、よその家の子守をした。子守を通して、子どもたちは赤子の扱いを学んだ。子守の他にも、▲冬の薪拾いなどを行った。

小学校五、六年生ぐらいになると、本格的な農作業の一部を担うようになる。春・秋の忙しい時期には、学校に行かせてもらえずに農作業を手伝うこともあった。田植えや、田の中に肥料としての▲草を踏み込むのは、子どもたちに与えられた役割であった。養蚕《ようさん》においても、桑の枝から葉をとるのは子どもの仕事であった。桑畑《くわばたけ》に行き、桑摘《くわつ》みを手伝うこともあった。このような経験を通して、子どもたちは、摘んだ桑の葉がすぐに萎《しな》びることを知り、そうならないように水をかけ、水をかけた桑の葉がイキレない（蒸れない）ようにかき回すといった、養蚕における技術や知恵を、親から学んでいたのである。

南部《なんぶ》町福士《ふくし》では、サツマイモのできる時期に、気のあった子どもたちでユイを行った。ユイ（結）とは代掻きや田植え、茶摘みなど短期間に多くの人手を必要とする作業の時に、日数を決めて交互に仕事を手伝い合うことである。子どもたちは、切干《きりぼ》し（サツマイモを輪切りにして、真ん中に穴をあけて藁《わら》を通し、つり下げるようにしたもの)を作ることになると、「今夜、切干しするから来て」「じゃ、こっちも来て」というように、一晩手伝いに来てもらったら今度は一晩行くというふうに、交互に手伝い合った。こうした経験は、大人になって本格的なユイを行う上での下地を育てていたのである。

写真１　デクコロガシ（早川町）

「子ども組」の教育

子どもたちが、道祖神祭りや天神講《てんじんこう》（菅原道真《すがわらのみちざね》をまつる行事）といったムラの伝統的行事（年中行事）を担う組織を民俗学では「子ども組」と呼ぶ。「子ども組」の活動は、地域社会におけるつきあい方や人との関わり方を身につけるだけでなく、目上の役割や決断力、実行力といったことを身につけ、さらに地域社会の一員であることを自覚する、民俗における教育の中心的役割を担っていた。

「子ども組」が活躍するのは、年中行事の中の特定の日（期間）である。山梨において特にそれが顕著に見られるのは、正月一五日を中心に行われる小正月の行事においてである。

早川《はやかわ》町黒桂《つづら》では、一月一四日の夜にデクコロガシ(デクコロバシともいう)とよばれる行事が行われる。デクコロガシを担うのは、入学前の子どもから中学生までの男女である。子どもたちは、直径一〇センチ前後、長さ六〇センチ前後の皮をむいたカツの木を持って家々をめぐる。カツの木には顔が描かれていたり、「五穀豊穣」・「交通安全」・「金千両」・「金万両」などの文字が書かれていて、デク▲と呼ばれている。

デク
「木偶」のこと。自然木に顔を描いただけの素朴な人形。

写真２　道祖神祭りの子どもたち（甲州市）

デクの中の、一番大きなものには「道祖神」と書かれ、一番年長の中学生が持つ。子どもたちの顔には、基礎化粧がされ、さらに墨で太い眉やひげなどが描かれる。

道祖神役の中学生は、羽織袴姿に山高帽《やまたかぼう》をかぶる。道祖神役を先頭に家を訪れた子どもたちは、通された座敷で家の主人に対面して座ると、道祖神役の「家内安全と家族の健康祝ってくれ」の言葉に続き、全員で「祝ってくれ、祝ってくれ」と言いながら、手にしたデクを畳にたたきつけるのである。一〇回ほどたたきつけたところで、家の主人が道祖神役に祝儀の入った袋を差し出す。受け取った道祖神役は、袋の中身を確認すると、大げさに首を傾げるなど不満な表情をし「もっと祝ってくれ」と言う。それを受けて、他の子どもたちが「祝ってくれ、祝ってくれ…」と言いながらデクを畳にたたきつけるのである。道祖神役が満足すれば終わるのだが、どの家でも三回程度催促されることを予定していて祝儀を準備するという(写真1)。

デクコロガシは単なる遊びではない。家や村に福をもたらす道祖神を迎え入れる地域社会の重要な行事である。地域社会が、神に近い神聖な存在としての子どもに、福をもたらす神を招くという大事な役割を分担させているのである。

「子ども組」は、社会関係を学ぶ場ともなっている。デクコロガシでは、準備段階から年長者が年下の子どもたちの世話をやく。デク作りや家々の訪問では大人の助けもあるが、世話役の大人も、さまざまな指示を、年長者の道祖神役の子どもを通して行っていた。上級学年の子どもたちが面倒を見、下学

アクマッパライ
子どもたちが獅子を率いて各戸を訪問し、お札を配り歩く小正月の行事。

タワラコロガシ
俵に模した自然木を座敷で転がす小正月の行事。子どもたちが各戸を巡り歩く。

オカタブチ
子どもたちが新婦を棒でたたく小正月の行事。

年の子どもたちもその指示に従っていた。この中で、仲間と協力することや、分担する（分担を引き受ける）こと、他者に教える（他者から学ぶ）こと、経験を伝える（経験を学ぶ）こと、人々に指示を出す（指示に従う）ことを学ぶのである。

同様の行事には、市川《いちかわ》三郷《みさと》町のアクマッパライや、甲州市の道祖神祭り（写真2）、大月市のタワラコロガシ、富士吉田市のオカタブチなどがある。また、国中《くになか》南部の富士川町や市川三郷町では、ドンドン焼きが盛大に行われるが、その小屋づくりは「子ども組」が担っていた。

民俗を生かした学校教育

「子ども組」は、一九六〇年代の高度経済成長期における農村部の急激な変化に伴い徐々に担う役割が小さくなり、大人がほとんどの活動を取り仕切るようになった行事もある。家庭の教育も地域社会における「子ども組」の教育も、その役割は小さくなっている。

かつて、家庭教育や「子ども組」の教育が担っていたものをそのまま復活させることは不可能である。今、必要なのことは、民俗の中で行われていた教育の意味（価値）を、負の側面も含めて改めて考えてみることだろう。そうすることで、「いじめ」や不登校、コミュニケーション不足、感情のコントロールが不得意といった、現代の学校教育の中で起こっている諸問題を解決する糸口が見つかることも期待できると考える。

（古屋　和久）

23 大人になるって、大変だ！ ―成人儀礼のさまざま―

大人と認める儀式の重要性

「大人」と認める儀式といえば各自治体で行われる成人式である。二〇歳（現在は一八歳）になった青年を招いて祝う成人式の形は戦後に始まるが、それ以前の「大人になる」儀式がどのようなもので、「大人になる」ことはどのように捉えられていたのだろうか。

武家社会の男性は、▲元服式《げんぷくしき》によって一人前の男と認められた。農村などは、若《わか》い衆組《しゅぐみ》あるいは若者組、青年会、青年団などと呼ばれた青年男性のグループに入会することで一人前と認められることが全国的に見ても多く、それは大変に重要であった。というのも、地元の社会の中で道をなおすなどの共同労働には、一軒から「一人の大人」が出ねばならなかったからである。当主が出られない場合、爺さんやお母さんや子どもが出ても「半人前」と数えられ、倍の労働をするかまたは不足金を支払わねばならなかった。しかし、若くても青年団員の息子が出れば一人前と認められた。このように大人であることは大切で、青年団に入ることは重要だった。

元服式
男子の成年式のこと。年齢は一五歳前後に行われることが多かった。

青年団の活動と入会式

山梨県内でも、かつては各村の中に青年男性により組織された若い衆組などと呼ばれる集団があった。明治後半以降、それらが国の組織に組入れられ、青年会や青年団という集まりに再編された。戦後になると、女性も加入する青年団に生まれかわった。男性の場合、これらのグループに入会すれば一人前と認められたのである。若い衆組あるいは青年団に入会する年齢は、古くは数え年の一五歳が多かったが、戦前の旧教育制度時代の青年会では高等小学校卒業後、戦後の青年団では中学校卒業後に入会した。その後、高校に進学する者が増えると高校卒業後に入会するようになった。基本的には、「学校」を卒業した後、地元で生活する者が青年団に入会していた。

青年団の活動は、公共の場を清掃するなど地元に対しての奉仕活動、祭礼の運営、余興の芝居上演等がある。その活動の中で、先輩から後輩へ、その土地で生きるための常識が伝達され、立派な社会人を育成する場にもなっていた。その教育内容の中には「善いこと」だけでなく「悪いこと」も含まれていたと、笑い話で語られることも多い。青年団に入れば、その土地の若者として公《おおやけ》の立場に立つこととなる。その第一歩が青年団への入会式である。

青年団への入会時には、酒一升（一・八リットル）か二升を持参し、挨拶するという形が最も多かった。青年団規約を先輩が読み上げ、新入りの青年はかしこまってそれを聞く。規約には「率先して地元に奉仕すること」、「先輩の言うことを聞くこと」、「酒を飲んでも人に迷惑をかけないこと」などなど、その土地の社会人としての自覚を促す内容が載っている。ずらっと居並ぶ先輩たちの前に座り、決め事や訓辞を聞くという場は、新入りの青年にとっては大変緊張する場であった。

いっぽう、女性に対しては初潮を迎えると赤飯を炊いて「子が産める身体」になったことを祝ってきた。

富士河口湖《ふじかわぐちこ》町大石《おおいし》では、一月一四日の十四日正月《じゅうよっかしょうがつ》に、一九歳の厄年《やくどし》の娘たちが晴《はれ》着《ぎ》を着て道祖神と氏神を参拝し、娘の成長ぶりを世間にお披露目した。これは結婚適齢期であることを重視した行事といえ、男性の場合とはやや趣を異にしていた。

写真１　網倉青年団の入会式（市川三郷町）

新入り青年の試練

さて、青年の入会式に話を戻そう。山梨県内には、もっと激しく自覚を促す儀礼もあった。市川三郷町《いちかわみさと》落居《おちい》の網倉《あみぐら》にはササラトリと呼ばれる青年団入会式がある。網倉では小正月《こしょうがつ》の一四日に道祖神《どうそじん》が七福神《しちふくじん》を伴ってムラに舞い込む、という県内でも珍しい芸能がある。道祖神と七福神役は青年団の面々であり、青年たちは正月明けから練習を始め、新入りの青年は見習いとして練習に参加する。小正月の芸能が無事に奉納された翌日に、青年団の役員の交代式が行われる。と同時に見習いから正式の団員と認める入会式も行われるのである。頭取《とうどり》（青年団長）と副頭取が上《かみ》座《ざ》に座り、年功序列で先輩たちが居並ぶ。下座《しもざ》には満一七歳の新入り青年が並ぶ。新入りに対して「網倉若者規則書」が読み上げられ、若者の自覚を促す内容が伝えられる（写真1）。それが終わると同時に若者たちは外へと逃げ出す。靴を履く間もないので、裸足で雪の中を走って逃げるのである。かつて二階から飛び降りて逃げた人もいた。逃げる若者を先輩たちは追いかけ廻す。先輩たちがあきらめて「おーい、もう帰ってこい」の声で一時間ほど続いた追い駆けっこは終了する。

新入りの青年がなぜ逃げるのか？　実は「若者規則書」が読み上げられた後、本来であれば新入りの青年は押さえつけられ、大根おろしが混ぜられた道祖神の御神酒《おみき》を付けた竹べらで、ササラを取られるはずだったのである。ササラとは陰茎《いんけい》の包皮《ほうひ》のことで、まだ女性経験のない新入りを大人の男にする、という意味を持つ。

　この日の朝、新入りたちは大量の大根おろしを作れと先輩に命じられる。その間、先輩たちは御神酒を入れる竹筒製の角樽《つのだる》と竹べらを作る。新入りには何が起こるのか知らされていないが、先輩たちの行動や表情から不穏な雰囲気を察知しているので、先輩たちが「ソレッ」と襲いかかってくると同時に逃げ出すのである。しかし、大正生まれの人も含め、これまでに捕まって実際にササラを取られた人はいない。みな逃げおおせており、追い駆けっこの後は無礼講《ぶれいこう》の宴会となる。この儀礼の意味は、性的にも大人の男を創り上げることにあるが、実際には先輩から逃げおおせる体力が試されることになる。

　体力や精神力を試す儀礼もあった。富士河口湖町西湖《さいこ》の道祖神祭りでは、道祖神の神木《しんぼく》を引き倒す役が小頭《こがしら》と呼ばれる新入りの青年であった。熱を帯びた燃え木の上を駆け抜け、一〇メートル以上ある神木に飛びついて先端まで登り、しなる神木にすがりついて引き倒さねばならない。地元の人々も声援し、「勇気がないぞ、小頭」と叱咤激励《しったげきれい》の声も飛ぶ。かつては正装用の木綿の着物を尻からげに着て、神木に登る勇姿《ゆうし》を見せれば「すぐに嫁の来手《きて》が現れたもの」だったという。一人前の男としての気力と体力と精神力を披露し、地元の人々に大人であることを認めてもらったのである。

　この他、北杜《ほくと》市須玉《すたま》町上津金《かみつがね》の大和《おおわ》では石尊様《せきそんさま》の祭礼に源太山《げんたやま》の頂上までひときわ大きな松明を運び

写真２　若者の裸祭り（笛吹市）

上げるのが、新入り若者の役目であった。南アルプス市在家塚《ざいけづか》では一五歳の青年たちが四日がかりで富士登山をした。身体の小さい青年は「あの息子、登るずらかな（ちゃんと登り切るだろうか）」などと心配されたが、皆、しっかり登って一人前になったという。入会式や祭礼時に試練が与えられる新入り若者たちは、訓辞を聞くだけではなく、身をもって一人前の自覚を得たに違いない（写真2）。

また、オヤオクリ（親の葬式）に子ども全員が帳場を立てる別帳場《べっちょうば》を行っている富士吉田市などでは、帳場を出すことを帳面出《ちょうめんだ》しといい、帳面を出せる（帳場を立てられる）ことが一人前、一軒前の意味と捉えられてきた。試練が伴うわけではないが、親の葬式という儀礼によって社会的に一人前を示し、大人としての自覚を促す場面にもなっていたことがわかる。

成人になるには

現在の成人式は、青年団の重鎮の前にかしこまって訓辞を聞くタイプの入会式を踏襲している。本来、先輩方（現在ならば市長以下のお偉方《えらがた》）の訓辞は、それを緊張しながら聞くだけで「大人としての自覚」を持ったものだった。しかし、現在はお偉方の言葉を緊張して聞き、成人として自覚する若者は少ないようで、二〇歳になった御祝いと捉え、「祝われる主人公」とばかりに大暴《おおあば》れする不届《ふとど》き者《もの》もいる。

全国的に見て、青年団の入会式に試練を与える事例は多くはない。が、ここまで見てきたように、盛大な元服式を行って一人前を社会に披露する、責任ある子ども組長の立場を経験してから青年団に入る、数え年一五歳で過酷な登山をする、など極度の緊張を強《し》い、体力や精神力、組織力を試されるような儀礼や行事はあった。こうした儀礼や祭礼という場で社会人が創り上げられてきたといえよう。さらに試練や緊張に加え、普段から地元民の目が、先輩たちの教育が、子どもを大人にした。言い方を変えるとその社会に身を置いていれば、自然に大人になっていった。

しかしそれは地元社会のしがらみの中で生きることでもある。それを嫌って都会に出た若者も多い。いっぽう、現在は個人の意志が尊重され、強制的な試練は課されず、成人となった祝いの言葉をかけられるだけである。現代の若者に試練がないとは言わないが、それらは受験や就職活動など個人の生活に関わる試練であり、社会生活を営む上の試練にはウエイトが置かれていないのではないだろうか。

強制的な試練が与えられない今、現代の若者は自分で試練を買って出て、大人としての自覚を獲得しなければならない。自由な社会は個人が責任を持たねばならないからである。

大人になるって、大変だ！

（浅野　久枝）

24 盗まれる嫁の話 ―山梨の婚姻習俗―

まずは、ひと昔前まで行われていた「ドラブチ」と称する嫁盗みの習俗を紹介しよう。山梨県を代表する民俗学者・土橋里木《つちはしりき》（本名は力《りき》、一九〇五～一九九八）は、昭和の始め頃の精進湖《しょうじこ》近在の事例を、次のように記している。

嫁盗みの事例

返事を渋《しぶ》ってでもいるか、拒絶でもすると、最後の非常手段として「連れ出し《つれだし》」をする。連れ出しと言っても、ほとんどその娘を盗み出すのである。夜など、目的の娘が近所の家へ石臼《いしうす》挽《ひ》き（粉《こな》挽《ひ》き）に出た時とか、湯（風呂）借りに出た時などに、その侭《まま》盗んで行ってしまう。……（中略）……連れ出しといってもそう遠方へ行くわけではなく、すでに定めてある親分《おやぶん》、仲人《なこうど》の家か、又《また》は数軒離れた隣家《りんか》へ「連れ込んで」宜《よろ》しく頼むという。するとその家では、自分で親分なり仲人なりを勤め得る適任者であれば、その侭《まま》親分なり仲人なりになってやるが、自家で不適任と認めらるる際は、その者がさらに、他の適当な家を物色《ぶっしょく》して、仲人、親分を斡旋《あっせん》依頼してくれる。こうして仲人、親分が確定すれば、娘の家へ向って「何とかうまく纏《まと》めてくれ」と云って交渉を開始する。この交渉があっても、娘の親たちは大《たい》して驚きもしない。もう、娘の出奔《しゅっぽん》以来この事あるを内々は承知していたのである。そしてその場合、承諾《しょうだく》出来ればよし、相手の不釣合《ふつりあい》その他の理由からどうしても承諾出来ぬ場合には、「そんな不屈者《ふくつもの》は俺家《おれんち》の娘ではないからうちやアって（捨てて）しまう」と答える。すると、最初に「連れ込まれた」家でその娘を拾い、仮に自分の娘として祝言《しゅうげん》させる事になるのである。これを一名「ドラぶち」「ドラをぶつ」又は「ドラをぶった」等と称する。

（土橋里木「山梨県上九一色地方」『旅と伝説・婚姻習俗号』一九三三年）

「嫁を盗む」・「連れ出す」などと言うと野蛮《やばん》な行為と誤解されかねないが、周囲の反対を押し切って夫婦になるのであるから、一種の「駆け落ち」である。当人の意志を尊重した形であり、ひと昔前にも公認された婚姻の方式であった。こうした嫁盗みの風習は山梨に伝えられた奇習でなく、全国に広く行われていた婚姻習俗の一つであった。

村内婚から村外婚へ

山梨の結婚式は華やかである。数百人を招待し、多額の費用を費やして行う。それが、あたかも結婚式の「常識」になってしまっているが、それは変化した結果である。

仰々しく結納《ゆいのう》を取り交わし、貸し切りの式場で存分の接待やもてなしを行うようになったのは、生活圏が広まり村外婚《そんがいこん》が普及した結果である。日常的に接することのできない関係者が多数となり、一生分の交際を、一度の機会で終わらせる必要が生じたのである。

ひと昔前でも、富裕階層は段取りを踏んだ式を求めた。家格の釣り合いを考慮すれば、遠方から嫁・婿《むこ》を迎えることになるから、事情は現代に近い。しかし、パートナーが同じ村の人となれば、事情は承知した間柄であるから、顔見せの機会は不要になってこよう。

このドラブチ・連れ出しは村内婚においてみられた。その祝言がいかに簡素なものであったのか、先の精進湖周辺の例で確認しておこう。

「花嫁と云っても縮緬《ちりめん》の着物一つ着るわけでもなし、箪笥一つ持参するでもなし、仲人、親分、区長、伯《お》(叔)父《じ》、伯《お》(叔)母《ば》、兄弟、姉妹など主なる親戚の二、三が婿の家の式場にて立会い、酒肴《さけさかな》をとり交し、あっさりと祝言をすます」。「貧乏人は結婚式をしなかった」との話も珍しくない。東京の多摩に近い小菅村では風呂敷一つで嫁入りする、いわゆる「風呂敷嫁《ふろしきよめ》」の事例が報告されている。

新婚の夫婦にとって最も大事なのは、新たに誕生した夫婦関係を周囲から認めてもらうことである。ムラの構成員として認めてもらうことが、生存や生活の絶対条件となる。「わだかまり」が残ると関係ある人々の全体の不利益にもなるから、きちんと清算しておく必要がある。ドラブチ・連れ出しは、そのための方策であった。

山梨県内の婚姻事例

婚姻儀式の目的が、地域の構成員として承認を得る点にあるとすれば、関係あるさまざまなグループとの間で執り行われることになる。

今日の結婚式は一度が通例であろうが、本来は二度あった。①嫁方での祝言（儀式）、②婿方での祝言（儀式）、の二点に焦点を当てて県内の三つの事例を見る。

事例一　南都留《みなみつる》郡道志《どうし》村（『道志村七里』）

①婚礼の当日、婿方では新郎・両親・仲人・添《そ》い婿《むこ》・オカタ迎えなどが一同で嫁貰いにでかける。その際にいったん仲人の家に立ち寄る。嫁方では一行を手あつく迎え、三々九度《さんさんくど》の盃を交わしたあと祝宴となる。しかし、宴《えん》の半《なか》ばで背負《しょ》い婿《むこ》と呼ばれる役方《やくがた》が、「婿《むこ》の食《く》い逃《に》げ」と称して新郎を連れ出し一足先に帰ってしまう。

②仲人の家に立ち寄ったあと婿方の家に入り、再び三々九度の固めの酒を交わす。祝宴に入ると新婦は晴れ着に着替えて、参列者に酌をして回る。嫁方の客は泊まり込んで一夜を明かし、翌日、参列者の女衆の中から鉄漿親《かねおや》を定める。鉄漿親が新婦の髪を直し眉《まゆ》を落として歯にお歯黒《はぐろ》を付けた。

事例二　北杜《ほくと》市小淵沢《こぶちざわ》町（『小淵沢町誌』）

①祝言の当日、仲人夫妻は婿および婿方の近親者五名ほどをともなって嫁方へ行く。これを婿入りといった。嫁方では簡単な酒宴を催す。仲人夫妻は残るが、他の者は帰る。このあと、花嫁は仲人に伴われて嫁入りした。

②花嫁は両親と添い嫁に付き添われ、見参人《げんぞうにん》らと出向く。添い嫁は未婚の娘で花嫁の世話役である。花嫁は入口で履物をはきかえ、勝手口《かってぐち》から座敷に上る。このとき履物の緒を切って捨てた。盃事

添い婿
連れ出された婿の身代わり役をつとめる。

お歯黒
女性が歯を黒くする化粧のこと。「鉄漿付け」とも。成人や結婚を機に行う。

見参人
重要な儀式において相手方まで出向く人のこと。

がすむと婿が勝手口に下がってしまう習慣を伝える地域がある。婿養子でなくとも、婿は「お燗《かん》番《ばん》」だというのである。

お燗番
酒を温める裏方役。酒を入れた容器を湯で加熱して温度を調整。

事例三　南巨摩《みなみこま》郡早川《はやかわ》町（『西山村総合調査報告書』）

① まずは、嫁方から二人の子どもが使者となって婿方へ行く。使者が来ると婿方ではナカジャク（仲人のこと）が、婿・婿の叔父や叔母らと酒を酌み交わす。これがすむとナカジャクは、婿と添い婿・婿の兄弟・婿の叔父など男衆を連れて、嫁方へ出向く。嫁方に一行が到着すると、婿と花嫁の両親・婿と嫁の叔父・叔母や花婿との間で三々九度の盃を交わす。そのあとナカジャクは、花嫁と側姫《そばひめ》・花婿・嫁方の親戚（主として女性）を連れて婿の家に向かった。側姫は花嫁よりも若い女性を選んだ。

② 青年たちが出迎えに来ていて、花嫁の一行を婿方まで送り届ける。祝言の翌朝、新郎と新婦で餅をつき招待した親戚に届けた。この餅を、尻固《しりがた》めの餅《もち》という。

婿の食い逃げ

「婿の食い逃げ」は、婚礼当日の午前中に嫁方を訪問した婿が、酒宴もそこそこに帰宅してしまうことを指す。同じように理解しにくいのが、嫁方の一行を迎える大切な場に婿がいない事例である。「お燗番」で酒を温めているというのであるから、実に不思議な風習である。迎える側の主役のように思えるが、どうも違うらしい。

※『日本民俗地図 6』（文化庁）が「嫁盗み」があると記載した調査地が1か所でもある府県を▲印で示した。
※「嫁盗み」に含まれるのは、「嫁盗ミ」・「盗ミ出シ」・「嫁カツギ」・「連レコミ」・「オットイ嫁」等。

図表1「嫁盗み」習俗を残す地域

文化庁で編集した『日本民俗地図 六（婚姻）』（一九七八年）を参照すると、このような風習は山梨県だけに限られた「奇習」ではないことがわかる。花嫁を迎える当日に婿が主賓《しゅひん》扱いされない風習も全国的に類例は多く、「奇妙」の表現は当たらない。東北や北陸の一部地域では、嫁入りの当日に婿が不在という例さえ見られるのである。

図表1を見ると、先のドラブチいわゆる「嫁盗み」の習俗もまた、九州や四国など西日本地域に広く分布しているのがわかる。「ドラブチ」の呼称は珍しいが、「連レコミ」は他にもある。「嫁盗ミ」・「盗ミ出シ」・「嫁カツギ」・「オットイ嫁」など類似《るいじ》の習俗は少なくない。

民俗は変化する。婚姻習俗も知らぬ間に変化している。たとえば、仲人である。今や仲人を立てない結婚式の方が一般的になってしまったではないか。また、「嫁入り」なる表現である。本来は婿方の両親と生活を共にするという前提で使われていた。名字《みょうじ》は婿方に変えることを意味していた。ところが、婿方の両親と同居しない「嫁入り」が多数となり、名字だけが変わることを指すようになっていまいか。女性の名字が変わることをもって「嫁入り」と言っても伝わる。将来的に夫婦別姓が導入されれば、「嫁入り」の語そのものが使われなくなる可能性もあろう。

変化する経済と変化する婚姻

日本民俗学における婚姻習俗研究の歴史は比較的古く、すでに一九二九（昭和四）年には柳田国男の「聟入考《むこいりこう》」によって体系化がはかられている。内容をかいつまんで言えば、「婿（聟）入り（妻問《つまど》い）婚」の形態から「嫁入り婚」の形態へと変化・変遷したということになろう。柳田は全国から集めた資料を、次の三つに分類して並べ、変遷の過程を描いた。

（Ⅰ）西日本の海岸部地域を中心に残る、一定期間婿が嫁方を訪問する婚姻（婿〈聟〉入り）。
（Ⅱ）全国に点在する婿入りの名残を示す習慣（過渡期）。
（Ⅲ）嫁が最初から婿方へ移り住む婚姻（嫁入り婚）。

「嫁入り婚」は生活の拠点が婿方に移るが、「婿入り（妻問い）」の場合は生活の拠点が嫁方に移ってしまうわけではない。この点は注意を要する。柳田国男は過渡的な(Ⅱ)を間にはさみ、(Ⅰ)の婿入り〈妻問い〉婚から（Ⅱ）の過渡期を経て、（Ⅲ）の嫁入り婚へという変遷を描いた。今日に広く受け入れられている婚姻史の理解である。

山梨県の事例は、いずれも嫁が婿方へ移り住むという（Ⅲ）であるが、形式的であれ婿が嫁方へ出向くという（Ⅰ）の特徴を残しており、全体としてみれば（Ⅱ）の過渡期の性格を残す。

さて、婚姻の形態に大きな影響を与えるのが経済（労働）である。これは今も昔も変わらない。結婚は貴重な労働力を移動させることでもあるから、一度で処理するとなると、とくに出す側の損失が大きすぎる。一定期間は往来しながら相互に補う必要があった。

ドラブチを伝える富士五湖地方では、▲アシイレ（足入れ）と呼ぶ方式がみられた。結婚によって生じる実家側の労働力不足を補うことができる。足入れするのは女性の側である。当人の判断だけで決められず、親分や両親の承諾が必要となる。簡素・簡略であれ、周囲の承認を得たうえで足入れが始まる。実家で生活しながら婿方での農作業の手伝いや食事、寝泊りが可能となる。期間は数か月の場合もあれば、数年続く場合もある。足入れの期間が終わった後で、正式な祝言を行う場合もあれば、祝言のない場合もある。

現代では、結婚後、夫婦は共同して生活を営み、その基盤となる経済も自立・独立する。しかし、こうした現代の考え方からすると、アシイレは道徳的にも経済的にも曖昧な新婚生活である。そう見えるのは、経済が大きく変わっているからである。産業の高度化が著しく進んだ。第一次産業（農業）が求める労働力は大幅に減少し、結婚によって生じる労働力の移動問題は様変わりした。実家の労働不足を補う必要がなくなったのである。

日本では「家《いえ》」の存続が優先されるため、結婚においても個人の意志は無視されるかのような解説をよく耳にする。格の高い「家」が村外婚《そんがいこん》を選ぶ場合、「家」が優先されても不思議ではない。しかし、村内婚の場合は自ずと人物本位の考え方を採っていたのではないか。多面的な人物評価ができ、結論を出すまでの時間も確保できる。「家」が労働組織であった時代、村内婚の方が人物評価は入念に行われ、

アシイレ
正式な祝言をすます前に相手方の家に出入りすること。宿泊をともなう。

間違いのない婚姻に至ることができたのではあるまいか。

意味ある不可解

嫁方であれ婿方であれ、儀式（承認式）の目的が婿方の関係者と嫁方の関係者とが承認し合うところにあるのであれば、婿が途中で帰ってしまう「婿の食い逃げ」や、嫁入り時の「婿のお燗番」を合理的に説明するのは可能である。

新婚夫婦を支える関係者同士の承認式が欠かせないのである。今日の結婚式は新婚夫婦が主役のお披《ひ》露目会《ろめかい》になっているが、村内婚にあっては新しいカップルの誕生は、瞬時にして公然となった。披露の必要などなく、周囲の者たちの集団としての確認と承認が求められたのである。承認することは、諸々の義務を相互に果たすことの約束である。結婚後の長い人生を考えれば、周囲の援助が新しい家庭の生存権保障の決め手となろう。

（影山 正美）

25 人生を区切って元気に生きる ―厄年と年祝い―

厄年の厄払い

厄年《やくどし》といえば、数え年で男性二五歳、四二歳、女性一九歳と三三歳というのが全国的にも共通認識であろう。この年には厄を払わなくてはならず、熱心な人は前厄《まえやく》、本厄《ほんやく》、後厄《あとやく》の三年間、厄払《やくばら》いをする。山梨県民はこれらの厄払いに比較的熱心であるようだ。還暦以降のいわゆる年祝《としいわ》い（祝《いわ》い年《どし》）も、祝いというより厄を払うべき年と考えている人が多いことからもそれはわかる。ここでは富士河口湖《ふじかわぐちこ》町河口の事例を中心に、熱心な厄払い行事を見ていこう。

富士河口湖町河口の厄年と年祝い

富士河口湖町河口の人々は、払いの行事に大変熱心である。先に述べた男女の厄年に加え、男女ともに数え年六一歳、七七歳、八八歳、九九歳などの「祝い年」も「厄年」と考え、祝いというより、厄を払うべき年と考えている。「厄払いの行事」として重視されている道祖神《どうそじん》祭りには「厄年」・「祝い年」の人々が、御神木《ごしんぼく》にする丸太、御神木を飾るヒウチと呼ばれる三角形の作り物、サル（お猿さん・サルボボ）、オザラ（お笊《ざる》）、五色のサラシ（布）などの飾り物を寄進し、普段より多額の奉納金を納めて厄払いを願う。

御神木にする丸太は四二歳の男性たちが中心に奉納するが、新婚家庭も厄払いの仲間となり、合同で出すこともある。

写真１　建てられつつある河口の御神木

写真２　御神木に飾られたヒウチとサルボボ

また、数え年九九歳で白寿《はくじゅ》となった人が御神木を奉納したり、数え年八八歳の米寿《べいじゅ》の人が一〇人で一〇反《たん》のサラシを奉納した年もあった。飾り物のヒウチやサルは厄年の女性が縫って奉納する（写真2）。御神木を飾る手拭や紙テープなども厄年の人からの寄付金で調達する。このように物入りであるため、とくに四二歳の厄年の人々は同級生の無尽《むじん》で道祖神祭りのための積立貯金をするほどである。

河口の道祖神祭りは、本来、上《かみ》・中《なか》・下《しも》の三組それぞれで御神木を立て、別個に道祖神祭りを催行《さいこう》し、青年団員が中心的な作業を受け持っていた。しかし団員数の減少に伴い一九六一（昭和三六）年頃から三組合同になり、四二歳の厄年の男性を中心に祭りが進められるようになった。御神木の切り出しから飾り付け、御神木建てまで道祖神祭りの一切の仕事をし、彼らの妻たちも手伝う。「アリャ、アリャ、アラリャーント」という掛け声で、集まった人全員が声と力を合わせて御神木を引っ張って建てるが（写真1）、御神木の土台として組上げた木枠に登り、掛け声を掛けるのもまた四二歳の厄年の男性である（写真3）。

厄年の男性の役割は道祖神祭りだけではない。四月に行われる河口浅間神社《かわぐちあさまじんじゃ》例大祭「孫見祭《まごみまつり》」には、四二歳と二五歳の厄年の男たちと前厄の男たちが神輿を担ぎ、神輿

写真3　掛け声を掛ける四二歳の男性

写真4　建てられた御神木

の先触れの矛《ほこ》も四二歳の厄年の男性が担ぐ。九月一一日に河口の諏訪神社祭礼で行われる奉納相撲で、かつては四二歳や二五歳の厄年の男性が力士《りきし》となった。河口浅間神社で行われる節分祭《せつぶんさい》の豆まきは、本来、神社総代が催行してきたが、二〇〇六（平成二〇）年からは四二歳の厄年の男たちが菓子などを奉納し、豆まきも厄年の男性たちが行うように変化した。

その後、その他の厄年の男女も節分の神事に参加するようになり、節分祭での厄払いが定着しつつある。この他、平成になってからは四二歳の厄年のときは海外旅行、六一歳の還暦の年には伊勢参り、などと旅行をすることも定着してきた。同級生の無尽で資金を積み立て、妻同伴での旅行を行う人々もいる。婿《むこ》に入った人も同学年の無尽に入り、厄年に奉仕している。このように、四二歳の厄年の人々は正月が過ぎれば道祖神祭りで祭りの一切を取り仕切り、節分祭で豆や奉納された菓子を見物客に撒き、そして四月の孫見祭りで神輿や矛を担ぎながら、「これが終わったら旅行だ」と楽しみにしているのだという。

いっぽう、女性たちの厄払いは一九歳の厄年が重視されていた。道祖神祭りの夜の宴会で、一九歳の厄年の女性はお酌をして回った。また、一九一八（大正七）年生まれの女性は、友人たちといっしょに富士山に登り、厄払いをしたという。現在は先に述べたように、一九歳とは限らず、他の厄年や祝い年に道祖神へヒウチなどを寄進したり、節分の豆まきに参加したりして厄払いをしている。

富士河口湖町大石の事例だが、十九の厄年には着物を新調し、一月一四日の十四日正月《じゅうよっかしょうがつ》に道祖神と氏神にお参りし、一人前の女性になったことのお披露目をしたという。この日は自由な出会いのある日といわれており、よい娘を探しに多くの男性たちも神社に集まり、賑《にぎ》わったという。また、一九歳の厄年の女性は、御神木の建っている一二日から一七日までの間に、女友達を招待してご馳走した。若い衆は招待されなくても、その席にオショバレ（押し呼ばれ）に来た。酒一升（一・八リットル）を手土産に勝手に押しかけるのである。押しかけられた家では、彼らを追い返すことなく家に上げた。押し呼ばれに来た若者をもてなすことで厄払いになると考えていたためである。親とすれば押し呼ばれが多いことが自慢にもなった。

このように、厄年の年には道祖神から始まってさまざまな場面で厄払いをし、それがまた楽しみの一つであり、人生の大きな区切りになっていることがわかる。

写真５　河口浅間神社の節分の豆まき

山梨県内の厄払い神仏

富士河口湖町河口の事例を中心に厄払いの事例を紹介したが、道祖神での厄払いはほぼ全県的に行われている。四二歳の厄年の男性がミカン一箱分を撒いたり、還暦の人々が共同で絵馬を奉納したりなどして、厄を払ってきた。富士吉田市、富士河口湖町などでは節分の日に、高校二年生の女子が、新調した着物を着てトラックの荷台からミカンを撒いていた。そ

還暦
六〇年で一周する干支がめぐってくる数え六一歳（満六〇歳）の祝い。

絵馬
神への願いを書いて奉納する板。本来は奉納物の代わりに馬などの絵を描いて奉納した。

のため節分の日には女子が皆、高校を欠席していたという。また、富士吉田などでは経済的に名をなした人は厄日待《やくびまち》といって、「厄《やく》を食《く》って貰《もら》う」ための大盤振舞《おおばんぶるま》いをする事例もある。厄日待に呼ばれた人は祝いを持たずに空《から》っ手《て》で行くものだという。このように自分の住む地域の神仏に厄払い祈願をする例は多いが、いっぽう地域外の有名な厄除けの神仏に参《まい》ることも盛んに行われている。

県内で有名な厄除けの寺といえば、厄地蔵《やくじぞう》さんと呼ばれて親しまれている甲府市湯村《ゆむら》の塩沢寺《えんたく》厄除地蔵尊であろう。厄地蔵さんは二月一三日の正午に耳が開き、一四日の正午に耳が閉じてしまうと言い伝えられており、この間にお参りしなければ願いを聞いては頂けない。一年に一日、二四時間だけのわずかな時間に大勢の人が参拝する。アタリヤク（本厄）に参ると厄をもらうことがあるので前厄と後厄に参るものだと考える人もあるようだが、厄年の人々は熱心にお参りをする。

このときには、二五歳なら二五個の団子を作って持参し、賽銭といっしょに賽銭箱に入れて厄除け祈願をする。団子は前日に作り、自家の神棚《かみだな》に供えた後、厄地蔵さんに持参するが、門前にも売店が出ているので、それを買い求めて供える人も多くいる。二月一三日の正午前には長蛇の列ができ、厄地蔵さんの耳が開く瞬間に賽銭と団子を投げようとそのときを待つ人もいれば、「夜の方が効く」とわざわざ夜になってからお参りする人もいる。また、一四日の正午ぎりぎりに走り込む人もいる。近年の参拝者は、厄年の本人よりも娘や息子、孫のために並ぶ年配者の方が多いようであるが、今も大勢の参拝者で賑わっている。

厄除地蔵尊はかなり以前から信仰を集めており、一九七五（昭和五〇）年頃には新宿、松本から臨時

写真６　厄除けの祈祷（韮崎市）

写真７　厄除地蔵尊の祭り（韮崎市）

列車が出るほどだった。現在では県内全域のみならず、長野県や首都圏からも参拝者が訪れている。甲府盆地の中では、同日に道祖神や厄除地蔵尊の祭りを行っているところが少なくない（写真６・７）。

楽しみとしての厄払い

先の事例で見たように、山梨県では厄年の厄払い行事が盛大になっている地域もある。市川《いちかわ》三郷《みさと》町では、小学校の同級生が四二歳の「初老記念《しょろうきねん》」の祝いとして恩師や校長、そして町長までを招待し、出身校に記念品を贈るというセレモニーが行われている。山梨県は無尽が盛んな土地柄のせいか、同級生の無尽で資金を積み立て、四二歳や六一歳の厄年の年に旅行に行くことが、河口以外の地域でも一般的な行事となりつつある。

なにが起こるかわからない世の中にあって、厄災《やくさい》をあらかじめ払って元気に生きていきたいと思う気持ちは、山梨県民ならずとも持っている感覚である。厄年の旅行は山梨県のみならず、全国的に増えているようにも思う。厄払いと楽しみを兼ね備えた同級生旅行は、新しい民俗として定着していくのではないだろうか。

（浅野　久枝）

26 変化する葬送の風景 ―山梨県葬式事情―

土葬から火葬へ

近年の民俗の変化は著しいが、葬式のやり方もずいぶんと変化している。かつては自宅を会場にして葬儀が執り行われていたが、現在はほとんど葬祭場《そうさいじょう》で行われるようになった。それにより近所の人々の手伝いが必要でなくなったり、葬具を作らないようになったりと変化が起こった。すべての地区が火葬になったことも大きな変化である。

しかし、火葬になっても以前の手順を変えない工夫も行われた。東京あたりの葬式と比較をしながら、山梨県内の事例を見てみよう。

東京都区内の仏式の葬儀では、葬式当日には遺体を前にして僧侶による読経、供養が行われる。その後、出棺《しゅっかん》して火葬場へ運ばれ、▲茶毘《だび》に付された後、親族が骨を拾う。遺骨は自家の祭壇にまつられ、四《し》十九日《じゅうくにち》の法要後、墓地に納骨。このような手順で進むことが多い。

いっぽう、山梨県内の場合、葬式当日の朝早くに遺体は火葬場に運ばれ、遺骨となって自宅に戻り、その遺骨の前で読経が行われ、その後、葬列を組んで墓地まで行き、遺骨を埋葬して葬儀が終了する。

この違いはどこから来たかというと、土葬時代の葬儀の手順に準じた結果である。本来であれば遺体

茶毘
遺体を火葬すること。

写真１　土葬（北杜市）

に対して僧侶は引導《いんどう》を渡し、経文《きょうもん》を授け、その後、遺体を生のまま墓地に埋めて土葬をしていたが、火葬をしなくてはならなくなったとき、読経から、葬列、埋葬の手順を第一に考えるならば、葬式当日の朝早くに荼毘に付さねばならなくなったのであろう。東京の場合、葬儀に参列さえすれば、亡き人の顔を拝見することも可能だが、県内の場合、お顔を拝見しようと葬儀に駆《か》けつけても、すでにお骨《こつ》になっていることが多いのである。

また、山梨県内に限る話ではないが、葬式よりも、その前日に行われる通夜にお参りする人数の方が多くなった。たとえば、富士吉田市で、一九九五（平成七）年に行われたA家の葬式では、約五〇〇の香典のうち、通夜に受け取ったのは三つだったのに対し、同じ家の二〇〇八（平成二〇）年頃の葬儀では、香典の八割近くを通夜の日に受け取ったという。以前は通夜に帳場《ちょうば》（香典受付）を立てないことが多かったために、通夜に香典を持参する人の帳面付《ちょうめんつ》けができず、「香典がこんなに集まっちって、困るじゃんけ」ということがあり、帳場を立てれば立てたで「通夜に帳場を立てちもうなんて、なんだい？」と、いぶかしがる近所の人もいたという。昭和から平成に移ってしばらくした頃（二〇〇〇年前後）、通夜に香典を持っていくことに違和感を感じていた人も多かったが、仕事があるために昼間の参列が出来ず、通夜に香典を出すことが一般化しつつあったのも、この頃だった。

香典を現金で何か所にも払う？

富士吉田市の事例でもう少し話を進めよう。東京などでは、葬儀に持参した香典は喪主に渡すものであり、受付（帳場）に複数の人が立っていても、最終的にはすべてまとめて喪主に香典が渡される。ところが富士吉田市では、喪主だけでなく、亡くなった人の子どもたちそれぞれが帳場を立てる。これを「別帳場《べっちょうば》」という。「別帳場」を知らない人のために、やや煩雑だが説明をしよう。

たとえば、四人の息子をもつB氏が亡くなった場合、四人の子、それぞれが別々に帳場を立てる。次男と四男につきあいのあるC氏は次男と四男の帳場に香典を張る。香典を出すことを「張る」と表現している。家を継いでいる長男（喪主）に対しても、ツケミマイ（付け見舞い）として次男に張った金額よりは少ない額の香典を張ることもある。家族ぐるみでつきあいのあったD氏は喪主である長男に多く張り、次男以下のすべての帳場に少し抑えた金額を張る。そのとき一万円を出して「七千円のお釣《つ》りをくりょ（下さい）」と札を包まずに出すことも稀ではない。兄弟が多い場合、「帳面が一〇帳も出たで、最後は粒《つぶ》（五百円玉）で払った」などという笑い話のような話があるほどである。

さらに、太平洋戦争が開始するまでは婚出した娘も「女の帳場」を立てたという事例もある。この場合、夫の名前で帳場を立てる。夫から見て妻の父は舅なので、「舅帳場」ともいう。死者の娘の嫁ぎ先の家とのつきあいがある家々が、娘の父親の葬儀に参列し、舅帳場に香典を張った。新屋《あらや》から上吉田に婚入した明治生まれの女性は、嫁ぎ先の家とつきあいのある家々の葬儀には香典を張ってきた。その中には、つきあいのある家の奥さんの父親の葬儀に立てられた舅帳場も当然含まれていた。一九四二（昭和一七）

年、自分の実の親が亡くなったとき、女の帳場を立てようとしたが、戦争で逼迫《ひっぱく》している中、女の帳場、舅帳場が禁止された。そうなると、彼女は本来貰えるはずだった香典を受け取ることができないだけでなく、自分の兄たちの帳場に香典を張らなくてはいけない立場になってしまった。彼女は悔しい思いをし「私だけを泣かすな。未来永劫《みらいえいごう》、女の帳場を立てるなよ」と言い残し、中途半端に制度を復活させるなと、激怒していたという。

舅帳場は廃止されても、娘の嫁ぎ先へ新盆見舞《にいぼんみま》いに行くことは続いていた。しかし、それもやはり昭和から平成に変わった前後に、新生活改善運動の一環で「新盆見舞いはやめよう」という指導の下、行われなくなったという。このように、別帳場やそれに付随するならわしにもかなりの変化がある。

別帳場は富士吉田市に限った制度ではなく、県東部の山中湖《やまなかこ》村、西桂《にしかつら》町、都留《つる》市、道志《どうし》村、上野原《うえのはら》市、丹波山《たばやま》村、そして県北西部の北杜《ほくと》市須玉《すたま》町など旧北巨摩《きたこま》郡の地域にもあった。須玉町でも女性を含むすべての子どもが帳場を立ててきた。子どもたちそれぞれがつきあいのある方々から香典を頂き、子ども全員でオヤジマイ、オヤオクリ（親の葬儀）をするための制度が別帳場なのである。

香典は生きた人間に出すもの

そして山梨県民の口からよく聞かれるのは、「香典は生きた人間に出すもの」という言葉である。

またまた東京の事例を引き合いに出してしまうが、Eさんにとって大変親しいFさんが亡くなった場

写真2　自宅葬（北杜市）

合、Fさんの家族とつきあっていなくても、EさんはFさんの葬儀に参列して香典を出す、というのが一般的である。ところが県内ではそれを捨《す》て義理《ぎり》、捨《す》て仁義《じんぎ》と呼び、参列はしても香典は張らない。なぜなら「義理は相対《あいたい》なもの」で「一方通行になる義理は張らない」からだという。EさんとFさんの家族はつきあいがないのであるから、「捨て義理は帰ってこない」し、貰《もら》う側としても「香典を貰っても困る」のである。同僚の親が亡くなった場合は香典を張ることはあっても、同僚自身が亡くなったときには香典は張らない。「香典は死んだ人には関係ない。生きた人間に対して張るもの」という考えが現在も強い。喪主である長男と面識が無くても、つきあいのある次男への義理として、喪主に対しても香典を張るという、先の付け見舞いの事例も、「生きた人間に対するもの」という意味で共通している。

すなわち、香典を張ることは代々継続する家同士のつきあいを前提としたものであり、死んだ個人に対する気持ちを表すものではないのである。

家のつきあいから個人のつきあいへ

先に取り上げた一九九五（平成七）年の葬式の喪主をしたA氏（昭和二七年生まれ）は、このときもう一つの変化を感じていた。同じ町内に同じ職場に勤めるG氏がいた。G氏の家からA家に、G氏の父親の名前で一つ、そしてG氏自身の名前で一つ、香典が張られた。つまり二重に香典を頂いたので、A

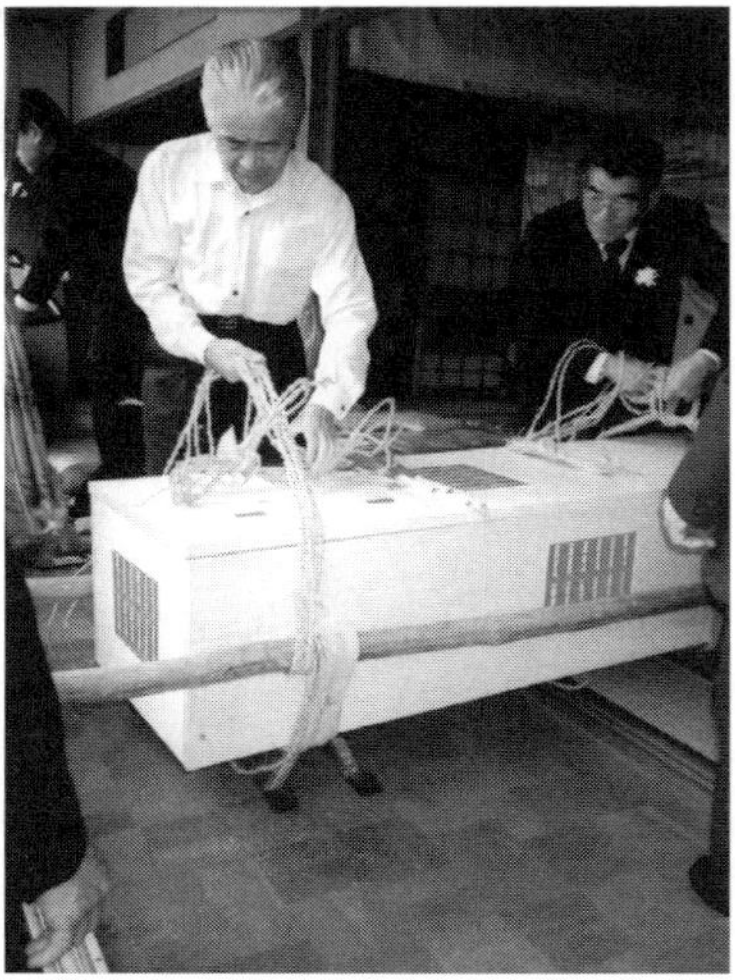

写真３　出棺（北杜市）

氏はアレっと思ったという。香典は家同士のつきあいで張るものだとA氏は認識していたが、G氏はそれに加えて、同僚という個人のつきあいとしても香典を張るべきと考えたのであろう。「生きている人に張る」原則はクリアしているが、個人としてのつきあいでも香典を張るべきという考え方がこの頃から出始めたのではないかという。この考え方が進むと、「亡くなった人個人に対して出す」東京式の香典に変化していくのかもしれない。

先に述べた葬式の手順も、変更しつつある。東京に長く居住して故郷に帰ってきた人が「納骨は四十九日にするものだ」とそれまでの手順、山梨県民の常識を東京式に変更させた事例も出てきた。人と人の繋がりが薄くなり、葬儀社にまかせる葬式になり、次第に地域の葬式の仕方が画一化していくのも、時の流れのなかで致し方ないとはいえ、一抹の寂しさも感じる。

（浅野　久枝）

第五章　まちどおしい日

（北杜市）

27 正月にウドン　―ほそーく、ながーく―

新年の風景

正月に欠かせないのが餅である。歳末に搗くが、二九日は「苦《く》（九）餅《もち》」、三一日は「一夜餅《いちやもち》」といって嫌われる。お年神《としがみ》さんの棚には大きな二重の鏡餅《かがみもち》を供える。屋内外の神々に供える餅は掌に載るほどの丸餅で、豆粒ほどの小餅《こもち》を真ん中に載せる。

元日の早朝、日の出前に近くの川に行き、水を汲んでくる習慣があった。これを若水と称した。若水を汲むのは一家の主《あるじ》である。汲んできた水で湯を沸かした。

お年神さんをまつる神主役の人物を、年男と称した。一家の主がつとめるのが通例であった。

正月のウドン食

さて、山梨県内には三が日にウドンを食べる習慣が広くみられる。「細く長く暮らせるように」、「太く長く」の意味があるという。餅の雑煮（山梨県では角餅《かくもち》が主）が一般的と思われているが、少なくとも甲府盆地域ではその常識は通じない。

早いものでは明治期の『風俗画報』で東山梨郡の事例を紹介している。「(雑煮は) 三が日毎朝之を祝

『風俗画報』一八八九(明治二二)年創刊の雑誌。風俗を図入りで紹介。一九一六（大正五）年廃刊。

ふものなれど、此の地方には祝ふ家と祝はぬ家とあり、麺類に至りては否らず、元朝之を食はざれば年を迎えたる心地せずとかや、奇習と謂ふ可し」と。また、▲山中共古《やまなかきょうこ》の『甲斐の落葉』は「東山梨郡勝沼ニテハ正月三ケ日トテ別ニ極リテ祝フ事ハナク家々ノ勝手ニテ幾日モソバウドン雑煮ヲ食シ祝フ」と、正月のウドン食を記す。

山中共古　一八五〇～一九二八年。旧幕臣で本名は笑。静岡教会（メソジスト派）の初代牧師。一八八六年、甲府教会六代目の牧師となり、一八九三年に沼津に転任。

　山梨県内の正月のウドン食は、ほぼ甲府盆地に限定された習慣である。なかでも濃厚な分布を示すのが盆地の東部地域である。それを裏付けるのが、一九九五年に旧塩山市（現甲州市塩山）で実施したアンケート調査の結果である（図表1）。「今でもウドンを食べている」が一二・一%を占めた。また、「ウドンから雑煮に変化」したのが二一・五%にのぼり、両者を合わせると三分の一が正月のウドン食を残し、また記憶していたことになる。自分の家では雑煮だが「近所でウドンを食べる家があった」との間接認知を加えると、実に四五%を超える。

　同様の傾向は、笛吹川をさかのぼった旧三富村（現山梨市）でも確認できる。

　富士川を下ると、盆地の南端に当たる旧増穂町（現富士川町）でもウドン食を残す。富士川沿いで伝えるのは増穂町に接する旧中富町（現富士川町）までで、それより下流では今のところ確認できない。

地区／項目	町部	農村部	旧市全域
今でもウドンを食べている	19 11.9%	22 12.2%	41 12.1%
ウドンから雑煮に変わった	25 15.7%	48 26.7%	73 21.5%
昔から雑煮を食べている	87 54.8%	77 42.8%	164 48.4%
近所でウドンを食べる家があった	17 10.7%	23 12.8%	40 11.8%
白米から雑煮に変わった	8 5.0%	6 3.3%	14 4.1%
その他	3 1.9%	4 2.2%	7 2.1%
合　計	159 100.0%	180 100.0%	339 100.0%

図表１　元旦の朝食に関するアンケート調査（1995年１月実施）

関東甲信のウドン食の事例

正月のウドン食は、甲信から北関東に分布する（図表2）。ホウトウに似たオキリコミの郷土料理で知られ、山梨県と並ぶ麺食県の群馬でも濃密に分布する。

群馬県から埼玉県にかけて、正月のウドン食を「ウドン縁起《えんぎ》」などと呼んでいる。

伊勢崎市では、「うどん縁起を伝えている馬見塚《まみづか》立川の川端イッケ（山梨県のマキ・イッケに相当）では、三が日の朝は必ずうどんを食べ、毎朝うどんを打って、屋敷神や便所や井戸など門松を立ててあるところに供《そな》える。このうどん打ちは本来は男衆《おとこしゅう》の役目であった」という（『伊勢崎市史』民俗編、二一八頁）。

同じく群馬県の旧新田町（現太田市）では、下田中地区の坂上家では、ウドン縁起。元日におそなえを神様にあげる。朝はウドンをあげ、夜はご飯。三が日の間、餅は食べてもよかったが、神様に供えるのはウドンである。大根地区の栗原家では、三が日の朝、神様にウドンをあげる。これは四日の朝さげる。四日までは餅を食べることが出来ない。村田地区の大島家では、三が日の間やはりウドン縁起であるが、同家では二月一日の次郎《じろう》の朔日《ついたち》まで餅をつくことが出来なかった。年内に餅をついておくとか、よそへ行ってつかせてもらうとかした。旧新田町の周辺では、ウドン縁起が広くみられる。

群馬県の特徴は、伊勢崎市の事例にあるように、イッケ単位で伝える例が少なくない点である。北部の山地方面に行くと正月のウドン食が見られない。

次は、山梨と群馬県に接する長野県は東部に偏っている。山梨県に接する南佐久郡から佐久平《さくだいら》、さらに千曲川を下った上田盆地を経て、善光寺平《ぜんこうじだい》方面にまで及ぶが、松本盆地から南では見られない。

縁起
年頭に食する特定の食物のこと。家ごとで異なる。主として、群馬県で広くいわれる。

次郎の朔日
一年のうちの二番目の朔日のこと。すなわち二月一日を指す。

山梨県などと比べて大きく異なるのが、ウドン食の割合は低く、代わりにソバ食が目立つ点である。また、ウドンやソバのかわりにホウトウを食べるという事例が点々とあり、興味をひかれる。

さらに、埼玉県でも山梨・群馬・長野県に接する、秩父地方を中心に濃密な分布を示す。『埼玉県民俗地図』（一九七九年）をみると、正月の儀礼食としてのウドンは、秩父郡・児玉郡・大里郡・北埼玉郡と北葛飾郡の北部に及んでいるのがわかる。家ごとの習慣を指す家例《かれい》として伝える例が多いのが特徴であろう。

栃木県でも正月のウドン食がみられる。小山《おやま》市、下都賀《しもつが》郡の野木《のぎ》町、安蘇《あそ》郡の田沼《たぬま》町（現佐野《さの》市）、河内《かわち》郡の南河内《みなみかわち》町（現下野《しもつけ》市）などで、利根川・渡良瀬《わたらせ》川流域の米作地帯である。

茨城県の正月のウドン食は、西部の鬼怒《きぬ》川流域を中心に分布する。この地域もまた関東平野の一画を占める穀倉地帯である。群馬・埼玉・栃木県のウドン食に連続している点は注意してよい。ただ、全体として群馬・埼玉県ほどの濃密さはなく、正月のウドン食の東限と見て差し支えないだろう。

いわゆるウドン正月の解明は今後の課題であるが、山間地特有の食文化であるという見方が間違っていることだけは確認しておきたい。

（影山　正美）

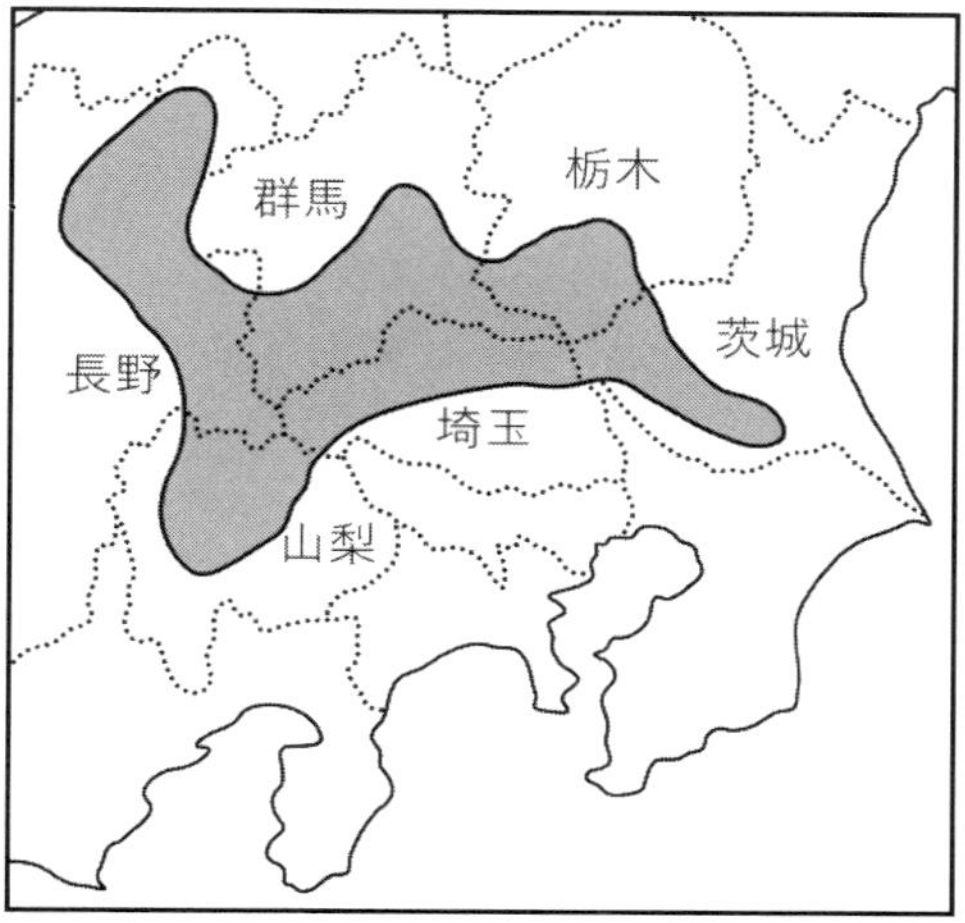

図表２　ウドン正月の広がり

28 小正月の飾りもの ―そびえ立つ神木―

小正月
一月一五日前後の期間。一年の最初の満月を新年の始まりと考えた時代の名残か。

華やかな小正月

山梨の▲小正月《こしょうがつ》と言ったときに決して欠かすことができない話題のひとつに、道祖神《どうそじん》祭りで作られるさまざまな飾りものがある。ある飾りは天に向かってそびえ立ち、またある飾りは大昔の人か、おとぎ話に出てくる妖精の住まいのようでもある。また、時には少々エロティックな飾りも登場する。これらのユニークな飾りが見られるのは、おおむね正月明けの一月七日から一四日頃までのわずか一週間ほど。観光のオフシーズンにあたるこの時期こそ、実は山梨がいつにも増して華《はな》やぐ時なのだ。

どこでどのような飾りが見られるのか、地域と飾りの形を紹介していこう。その前にまず、飾りの形を大きく二つに分類しておきたい。

神木の三類型

ひとつは、「神木《しんぼく》」だ。飾りを付けた木や竹を空に向かって高く立てる。これは、祭りの場を神に知らせ、迎えるための目印だと考えられる。

さらに、山梨で見られる神木はおおむね三つの形に分類することができる。ひとつめは、樹木のヤナ

写真1　ヤナギ形の神木

写真2　四角錐形の神木

ギのような形に作られたヤナギ形だ（写真1）。甲府盆地やその周辺部、富士川流域の県の南部で多く見ることができる。ヤナギ形の神木は、竹で垂《た》れる枝の部分を作り、そこに色紙や習字に用いた半紙を切って巻きつけて飾る。神木の頂上には幣束《へいそく》のほか破魔弓《はまゆみ》や宝船《たからぶね》、南天《なんてん》など、魔除《まよ》けやめでたいモチーフを飾ることもある。集落の中にヤナギ形の神木が立てられている様子は、さながら冬空に咲く花、といった風情だ。近づくと、色鮮やかな切り紙が風に揺れるサラサラという音も清々しい。

四角錐形の神木もある（写真2）。杉やシラカバなどの針葉樹の幹《みき》の部分を芯木《しんぎ》に、縄や色紙、布、幣束などで飾っていく。また、ヒイチと呼ばれる三角形の布飾りや、厄年《やくどし》の人が奉納する男女ペアのサルの人形、干支《えと》を描いた奉納額《ほうのうがく》が取り付けられた神木もある。これは河《かわ》口湖《ぐちこ》周辺や富士吉田《ふじよしだ》市など、県東部で多く見ることができる。圧倒されるのはその巨大さだ。一五メートルを超える高さのものも珍しくなく、時には神木を立てるために重機が登場することもある。神木の真下に立って、真っ青な冬空にたなびく色紙や布を見上げると、胸の空くような晴れやかさを感じることができる。

写真3　神殿形の小屋

写真4　男根型の飾り

珍しいのは菱形の神木だ。この形は県内でも数が多くない。笛吹市春日居町付近や、都留《つる》市十日市場《とおかいちば》などで見ることができる。また、ヤナギ形と組み合わさったものが、山梨《やまなし》市牧丘《まきおか》町塩平《しおだいら》で作られている。菱形の神木は、芯木に竹などを十字に結びつけ、その交点を中心に縄で菱形が形作られていく。ここに色紙やヒイチ、オコンブクロ（お金袋・お子袋）などの飾りをつけていく。オコンブクロとは、紙を糸で縫い合わせて紙風船状にした飾りで、かつては裁縫の上達や子宝《こだから》を願って作り、中にはお金やお米を入れたという。お祭りが終わった後、村の人たちがひとつずつ持ち帰ることもある。

このほかにも、七夕のように短冊を付けた竹を束ねて飾る地域など、ここに記した三つの分類にはあてはめられないような飾りもある。

ユーモラスな小屋

もうひとつは「小屋《こや》」で、祭りに迎えた神に滞在していただく神殿の意味を持つ。小屋は、大きく分けて神殿形をしたもの（写真3）、四角柱形、三角錐の左義長《さぎちょう》形、男根《だんこん》型の飾り付きの小屋（写真4）の四つに分類される。藁や杉・檜《ひのき》の枝や竹などを素材にしているせいか、どれも昔の人の住居や妖精の家のようでユーモラスだ。小屋は、甲府盆地とその周辺部を中心に分布している。

局地的に濃密な分布を示す小屋もある。たとえば、四角柱形は富士川やその支流域で、左義長形は県東部と山梨市の一部地域に、男根付きの小屋は笛吹川支流の鼓《つづみ》川流域で特に多く見ることができる。

多彩な飾りもの

このように、山梨県全域ではバリエーションに富んだ多くの飾りを見ることができる。ワンシーズンですべての飾りを見ることは難しいが、年ごとにいろいろな地域に出かければ、飾りを見比べたり、分布を把握したりできる。製作技術に感嘆したり、素材の地域特性を感じたりすることもあるだろう。時には時代の流れによる大きな変化を目の当たりにすることもあるかもしれない。現地に出かけたら写真を撮っておくといいだろう。写真と地図、見たことや聞いたことのメモを組み合わせて記録しておき、その情報が増えていくのも楽しいものだ。

おすすめなのは日中にいくつかの飾りを見ておき、夕方から日没後にかけては一か所に絞って祭りの本番を見る一日コースである。地域によってはドンド焼きや、獅子舞や神楽などの芸能が奉納されることもあり、より深く楽しむことができるだろう。次の小正月はぜひ、山梨の道祖神祭りに出掛けてみてほしい。

（丸尾　依子）

29 獅子となって舞い狂う ―小正月の芸能―

写真１　獅子舞（山梨市）

道祖神祭りの獅子舞

一月一四日の道祖神《どうそじん》祭りの宵宮《よいみや》。夕刻、笛と太鼓の拍子とともに道祖神の前で獅子舞が奉じられた後、ドンドン焼きの火が、暗くなった夜空に燃え上がる。寒気が厳しい中での火祭りと獅子舞には、春を呼ぶような趣が感じられる。翌一五日には朝、道祖神の前で獅子舞を奉納した後、集落の家々を回り座敷《ざしき》で獅子舞を行う（写真1）。これを村舞《むらまい》、村回《むらまわ》りなどといい、獅子舞で年の初めに邪気《じゃき》を祓《はら》って、家の繁栄と家族の一年間の無病息災などを祈禱《きとう》する。

これは一例で、小正月《こしょうがつ》の獅子舞は日程、行事次第、時間などが地域や集落ごとに違っているのが実状であるが、道祖神を中心にした獅子舞であることは共通している。

村舞は集落全戸を回るところと、過去一年の間に新築・結婚・誕生など祝い事のあった家、厄年の人の家など特定の家々を回るところがある。全戸を回る場合でも、祝い事等のあった家では獅子舞の種類を増やし、特に丁寧に行う。そのような家では獅子舞の舞い手に出すご祝儀の金額ははずむことになる。いっぽう、ブクがかかった家（一年間に不幸があった家）には寄らないのが通例である。

ところで、二〇〇〇（平成一二）年から、それまで一月一五日だった成人の日が、ハッピーマンデーなる制度によって、一月の第二月曜日に変更された。そのために、県内でも小正月の行事の日にちが分散するようになり現在に至っている。

山梨県でもっとも数が多い民俗芸能が獅子舞で、ほぼ全県下に伝わる。ところが、いつ舞うかという点に関しては、国中《くになか》と郡内《ぐんない》では大きく異なる。国中ではほとんどが小正月の道祖神祭りに行うのに対し、郡内では春から秋にかけての神社の祭礼に行うところが多い。国中の獅子舞は神社の祭礼とはほとんど関係を持たないのに対して、郡内の獅子舞は神社との結びつきが強いといえる。

神楽という獅子舞

全国的にこの種の獅子舞のことを「神楽《かぐら》」と呼び、山梨県でも同様である。山梨県に多い「太々神《だいだいかぐ》楽《ら》」も神楽というので紛らわしいが、獅子舞のほうは「太神楽《だいかぐら》」と称する系統の神楽で、「神楽獅子舞《かぐらじしまい》」「獅子神楽《ししかぐら》」などとも呼ばれる。山梨県の獅子舞のほとんどが、この神楽獅子舞であり、三匹獅子《さんびきじし》の多い関東地方とは一線を画している。三匹獅子は雄獅子《おじし》二頭、雌獅子《めじし》一頭の構成をとり、神楽獅子とは獅《し》子頭《がしら》の造形・扮装・演技の所作などがまったく異なる。県内では上野原《うえのはら》市、小菅《こすげ》村、丹波山《たばやま》村のうち七か所に三匹獅子が伝わっており、これらは東京都の檜原《ひのはら》村、奥多摩方面から入ってきたものである。

太神楽は江戸時代の初期に伊勢神宮、熱田神宮の御師《おし》（伊勢では御師《おんし》）が、諸国を回って祈禱の獅子舞をしたことにはじまるとされる。神楽獅子舞が、どのような経路をたどって、いつ山梨県に入ってきたかはっきりしないが、県内に残る資料から、国中では江戸時代中期頃に悪疫退散《あくえきたいさん》の獅子舞として道祖神祭りに行うようになったようである。

以後、幕末にかけて獅子舞は各所に広がっていった。獅子舞を担ったのは村々の若者である。太々神楽のほうは、神社の祭礼で神職たちが奉納するものだったのとは対照的に、獅子舞は村の若者が村の道祖神祭りに行う、村の民俗芸能としての歴史を持つ。

獅子頭には共通した特徴が見られる。全体的に丸みを帯びた形状をしているが、桐などの軽い素材で作られているため、持ってみると見た目よりも軽いことに気がつく。この軽さというのが大事である。というのは、神楽獅子舞は舞い手が獅子頭の中に頭を入れて、中に渡されている芯棒《しんぼう》を口で咥《くわ》えて支えるからである。獅子頭の内部を覗《のぞ》いて、芯棒を見ると咥える部分が擦り減って細くなっている。軽めに作られているとはいえ、長時間咥え続けるのはたいへんである。

また、獅子頭には胴幕《どうまく》がついており、県内の獅子の胴幕は唐草模様のものが多い。蔓が絡まって延びる唐草模様は生命力の強さ、繁栄などの象徴とされている（写真2）。

伴奏《ばんそう》に用いる太鼓にも特徴がある。この獅子舞では締太鼓《しめだいこ》と小振りの長胴太鼓《ながどうだいこ》を用い、一人が両方の太鼓を叩く。獅子舞が太神楽の系統のものであるかどうかは、太鼓の種類と一人が二種の太鼓を叩くことからも判断できるのである。

神楽獅子舞では村舞などの時に、「お宮《みや》」・「神楽堂《かぐらどう》」などと呼ばれる小さな社《やしろ》を見かける。社の中に獅子頭を納め、太鼓を外側に乗せて移動できるような構造となっており、太鼓はお宮に乗せたまま、叩くこともある。お宮の存在は獅子がご神体であるとともに、村々、家々を巡回して歩くという獅子舞であることを示している。

神楽獅子の舞

獅子舞の種類と名称は伝承地によってさまざまであるが、基本的な舞として「幕の舞」・「御幣《ごへい》の舞」・「剣《つるぎ》の舞」をあげることができる。「幕の舞」は二人が胴幕の中に入り、後ろの人が広げた幕《まく》を高く上げ、獅子の舞い手が両手で幕を水平に持ち、獅子頭を低く構える舞。ゆったりとした所作の優雅《ゆうが》な舞である。後ろの人が太鼓の桴《ばち》や竹竿を使って、さらに高く幕を上げるところもある。

「御幣の舞」は、獅子の胴幕を舞い手の体にからめて結びつけて立ち、御幣または幣束を持って一人で行う神事的な性格を持った舞で、獅子舞の最中に何種もの歌が歌われる。なかには舞い手の体に巻きつけた胴幕の端を後ろの人が肩や首に掛けて、獅子舞の動きに合わせるところもある。

写真2　獅子舞と胴幕（山梨市）

御幣と鈴を持って舞う場合、これを「鈴の舞」というところもある。なお、山梨県内の獅子舞の鈴は、ふつうに見かける神楽鈴《かぐらすず》ではなく、鉄線を曲げて江戸時代の穴あき銭を通したものを使うことが多い。獅子舞では、神楽鈴よりも古い形態の鈴とみられる。

「剣の舞」は「御幣の舞」と同様に舞い手の体に胴幕を絡めつけ、剣（刀）を持ち、悪魔祓《あくまばら》いの性格が最も強い舞だといえる。

以上、三種の舞の後に「狂《くる》いの舞」（狂い）を行うところもあり、獅子が毬《まり》で遊ぶしぐさ、シラミ取りをするしぐさなどをコミカルに演じる。また、おかめ・ひょっとこが出て、獅子の周囲で性的な所作を滑稽《こっけい》に行うところもある。こういう演技に子孫繁栄と結びついた道祖神の性的な一面があらわれている。

梅川忠兵衛
歌舞伎の演目。遊女の梅川を身受けするため忠兵衛が横領。その後、発覚して処刑。

獅子芝居と諸芸

獅子舞の後に、女装した獅子と男性が「▲梅川忠兵衛《うめかわちゅうべえ》」「八百屋お七《やおやしち》」など男女の悲恋《ひれん》をテーマにした芝居を行う。獅子が恋に身を焼く女性を演じるのである。獅子芝居《ししばい》を伝えているところは少なくなった。南アルプス市下市之瀬《しもいちのせ》では小正月の獅子舞は道祖神場から舞い出して結婚・新築など祝いごとのあった家および男の厄年の家々を回り、途中、氏神ほかの神社や寺でも舞う。そして夕方、ドンドン焼きの火が燃え始めると道祖神に獅子舞を奉納。その後、集会場で「成人者を祝う会」を開催し、舞台で獅子舞に続いて獅子芝居が上演され、小正月の夜を住民が和やかに楽しむ。同市西南湖《にしなんご》でも小正月に祝いごと、

鳥刺踊り
とりもちを塗った棒を手に踊る芸能。セリフが付いた滑稽な所作が特徴。

厄年の人の家々を回り、座敷で獅子舞を行った後「梅川忠兵衛」などを演じる。

甲州市大和町の「田野の十二神楽」は小正月の日の日没後、ドンドン焼の周囲で獅子舞を行った後、田野公民館で一二番の舞を上演する（写真3）。県内では珍しい神楽の舞である。

写真3　田野の十二神楽（甲州市）

獅子舞に伴って演じる諸芸もかつてはあちこちで盛んに上演され、小正月をいっそう華《はな》やかにしていた。「▲鳥刺《とりさし》踊《おど》り」をはじめ芝居・茶番狂言《ちゃばんきょうげん》・万歳《まんざい》など、道祖神祭りらしい目出度く、面白く、そしてちょっと性的な内容を持つ多くの演目があったが、後継者が少ないなどの理由によってこれらの芸の継承が困難になっている。

山梨県は全域にわたって道祖神の数が多く、県民の道祖神に対する想いも強い。一月一四日、一五日の小正月の道祖神祭りは全県各地でいっせいに行われる祭りで、古来、山梨県がもっとも熱くなるハレの行事の日であった。現在は前述したように、小正月の行事が分散して行われるようになったが、県内の小正月行事は道祖神祭りと獅子舞のほか、一年でもっとも数多くさまざまな民俗芸能が行われる日であることに変わりはなく、山梨県の小正月を豊かに彩っている。

（髙山　茂）

30 春の訪れと太々神楽

—にぎわう神社—

太々神楽の舞

春四月から五月初旬。春風にのって、あちこちの神社から笛や太鼓の音が聞こえてくる。神社の春祭りに、境内の神楽殿《かぐらでん》で奉納する太々神楽《だいだいかぐら》の舞を囃《はや》す音《ね》である。山梨県の神楽の多くがこの時期に集中して行われる。

四月のある日曜日の午前、神社の境内に足を踏み入れると、神楽殿で天狗が舞っている。神楽は朝の九時頃から始まったというから、もういくつかの舞はすでに終わっているようである。天狗は神楽殿の隅で鉾持《ほこも》ちが持った鉾に向かって、右手の人指し指と中指を立てて縦横に九字《くじ》を切り、足を踏み、そして腰に両手をあてて曲げた上体を左右ゆっくり振って斜め横を見上げるような独特の所作で舞っている。この所作を四隅で繰り返した後、次に天狗がその鉾を持って大きく足を上げ、踏み下ろし、力強く舞う。

太鼓と笛の囃子《はやし》も勇壮な調子に聞こえる。神楽殿の脇に出したメクリの演目名には「猿田彦《さるたひこ》の舞」と書いてあるので、天狗は猿田彦という神だということがわかる。神社によっては午後の演目となっているそうだ。

写真1　「岩戸開きの舞」（韮崎市）

神楽殿の前に観客用の折り畳《たた》み椅子《いす》が並べられているが、そこに腰かけて見ている人の数はそれほど多くない。境内のまわりをとびまわっている子どもたちの姿もある。幼児からお年寄りまで、ほとんどがその集落の人のようだ。他所の人は、時折やって来るカメラマンか神楽愛好者くらいである。集落の氏神の神楽殿で、氏子が神楽を舞い、氏子の住民が神楽を見学する。舞う人は、見ている人の夫・兄弟、あるいは父・祖父などであることが多い。神楽は一年に一度の神社祭礼に氏神に奉納する神事芸能で、この日、神社に集まって来た人全員が祭りの参加者なのである。

その後、何番かの神楽が行われ、昼食時間に入る。この頃には宮司も神社に到着しており、氏子総代・神楽団（神楽保存会）など関係者が拝殿に集まって、祭典（神事）が始まる。三、四〇分して神事が終わると、拝殿に机を並べて関係者一同が昼食をとる。

午後の部の中心的演目は「岩戸開《いわとびら》きの舞」である。これは弟・須佐之男命《すさのおのみこと》の乱暴狼藉《らんぼうろうぜき》に我慢できなくなった天照大御神《あまてらすおおみかみ》が、天《あま》の岩戸《いわと》に引き籠《こも》ってしまったため、この世が暗闇となった。そこで困った神々が智恵を絞り、岩戸を開けて天照大御神を連れ出すという記紀神話《ききしんわ》の物語を神楽化した演目である。天照大御神から岩戸をこじ開ける手力男命《たじからおのみこと》まで次から次へと神々が登場して舞うので時間を要する演目である。山梨県の太々神楽の中心的な演目といえる。

また、「鯛釣《たいつ》りの舞」も午後に行うところが多い。福の神である恵比寿《えびす》が一人あるいは二人の道化《どうけ》を伴って登場し、鯛を釣り上げる。道化は恵比寿を真似《まね》して鯛を釣ろうとするが、なかなか上手くいかない。その様子を面白《おもしろ》おかしく演じるので、子どもたちにも人気がある演目である。最後は「大山祇命《おおやまつみのみこと》の舞」。大山祇命は山の神であるが、五穀豊穣を司る神だともいわれる。餅をのせた三方《さんぽう》という台を持って大山祇命が舞った後、神楽団・神社関係者などが神楽殿に上り、餅まきを行う。子どもも大人も縁起のよい餅を拾おうとして、境内はひとしきり熱狂の渦に包まれる。

山梨県内の太々神楽

日本各地には何種もの神楽が伝わっているが、県内の神楽はわずかな例外を除いて、そのほとんどが「太々神楽」という神楽である。同種類の神楽は、関東、甲信越、福島県などにまとまった分布がみられる。

山梨県の太々神楽は、かつて神職《しんしょく》と御師《おし》が司った神楽である。国中《くになか》では神職が、富士吉田《ふじよしだ》市、富士河口《ふじかわぐちこ》湖町河口《かわぐち》では御師が祈禱《きとう》・祈願の神楽を執行した。その流れを汲《く》んでいるのが、現在の太々神楽である。県内の太々神楽は甲府盆地一帯の国中に多く伝わっており、四月から五月にかけての日曜、祝日は朝からいくつもの神社で神楽を行う。とくに北杜市域に神楽が集中していて、現在四十数か所で行っている。古来、北杜市一帯は太々神楽が盛んな土地柄《とちがら》だったようである。北杜市で「大和神楽」（倭《やまと》神楽）というのも太々神楽である。

郡内の太々神楽は富士吉田市、鳴沢《なるさわ》村など数か所に伝わる。いずれも一二座（一二演目）構成をとっ

写真2　太々神楽（韮崎市）

ていて、それぞれの舞が一人舞であるなど国中のものと演目構成・形態などに違いがみられる。富士吉田市の神楽は国中とは違って、年に何回も行う。富士河口湖町の河口浅間《かわぐちあさま》神社で少女たちの舞う「河口《かわぐち》の稚児《ちご》の舞」も江戸時代に河口御師《かわぐちおし》が行っていた太々神楽の系譜を引く舞である。七月二八日は「太々御神楽祭《だいだいおかぐらさい》」（オダイダイ）とされ、稚児の舞が主体となる祭りである。四月二五日の「孫見祭《まごみまつり》」にも稚児の舞を舞う。同じ日に同町大石《おおいし》・鵜《う》の島《しま》神社で舞う「大石の稚児舞」は河口から伝わったとされる。なお、小菅《こすげ》村小永田《こながた》の「神代神楽《じんだいかぐら》」などは、東京の多摩方面から伝わったもので、太々神楽とは系統の違う神楽である。

どうして国中に神楽が多いのか。それは神楽の歴史と関係がある。国中の太々神楽の歴史は武田信玄と密接に結びついている。信玄は領国内諸社の神主に命じて、府中八幡宮《ふちゅうはちまんぐう》で国土安全・戦勝祈願を祈禱する神楽を行わせた。そして、武田家滅亡後、領主が変わってもこの祈禱の神楽は存続し、諸社の神主は各所の自分の神社でも神楽を奉《ほう》じたことから、国中の全域に神楽が広がって行った。明治時代以降は、神楽の担い手は神職から地域の氏子へと引き継がれていったが、国中の神楽にはこのような歴史的背景がある。

神楽殿

拝殿・本殿の近くに建つ、高床式の方形の建物。これが太々神楽の舞台となる神楽殿である。ふだんは何もないガランとした簡素な佇《たたず》まいの神楽殿も、祭りの日には奥に祭壇を設け、神社によって多少違いはあるが、祭壇には神酒・鏡餅・さまざまな供物、俵に入った餅、神楽に用いる鈴・弓矢などが置かれる。祭壇の背後に立てた榊《さかき》・檜《ひのき》などの枝や御幣は神が降りてくる場所とされる。神楽殿の天井の中央から四隅の柱に注連縄《しめなわ》を張り、中央と四方にそれぞれ色の違う五色の紙垂《しで》を垂らす。

紙垂はオシンメ（オシンメエ）と同じといえば、山梨県人はすぐわかるであろう。さらに紙垂と紙垂の間に神の名前を書いた紙垂と同じ色の長方形をした紙を垂らす神楽殿も多い。この注連縄は神の通り道であり、神の宿る場所であると考えられている。神楽殿の四周に張りめぐらした白い紙垂のついた注連縄は、神聖である神楽殿に邪悪なものが入らないように▲結界《けっかい》する意味がある。太々神楽における、このような神楽殿の飾り付けは、国中の神楽の特色の一つとなっていて、古い伝統的な形態のおもかげを残しているとみられる。

結界
神聖な領域を臨時的に設定すること。

太々神楽の名称と舞

太々神楽は、もともと固有の意味を持つ言葉ではなく、神楽の規模の大きさから発生した名称である。江戸時代、お伊勢参りをした人たちが金銭を払って太々神楽を奉納した。これは御師の家の神前で行われた神楽で、奉納金額によって古くは神楽に小神楽《しょうかぐら》と大神楽《だいかぐら》という二種のランクがあった。山梨県の国中地方の神楽も江戸時代中期頃までは「大神楽」とされる例が多数みられ、太々神楽という名称が定着するのは江戸時代後期になってからである。その後は、ほとんどすべての県内諸社の神楽は太々神楽と呼ばれるようになった。なお、古くは「永代《えいだい》太々神楽」が正式名称であった。

国中の太々神楽は「斎場清《さいじょうきよ》め」という、玉串《たまぐし》などを手にした二人が神楽殿を清める舞で始まる。そして前述のように、「岩戸開きの舞」を中心的演目として、最後は「大山祇命の舞」で終わるのが一般的な形式である。演目数は岩戸開きに登場する神々の舞を含めて二〇数番ある。神楽面《かぐらめん》をつける舞（着《ちゃく》面《めん》の舞）と、つけない舞（素面《すめん》の舞）があり、「斎場清め」や弓を持って四人で舞う「四弓《しきゅう》」、剣を持って二人で舞う「二人剣」などは素面の舞で、山梨県の神楽に広く伝わっている。

いっぽう、着面の舞の「乙《おと》の舞」は素面の「神《じん》の舞」とセットになった舞で、まず「神の舞」でその場を清めた後、▲黒尉《くろじょう》面（三番叟《さんばそう》面）を着けた「乙の舞」で鈴を振りながら、神楽の由来を語り、天下《てんか》泰平《たいへい》、五穀豊穣を祈禱する。県内の太々神楽で言葉を発する舞は、この「乙の舞」だけで、山梨県の太々神楽のみに伝わる舞のようである。

（髙山　茂）

黒尉
男性老人（翁）の能面のうち黒色のもの。「黒木尉」・「黒色尉」とも。

31 端午の武者飾り ―消えたおかぶと―

「おかぶと」とは

「おかぶと」は、山梨だけに見られた端午《たんご》の節供飾りのことだ。その名を聞いたことがないとしても無理はない。なぜなら、すでに明治時代には作られなくなってしまったと言われている古い習俗だからだ。最近まで民芸品として復刻されたものがわずかに売られていたが、それも制作が絶えてしまった。今や、骨董品屋や旧家の蔵の中、あるいは博物館でしか見ることができなくなっている。

「おかぶと」は男児の初節供に親戚や近所の人から贈られ、多い家では数十個もの「おかぶと」が飾られたという。素材はいたって簡素だ。紙と糊、胡粉《ごふん》を材料に張子《はりこ》の技法で原型を作り、武田信玄などの武将や役者等の顔を彩色して表現した「面《めん》」に、厚紙を型に合わせて切り、彩色して胴体を表した「垂《た》れ」がセットになっている。これを専用の支柱を使って掛けたり、鴨居《かもい》から吊り下げたりして飾った。人目に付くように、縁側や屋外に面した場所に飾るというのが古い飾り方だったと言われている。ちなみに、「おかぶと」には別名「カナカンブツ」との呼び名もある。「紙《かみ》の兜《かぶと》」が訛《なま》ったものではないかとも考えられている（写真1・2）。

「おかぶと」は珍しく貴重なものだ。なぜなら、端午の節供飾りの昔の姿を留めているからだ。「おかぶと」について知るために、端午の節供と飾りの歴史をひも解《と》いてみよう。

写真１　おかぶと（面と垂れ）

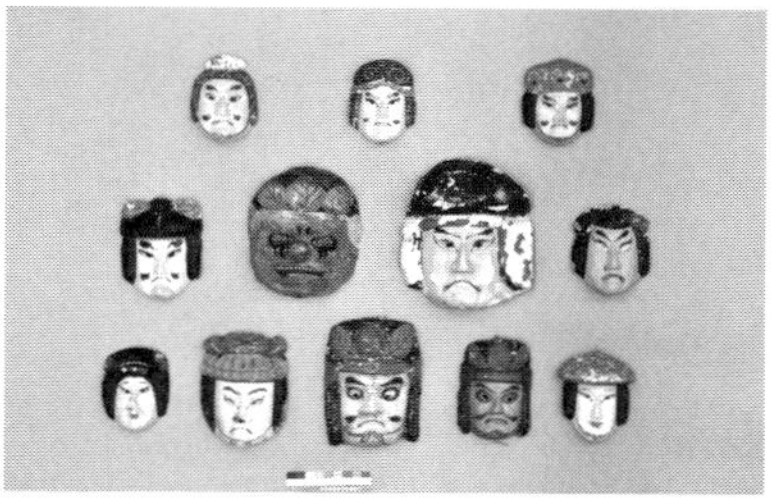

写真２　おかぶと（面のみ）

田植え前の端午の節供

本来、節供とは神をまつるための日だった。節供と言えば、一般的には一月七日の人日《じんじつ》（七草《ななくさ》）、三月三日の上巳《じょうし》（桃の節供・雛《ひな》祭り）、五月五日の端午（菖蒲《しょうぶ》の節供・男児の節供）、七月七日の七夕、九月九日の重陽《ちょうよう》（菊の節供）の五節供《ごせっく》を指す。また、一般の人々の間では五節供以外にも「田植節供《たうえぜっく》」などさまざまな節供が行われてきた。現在、私たちが親しんでいる五節供系統の節供は、地方に伝わった上流社会の行事が、土地ごとに行われていたさまざまな行事と習合してできあがってきたものだ。

端午の節供の時期は田植えの前にあたる。そのため、田の神に奉仕する前の祓《はら》いや忌籠《いみごも》りの性格が加わっている。忌籠りの場を指す標識や神様の依代《よりしろ》として幟《のぼり》や人形が用いられるようになる。邪気《じゃき》払いのために菖蒲を頭に巻いたものは、兜飾りに発展していったとも言われている。これに加え、武家において「菖蒲」を「尚武《しょうぶ》」（武道を重んじること）に結びつけて尊んだこと、この日に行われた子どもたちの石合《いしがっ》戦《せん》などが影響し、端午の節供は男児の節供としての意味を強めていくことになった。

外飾りの名残

さて、問題の「おかぶと」に話を戻そう。先述のように、古い飾り方では人日に付くところに並べたとされているのがポイントだ。端午の節供飾りの原形も依代▲・招代《おぎしろ》として屋外に飾るものであり、これが発展した節供人形や鎧兜《よろいかぶと》も、江戸初期から中期の段階では屋外に飾る外飾りだった。それが次第に武者飾りは内飾り化し、幟旗《のぼりばた》だけが武者幟《むしゃのぼり》や鯉幟《こいのぼり》として外飾りのまま残り、現在のような形に定着したのだ。つまり、「おかぶと」は、端午の節供飾りが外飾りであった頃の名残を残していると考えられるのだ。

また、紙の張子《はりこ》で作られているというところも注目すべきだ。江戸時代には、庶民が豪華な武者飾りを所有することを戒めるため、飾兜《かざりかぶと》に金具・金属を使用することが禁止された。「おかぶと」はこの頃の飾りの様式を留めているとも考えられる。

端午の節供の外飾りの名残を伝えてくれる「おかぶと」であるが、江戸時代から明治時代にかけて内飾りが主流になるにつれて、節供飾りの主流から外れていったと思われる。また明治維新後、江戸時代以来の民俗慣行に対する県主導の取締りが強化されたこともあり、地域によっては節供の贈答習俗が縮小されたり、廃止されたりしたこともあった。これも「おかぶと」の需要を減らす一因となったと考えられる。

「おかぶと」が消えて約百年が経った。素朴であるが、背負う歴史は全国規模、しかも山梨オリジナルの品である。考えてみれば、大げさな飾りものを好まない現代の志向や住宅事情にも合うのではないか。いつの日か、「おかぶと」が再び山梨の子どもたちの初節供を彩るのを夢見ているのは、私だけはないだろう。

（丸尾　依子）

依代
神を迎えるために高い樹木や柱を選び、その目印として付けたもの。折口信夫の設定した用語であるが、後には柱や神木など神を迎えるための装置そのものを言うようになった。招代はそれを迎える側から言ったもの。

32 七夕人形・オルスイさん

―軒端にゆれる―

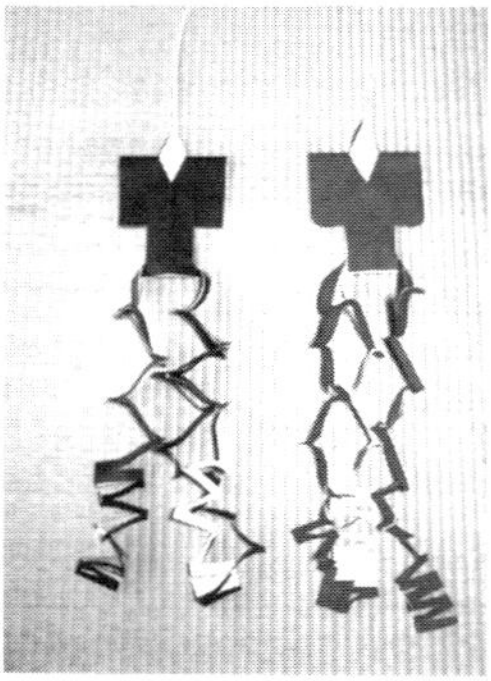

写真１　七夕人形
（山梨市市川）

七夕の人形飾り

七夕飾りといって皆さんが思い浮かべるのはなんだろうか。短冊、輪飾り、天の川に見立てた白い網そして星、そのようなものが一般的に多く飾られている。しかしながら山梨では、それらに加えて他の地方と少々異なるものが笹に付けられてきたことを知っているだろうか。それは、織姫《おりひめ》と彦星《ひこぼし》になぞらえた色鮮やかな一対の七夕人形である（写真１）。三角形の頭に胴体、それに神社などで見かけるひらひらとした御幣をつけたような姿である。笹竹の一番高い所に飾られ風が吹くと優雅に揺れる。胴体部分が着物の形になっているものも多い。

「天から星が降りてきたものと思って作っています」。作り手の一人はそう言う。いつ頃から作られていたかは定かではない。伝えてきた人たちの言葉を借りるとすれば「ずっと昔から」である。

この人形と少し形態は異なるが、明治中期の山梨について書いた山中共古《やまなかきょうこ》『甲斐《かい》の落葉《おちば》』（刊行は一九二六年）に、山梨の七夕と人形に関する記述がある。「盗人ヨケトテ七夕ヘツケシ赤紙ヲ衣服トシ木ヲケヅリテ首トシ眼鼻ヲ描キタルヲ戸口ニサゲテアリシヲ善光寺地中ニテ見ル」とあり、絵も描かれている（図表1）。紙の着物の袖《そで》と裾《すそ》の下には御幣のようなものが付いている。七夕が終わってから作られる人形もあったようだ。

図表1　七夕人形の図
（『甲斐の落葉』巻ノ上、74頁）

いろいろな七夕人形

七夕に人形を作るという風習は古くからあり、他の地域にも見られる。新潟県糸魚川《いといがわ》市根知谷《ねちや》では集落の道をまたぐように張られた綱に、「嫁さん婿さん」という男女の人形とそのお供の人形を賑やかに吊るす。富山県黒部《くろべ》市ではアネサマと呼ばれる人形を作り、舟に乗せて小川に浮かべる「七夕流し」という風流な行事がある。

長野県のものは歴史が古く江戸時代の紀行文などにも記されている。松本市は特に有名で、月遅れの八月七日を中心に行われている七夕の時期、艶《あで》やかな和紙の着物をまとった大型の七夕人形が街のあちらこちらに下げられる。その風情に惹かれ大勢の観光客がやってきて通りを歩く。美しい七夕人形を買える店もある。七夕人形が一級の観光資源となっているのである。

これら、優美豪華な他県の七夕人形と比べると、山梨のものは控えめな印象を受けるかもしれない。一言でいうと「素朴」なのである。しかし、それこそが良い点なのである。

長方形の紙とハサミ、それだけで、しかもものの数分でこの人形は出来上がる。年に一度しか作らないが、作り手の皆さんは手が覚えているといい、手本などを見ることなく完成させる。作成の様子を調査した際、普通の紙があっという間に変貌をとげ、まるで魔法を見ているような気分になった。

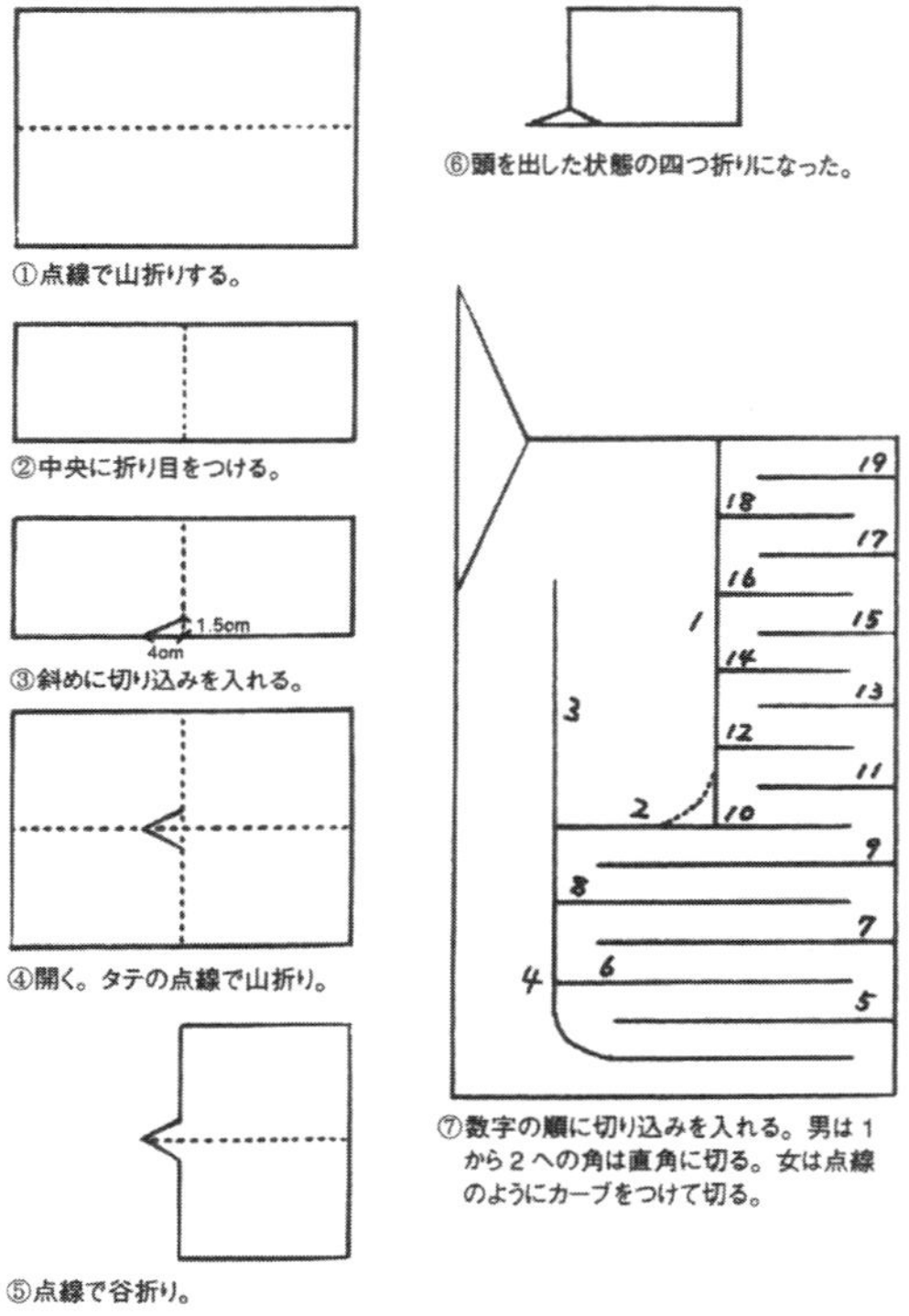

図表2　七夕人形の切り方
（山梨市市川）

しかしながら、この作り方は教えてもらうと意外に簡単で、実は誰でも習得できる単純な作りであった。二枚重ねの長方形の紙を折り、中央に小さく三角の切り込みを入れて頭を立ち上げる。着物の形にする場合は袂《たもと》を切る。胴体のみの場合は直線で切る。最後に交互に切り込みを入れてゆく。この切り込みが御幣のような部分になる。あとは広げて飾るのみである。家によって形は異なる。簡素なだけに工夫の余地が多い。

単純であるがゆえに覚えやすく作りやすい。毎年、大人の作る様子を子どもが傍《かたわ》らで見ていて覚える。やがて覚えた子どもが大人になり作る。そんな風にして続いてきたのであろう。素朴、それこそが今にまで繋がってきた由縁だと感じる。

材料の紙については、七夕人形が盛んに作られていた昭和三〇年代頃までは、近くの商店に「七夕紙」

と呼ばれる五色の長方形で薄手の紙が売られており、好みの色を購入していたという。次第に商店から消えても、折り紙や和紙、綺麗《きれい》な包装紙、山梨らしく葡萄《ぶどう》を包む紙などさまざまに楽しみながら選び工夫して作られてきた。山梨の人たちのセンスの良さが表れている。

山梨の七夕人形とその特徴

まずは、その形である。長いひらひらとした御幣のようなものが風に吹かれるとふわりと舞う。七夕人形としては他に見られない形である。

そしてもうひとつ、七夕人形には独特の役割がある。それは七夕行事が終わってからの役目である。畑や家を見守るお守りになるのである。それは呼び名の変化に表われている。七夕の日、笹竹に飾られている七夕人形は何と呼ばれていたか、郷土資料と調査記録から拾い上げてみると、「七夕さん」、「七夕様」、「星神様」、「織姫・彦星」「男と女」などがあった。しかし、七夕が終わると、別の名前で呼ぶ例が数多くあった。多くのお宅で、七夕後の人形はオルスイ（お留守居）・オルスイさんと呼ばれていた。「お留守居」という言葉は今となっては聞きなれないかもしれないが、「お留守番」という意味でかつては日常的な言葉として使用していたようだ。

山梨では七夕に吊るされた飾りには畑を守る、あるいは盗難よけになるといった効力が生じると信じられてきた。七夕人形も同じである。七夕が終わってからも畑や家、家族をずっと見守ってくれる存在としてとらえ、オルスイさんと呼んだと考えられる。七夕が終わってもお役御免《やくごめん》とはならない。山梨の人と同様に働き者だといえる。

七夕の翌日、人形たちは第二の人生を歩み始める。笹竹のまま畑に持っていかれ風に吹かれるまま畑を見守ったり、笹竹から外されて家の高い所や蔵の梁《はり》に吊るされたり、守って欲しい所へ移される。

多く見られたのが白い紙でくるんだものであった。笹竹から外した人形二体を重ね、丁寧に小さく畳んで白い紙で包み、「〇〇年　七夕」と書いて自家製のお守りを作るのである。それを玄関《げんかん》や家の高い場所に貼ったり釘で打ち付けたりして家を守る。あるいは、箪笥の引き出しに入れて家財や着物を守る。少なくとも百年以上の長きに渡って人形を作り続けてきた家では、紙にくるまれた歴代の七夕人形たちが箪笥の引き出しにいっぱいになっていた。その数は圧巻であった。長年家を守り続けてきた風格が感じられた。

素晴らしき働き者の七夕人形ではあるが、近年は、大変少なくなっているようである。今後、七夕人形自体を知らない人が増え、梁などから落ちても単に古い紙の塊として捨てられてしまうかもしれない。先祖の想いが込められたものであるのに気づかれもしないというのは哀しいことである。

ある女性は、実家の梁から落ちた古い七夕人形を広げて同じように切り、数十年前に母親の作った人形の再現を果たした。紙に包みお守りとして保管するという独特の文化のお陰で、伝承が途切れてしまったとしても再現できるのである。まだ古い家や蔵などには残っているかもしれない。

よみがえる七夕人形

徐々に失われてゆく文化のように感じられた七夕人形であるが、近年明るい展望が見えてきた。次代に繋ぐべき大切な文化として、講習会を開き伝える活動をする人々が現れた。また、雑誌やインターネットで紹介されたことで山梨以外でも作られるようになってきた。紙とハサミがあれば良いので気軽にできる、そして何より簡素で作りやすい。素朴であるがゆえに山梨にゆかりのない人にも、作って飾りたいと思ってもらえたのである。さらに驚くことに海外でも作られていた。良いものに県境も国境もないのである。

「空で離ればなれだった織姫と彦星の二人がここに降りてきて、これから一枚の紙にくるまれて一緒にいられるって思うと、とってもいいでしょう？　そしてずっと私たちを守ってくれる、なんだか素敵じゃありませんか」。長年、七夕人形を作り続けてこられた人の言葉である。その人の短冊に書いた願いは、「みんなしあわせに」であった。

山梨は七夕にゆかりがあると感じる。毎年、全国で愛唱される冒頭の唱歌「たなばたさま」の作詞者は、韮崎市穴山《あなやま》出身の◆権藤《ごんどう》はなよである。県内には七夕に関する由緒を持つ神社もある。織姫星、彦星、天の川まで見える澄んだ星空もある。そして、星と人を結ぶ七夕人形・オルスイさんがいる。山梨は、七夕の名所と呼ばれるにふさわしい地である。

（信清 由美子）

権藤はなよ　一八九九～一九六一年。韮崎市穴山町生まれ。山梨県師範（女子部）卒。声楽家の権藤円立と結婚、旧姓は伊藤。

写真１　甲府市中心部の和菓子店に貼られたポスター

33 お盆は安倍川餅

―お盆の食文化―

お盆の安倍川餅

お隣りの長野県には、お盆の間、野菜や魚介類などの天ぷらを大皿に盛って仏様にお供えし、集まった家族や親類で食べる地域があるという。中でも、饅《まん》頭《じゅう》に衣をつけて天ぷらにした「天ぷら饅頭」は、お盆の期間に限って食べられ、スーパーの売り場には「天ぷら饅頭」用の饅頭が並ぶという。では、山梨のお盆で食べられているものは何だろう。

甲府では、お盆が近くなってくると、和菓子店に写真1のような安倍川餅《あべかわもち》のポスターをよく見かけるようになる。そしてお盆に入ると、和菓子店だけでなく、スーパーの売り場にも安倍川餅が並ぶ。

本場静岡県の安倍川餅は、丸形の餅に黄粉《きなこ》とこし餡《あん》を絡めたものである。本来は、搗き立ての餅に黄粉をまぶし、その上から白砂糖をかけた物であるという。

ところが、山梨の安倍川餅は、本場の安倍川餅とは三つの点で異なる。一つ

黒蜜
黒砂糖を水に溶かし煮詰めてつくった液状の甘味料。

目は、丸餅ではなく四角い切餅である。二つ目は、黄粉と黒蜜を絡めて食べることである。黄粉と▲黒蜜を絡めた四角い餅こそが、多くの山梨県民がイメージする安倍川餅なのである。そして三つ目は、山梨ではお盆の期間に限定して安倍川餅が食べられることである。

山梨県民にとっての安倍川餅

安倍川餅が、お盆に無くてはならないものであった山梨県民が少なからずいた。

甲州《こうしゅう》市塩山松里《まつさと》では、お盆の一三日や一五日には、黄粉や黒蜜を搗きたての餅につけて食べた他、搗いた餅を二センチほどの四角に切り、安倍川餅にしたもの二切れを、葉ないし皿の上に載せ、それをナスで作った牛やウリで作った馬の食べ物として供えた。山梨市後屋敷《ごやしき》でも、かつては一四日、一五日、一六日の早朝に、一臼《ひとうす》（大枡《おおます》で一升）ずつの餅を搗き、それを二センチほどの四角に切り、黄粉と黒蜜をまぶしたもの二切れほどを、里芋の葉や皿の上に載せて仏前に供え、残りをその日のうちに家族のものがいただくのが常であったという。甲州市や山梨市では、スーパーで安倍川餅を購入することが一般的になる前から、家で搗いた餅に黄粉と黒蜜をまぶして食べていたことがわかる。

一九一二（明治四五）年に笛吹《ふえふき》市二之宮《にのみや》に生まれた天川幸造《てかわこうぞう》さんは、お盆の安倍川餅について、次のように回想している。

子供は盆の餅を喰わねばお盆の様な気がしない。どこでも一升瓶で蜜を買った時代があった。

四斗樽から掬い出して買った時代で、蜜は涼しい裡に買わなきゃ駄目だよと教えられた。昔、人を笑わせるのが得意な人が、「餅を背負って砂糖の樹に登り、蜜樽の中へ転がり込んで黄粉の上を這いあるいた」と言ったが、春の蚕以来、麦刈り、田植、もうこれ以上はやつれないこの頃の安倍川餅の味は、餅や甘味に魅力を感じない今日の人々には分からないと思う。餅は最高のご馳走だった。

（天川幸造『土に生きる』一七〇頁）

少なくとも甲州市や笛吹市に住んでいた山梨県民にとって、安倍川餅は先祖を迎え、送るために必要なものであると同時に、最高のご馳走であったのである。

写真２　お盆の富士川町の和菓子店

お盆の安倍川餅は甲府盆地の食文化

『山梨県民俗文化財調査報告書』（一九八五）では、山梨県ではオハギやボタモチより、安倍川餅が作られていることが報告されている。今日、県内でお盆に安倍川餅を食べるのは、おおむね甲府盆地を中心とした地域である。甲府盆地の南に位置する富士川町にある老舗《しにせ》の和菓子店を八月一三日に訪ねると、店の正面にお盆用として安倍川餅が並べられていた（写真２）。その他にも、袋に入った黄粉とプラスチックのボトル入りの黒蜜も販売されていた。店の方によれば、お盆には安倍川餅がよく売れるという。同様の話は、市川三郷町市川大門の和菓子店でも聴くことができた。

いっぽう、お盆に安倍川餅を食べることがない地域においても、盆の間に餅を搗いて食べていたようだ。身延町常葉《ときわ》でも、一四日に餅を搗き、あんころ餅にして食べたという。こうした事例が山梨県内各地にあることから、甲府盆地以外の地域であっても、お盆に餅をついて供えたり食べたりする文化はあったと思われる。

山梨県内で安倍川餅を製造する菓子店は、お盆の安倍川餅をどのようにとらえているのか。全国菓子工業組合連合会が運営するサイトの「お菓子何でも情報館」に、山梨県内の多数のスーパーに安倍川餅を卸《おろ》している和菓子店平和堂の大沼美洋氏が、「あべかわ餅、雑感」という記事を載せている。本稿に関係する部分を取り出してみよう。

山梨の、特に甲府盆地では、お盆の時季にあべかわ餅を食べる習慣があります。「あべかわ餅」というと静岡名物で、つきたてのお餅にきな粉《こ》と上白糖をまぶしたものと、小豆《あずき》のこし餡《あん》を絡めたものの二種類を詰め合わせたものを、イメージされる方が多いかもしれません。しかし山梨のあべかわ餅は、つきたてのお餅を伸《の》して四角に切ったらきな粉《こ》をまぶし、その上に黒蜜をたっぷりとかけていただきます。（中略）お盆というと多くの方が8月を想像すると思いますが、山梨の一部地域（塩山など）では、7月にお盆の行事を行うため、私共餅屋は7月に入るとあべかわ餅の準備で忙しくさせていただいています。そして8月に入るといよいよ本番です。8月11日から4日間、工場は24時間フル稼動《かどう》。アルバイトの皆さんにも手伝っていただき、つきたての美味《おい》しいお餅を、消費者の皆様に確実にお届けできるよう最善を尽《つ》くす例年行事となっております。

（ふりがなは著者、全国菓子工業組合連合会ＨＰ『お菓子何でも情報館』二〇一四年八月一五日）

お盆の安倍川餅のはじまり

写真3は、東京都大田《おおた》区大森《おおもり》（東海道品川宿と川崎宿の中間に位置した宿場町）で一七一五（享保元）年より店をだしている「餅甚《もちじん》」の安倍川餅である。駿河（現静岡県）出身の初代甚三郎《じんざぶろう》は、大森で茶店を開き、東海道を往来する旅人に「あべ川餅」を出した。この「大森名物あべ川餅」は現代でも「東京の安倍川餅」として人気を得ている。

注目すべきは、この安倍川餅に黒蜜が添えられていることである。丸餅に黄粉と黒蜜を絡めて食べるというのが大森の「あべ川餅」であった。

さらに興味深いのは、この「あべ川餅」は、当初は真夏の土用《どよう》の日《ひ》のみ販売していたことである。土用の鰻《うなぎ》と同じように「あべ川餅」を食べて力をつけ、暑い夏場を乗り切ろうと考えてのことだろう。この店では、客の要望で四〇年ほど前から、一年を通して「あべ川餅」を作るようになったという。夏の土用に、餅に黄粉と黒蜜を絡めて食べられていた大森の「あべ川餅」と、今日、山梨県民に親

写真３　大森名物あべ川餅

しまれているお盆の安倍川餅を結びつける資料はないが、二つの地点のあべ川餅の符合する点は少なくない。

特徴的なお盆の食文化

富士山麓地域のお盆の食文化について、『富士吉田市史』民俗編（一九九六年）から紹介しよう。新盆《にいぼん》の家では餅を搗いて切餅を作り、黄粉をまぶして安倍川餅にするが、この餅を「猫の舌」と呼んでいる。この餅は仏前に供える他、新盆見舞《にいぼんみま》いに訪れた客にふるまうという。また、一三日の迎《むか》え盆と一六日の送り盆には、どこの家でも団子を作って盆棚に供える。この団子は、丸めたものを皿に盛りあげるのだが、迎える時は小さめに、送る時は大きめに作るという家もある。迎え盆の夕食には五色もしくは七色の野菜でごった煮を作る。

富士吉田市の大明見《おおあすみ》・小明見《こあすみ》では盆餅《ぼんもち》といって一三日に餅を搗き、切餅にして盆棚に供えた他、盆《ぼん》魚《さかな》といって塩鮭《しおざけ》（「塩鱒《しおます》」ともいう）を食べた。盆に魚を食べないと「仏に口を吸われる」とか「閻魔《えんま》様《さま》に口をつま切られる」といわれるためである。盆魚は仏前には供えない。この他にも、上暮地では、「仏に口を吸われる」という理由から、挽いた大麦を米に混ぜて炊いた挽《ひ》き割《わ》りや割《わ》り飯《めし》を作って食べたという。

（古屋　和久）

第六章　人の心とまつり

（北杜市）

34 自然とともに
—季節の移り変わりと民俗—

写真１　富士山と棚田
（山梨市牧丘町倉科）

正月と年

「年《とし》」（歳）は、時の単位である一年間をいう。時の移り変わり、季節の区分でもある。特に節季《せっき》・年末をいい、大歳《おおとし》の表現もある。大晦日や節分の夜を一年の区切りとして、年越の祝いを行うが、その行事の食膳《しょくぜん》に白飯《しろめし》といっしょに必ず付ける魚が年取魚《としとりざかな》で、山梨県では塩鮭《しおざけ》を用いるところが多い。年はもともと米を意味しており、稲がよく稔《みの》ることでもある。

一年間の推移を知る方法として暦（カレンダー）を使用することが一般的となり、カレンダーの置かれていない家はほとんどないといっても過言ではない。しかしながら、現在使用している暦は太陽の運行に基づく太陽暦（▲新暦）で、一年の中でも最も寒い時期とされる小寒《しょうかん》・大寒《だいかん》が正月行事のあとにくるため、正月が春の訪れを感じさせるにはほど遠い。新暦は一八七三（明治六）年一月一日より施行されたが、一般の普及はかなり遅れた。第二次世界大戦以前は、正月を▲旧暦（太陰太陽暦《たいいんたいようれき》）で祝うところも少なくなかった。

正月遊びと雪代

旧暦では、正月、二月、三月を春とする。年のはじめは正月であり、新春ともよばれた。旧暦では正月と立春《りっしゅん》がほぼ重なっている。

雪が解けてできた水を雪代水《ゆきしろみず》といい、雪代《ゆきしろ》とも省略される。春先に、この雪解《ゆきど》け水の渓流《けいりゅう》で釣れるヤマメを雪代ヤマメという。富士山の北麓では土石流《どせきりゅう》をともなって引き起こす雪解け災害を雪代といい、富士山に大雪が降って、春になって雪解けが一気に進むと発生した。雪解け水が土砂を巻き込んだ流れとなって川沿いの地域に被害を及ぼした。富士山に雪が多い年に南陽気《みなみようき》がきて大降りがすると、必ず雪代があったものだという。南陽気とは真冬に汗が出るほどのポカポカ陽気のことをいい、正月中に雪代がきて桂川《かつらがわ》が増水したことがあった。

南都留《みなみつる》郡西桂《にしかつら》町の倉見《くらみ》ではこんなことがあった。青年団が正月遊びをしている詰所に桂川の異常に気づいたものが駆け込んできた。「早く行って橋を繋がなきゃ、橋が流されちもぅぞ、早く橋へとべ（走れ）」と連絡した。「正月に雪代がくるわきゃねぇ」と、半信半疑であった青年団が、綱で橋桁を縛って、橋の流出をくい止めたことがあった。倉見では、雪代は「川だけのこと」で、ムラは水面との比高《ひこう》差があるので被害をうけることはない。しかし、泥水は「山になって」押し流してくる。ひと山くると瞬く間に水位が上がって、小沼側の堤防を乗り越えた。上流の明見《あすみ》（富士吉田市）の家が流されてきて、倉見の橋桁に引っかかっていることがあった。そんな雪代も治まるときには、サッと引く。見ている間に引いていくものだという。

新暦・旧暦
一八七三年（明治六）から新暦（太陽暦）が実施された。太陽の動きをもとにして作られた暦（グレゴリオ暦）を太陽暦という。それまでは、月の満ち欠けをもとに、季節をあらわす太陽の動きを加味して作られた太陰太陽暦（旧暦）を用いていた。

県南端の南部《なんぶ》町福士《ふくし》では、ヤマメ釣（三月解禁）に出かけた人が白い花を咲かせているマンゴシ（コブシ）を見るのが春を感じるもっとも早いものであり、四月上旬のヤマザクラ（山桜）の開花で春の到来を実感するという。

コブシの花と農鳥

作物の種を蒔く蒔旬《まきじゅん》は、それが収穫と結びついているだけに、とりわけ気を遣ってきた。暦を目安とするほかに、草木の開花と高山の残雪の様子とが種蒔《たねまき》の目安とされており、こうした自然のめぐりを利用する方法がとられてきた。県東南部の富士吉田市では、「コブシの咲くころジャガイモの蒔盛《まきざか》り」、「白いコブシが咲くときが苗代の支度の時期」、南都留郡西桂町では、「コブシの花が咲いたら種を蒔け」（『西桂町誌』資料編第三巻）と言い伝えられているが、コブシの開花を種蒔の目安としているところは、関東・中部や東北に広く見られる。富士吉田市では五月初旬にアカバラ（赤荊、ノイバラ）の花の咲く頃が、アワ・ヒエ・ソバの種を蒔く時期とされていた。

いっぽう、麓から臨むことができる高山の残雪によって、種蒔をはじめ農作業を開始するという民俗も全国的に認められ、各地に散在する駒ヶ岳という山名も、その山岳の残雪が馬の形をした頃に種蒔をはじめ農事の開始時期としていたことに由来するといわれている。その代表的なものが甲斐駒ヶ岳である。

けれども、山梨県においてそれ以上に特徴的なものは富士山の農鳥《のうとり》である。富士河口湖《ふじかわぐちこ》町大石《おおいし》では、

写真２　富士山農鳥（富士吉田市）

四月末から五月頃に富士山の残雪が鳥の形に見えるようになることがあり、それを農鳥とよび、その形がはっきりと見える年は豊作になると伝えられる。富士吉田市では、農鳥になった頃にトウモロコシの種蒔、それが卵形に変わる頃に大豆を蒔き付けるといわれていた。また、農鳥が現れると苗代に種籾をおろし、卵形に変わる頃を田植の目安としていた。このように、残雪の変化に応じて農作業を進展させていくことも富士山の農鳥がもつ特色といえよう。

また、南アルプス（赤石《あかいし》山脈）の一つに文字通り農鳥岳《のうとりだけ》という山名をもつ山がある。この農鳥岳は、甲府盆地から西方に眺望できる白根三山《しらねさんざん》（北岳《きただけ》・間《あい》ノ岳《だけ》・農鳥岳）の一峰である。農鳥岳の山頂直下に白く鳥の形が現れる頃に農作業に取りかかると伝えられているが、さらに雪が消えると鳥の形は牛の形になるといわれる。牛が見えるようになると、大豆・小豆の蒔き付け時期とされた。甲府盆地東部では、農鳥岳ではなく、間ノ岳を対象として、五月一〇日前後と秋の初雪の頃との年二回、黒く鳥の現れることを農鳥と称している。このほか、鳳凰山《ほうおうざん》では三月下旬から四月にかけて残雪が牛の形になる。その頃に大豆・小豆を蒔くという。

正岡子規
一八六七～一九〇二年。日本の俳人。子規は筆名で、本名は正岡常規。一九〇〇（明治三三）年に『病牀六尺』を著す。

曲尺
長さの単位。一尺は約三〇・三センチメートルにあたる。また、この寸法を用いた金属製の直角に曲がった物差しのこともいう。

桂川とヤマメ

正岡子規《まさおかしき》の随筆『病牀六尺』（一九〇二年）に「おくられものくさぐさ」が載《の》っているが、その中に「やまめ三尾は甲州の一五坊より」として、次の歌を収めている。

なまよみの　かひのやまめは　ぬばたまの　夜ぶりのあみに　三つ入りぬ
その三つみなを　わにおくりこし

桂川での夜振《よぶ》りの投網にヤマメが三匹かかり、その全部を病床にある子規に送ってきたことを感謝する歌である。川には「曲尺《かねじゃく》に余る」、すなわち三〇センチ以上もある大きなヤマメが棲息していた。

秋になると、ヤマメが産卵のために、淀んだ小砂利のある川へ遡ってくる。それを「ヤマメがすりぃくる」という。雌が適当な場所を探して小砂利に卵を産みつけると、雄が素早く精液をかける。遅い秋、晩秋の頃で、一週間くらいかけて産卵をする。卵を産みきるとヤマメの体は真っ白になり、最後は死んでしまう。それを獲《と》って食べることもあったが、脂気がなくてまずかったという。機屋《はたや》（水力織機）を回す水車のゴミ止めに白くなったヤマメが浮かんでいたり、水車に挟まれているヤマメを、その季節には見かけたりしたという。そして、ユキバンバ（綿虫）が飛ぶとやがて冬がやってくる。

（堀内　眞）

35　身近な道祖神

—その信仰と形態—

新しい道祖神

甲州市塩山牛奥《うしおく》には、一九九三（平成五）年に新しい丸石の道祖神《どうそじん》を造立した組がある。また、南巨摩郡身延町波木井《はきい》では、二〇〇〇（平成一二）年になって新しく道祖神を建てている。いわゆる河原石ではなく、石材店が加工した丸石の道祖神である。

山梨県内では、「十四日正月《じゅうよっかしょうがつ》」という言葉があるように、毎年正月一四日から翌日にかけて、県内各地で道祖神の祭礼が行われ、テレビの夕方のニュースで報道され、翌朝の新聞の紙面をカラーで飾ることになる。その行事内容は必ずしも一様ではないが、同じ時間に県内のほとんどの地域で道祖神の行事が行われている。これは全国的に見ても非常に珍しいことなのである。

道祖神やそれに類する名称の神をまつる民俗は、秋田・山形・宮城などの東北地方から、長崎や熊本など九州地方にまで、全国に広く分布している。これだけ広く分布しているにもかかわらず、一つの県域全体にわたって、丸石や文字碑・石祠《せきし》などの形態が分布し、現在も盛んにその民俗が行われているのは、全国でも山梨県だけであろう。県境が接している長野・静岡・神奈川・東京・埼玉などに限っても、現在も道祖神の行事は一部で盛んに行われているが、都や県域全体でそのような行事が行われているわけではない。また、東京の都市部などでは、道祖神という名称から足の神様としてまつられたり、耳の神様として穴の開いたお椀が奉納されるなど、その性格が変貌している例も見受けられる。

しかし、山梨県内では人々の意識の中に道祖神が生きており、町内に道祖神さんがいないと落ち着かない。小正月《こしょうがつ》にドンド焼きをするなど、道祖神をまつらないと新しい年を迎えた気がしない。より身近で個人や家族を守ってくれる神さんとして、道祖神の信仰が全県下で生きているのである。

道祖神場の風景

山梨県内を歩くと、ほとんどのムラに道祖神をまつる場所があって、道祖神場《どうそじんば》と呼んでいる。そこにあるのは、道祖神のほかに、▲蚕影山《こかげさん》や地神の石塔、庚申塔《こうしんとう》が建っており、あるいは何の神様か今は分からなくなってしまったような石祠などさまざまで、多い場合は一〇基前後の石造物が林立している例もめずらしくない。しかし、その場所の名称は必ず道祖神場である。

しばしば、道祖神は境を守る神である、あるいはムラの入り口にあって疫病《えきびょう》の侵入を防ぐ神である、といわれている。たしかに、ムラ境と思われる場所に鎮座する道祖神も存在する。しかし、山梨県内の道祖神の多くは、ムラの中に設けた組ごとや、ムラの中央の民家に近い場所に置かれている場合が多い。道祖神場の近くには控えめな小空間が存在している。昔はそこがドンド焼きの場でもあった。そこに村中の老若男女が集まってドンドの火を焚き、マユダマの団子や餅を焼き、養蚕の当たり（豊作）を祈ったり、その火にあたれば一年中健康に過ごせるとか、団子を食べれば虫歯にならないなどの効能があり、

蚕影山
茨城県つくば市の筑波山の麓にある蚕影神社の通称。東日本の養蚕農家や関連業者の信仰を集めた。

写真１　道祖神場の男根（山梨市）

煙のたなびき方で長老がその年のムラの吉凶《きっきょう》を占ったのである。若《わか》い衆《しゅう》の獅子舞《ししまい》や即興の芝居が行われ、長老が性《せい》にまつわる話をした。モースと呼ばれる木製の男根《だんこん》を披露したのも、この場所であった。また、男根を飾り置く例も少なくない（写真1）。ドンド焼きの灰を持ち帰って家のまわりに撒くと蛇や疫病が入ってこない、火事にならないなどとも伝えている。道祖神場はムラの広場としての役割ももっていたのである。

このような道祖神場は、ムラの人々がその前を通る時、軽く会釈をして通る場であり、お盆や年中行事の際、何かにつけて道祖神場に供え物をし、挨拶を欠かさないものであるという。富士河口湖町大石では、歳の数の大豆とお金を半紙に包み、それで体中を撫《な》でて厄を払い、道祖神場に捨てた。笛吹《ふえふき》市一宮《いちのみや》町では、春の山宮への神輿渡御の際、その下を赤ん坊をくぐらせると元気に育つというが、そのくぐらせる場が道祖神場である。

かつて馬の飼育が盛んであった北杜《ほくと》市須玉《すたま》町小尾《おび》の黒森《くろもり》など長野県の県境に近いところでは、二月八日前後に藁馬《わらうま》を、韮崎《にらさき》市円野《まるの》町では竹馬《たけうま》を納め、飼育馬の多産や子馬の無事の成長を願った。また丹波山《たばやま》村のお松引きでは、門松など、正月飾りを山積みにした木橇《きぞり》に二本の綱をかけて引き、道祖神場に納めた。

成人儀礼と道祖神

南都留《みなみつる》郡富士河口湖《ふじかわぐちこ》町西湖《さいこ》では、十四日正月にお酒樽《さかだる》を焼くという、県内有数のドンド焼きが行われる。山林から切り出した巨木を横にして、そこに藁で作った酒樽を吊し、広場いっぱいに木の枝を集めて燃やすのである。まさに壮観である。

ここでは、ドンド焼きの火の中に立てられた電柱ほどの大木に、この年に成人を迎える若者がよじ登り、その木が地域の人々によって引き倒される直前までしがみついているという、肝試しと言ってよいような通過儀礼が行われる。その行事は、ドンド焼きもたけなわを過ぎた頃、公民館で待機していた若者の出番から始まる。彼らは極度に緊張しており、お酒が欠かせないという。大木によじ登って上方にしがみつくと、木にくくりつけられた鎖を地域の人々が引き倒す。若者は必死に木にしがみついているが、この時、見守る人々からは「どうした、どうした、若い衆」などとはやされる。この行事を経て、西湖の若者は一人前と認められるのである。

小正月には、若者は名替《なが》えをして一人前となった。笛吹市御坂《みさか》町二之宮《にのみや》では、男子は一五歳になると正月一四日に改名した。その際、道祖神場に酒一升（約一・八リットル）を持参し、改名後の新しい名前を道祖神場に貼《は》り出したという「(岩間源七郎) 雑記帳」（『二之宮の民俗』一五二頁）。

夏の道祖神祭り

六月から八月にかけて県内を歩くと、地域によっては道祖神場に青い竹と新しい注連縄が張られ、御

年中行事の双分制
正月からの半年と七月からの半年は、同じような行事が配置されていることに注目した学説。

幣がまつられていることがある。中央市成島では、七月一四日にムラ境の各所に色紙で作った御幣を立てる。甲府盆地では、七月の道祖神祭りが広く行われていた。

笛吹市芦川町中芦川では、八月一四日にも道祖神場にご神木を立てる。道祖神のご神体の石を杉の枝で籠《かご》のように囲って火を付けるなど、小正月とかわらない道祖神祭りを行っている。甲州市塩山牛奥でも、七月一六日に道祖神の祭礼を行っている。▲年中行事の双分制《そうぶんせい》を示すとともに、夏の暑さや暑気払いの効能もあったのであろう。

こうした夏の道祖神の祭礼については、江戸時代の日記でも確認できる。南巨摩《みなみこま》郡富士川《ふじかわ》町大久保《おおくぼ》（大久保勝徳家文書）・甲斐《かい》市夏目原《なつめばら》（河野家文書）では六月四日、笛吹市御坂町二之宮では六月一四日（岩間家年中行事）、笛吹市一宮町千米寺《せんべいじ》では七月一七日（中央大学旧蔵千米寺文書）など、範囲を拡げれば事例は豊富にある。

また、甲州市大和《やまと》町田野《たの》では、小正月以外にお盆明けの七月一六日、土用の陽気祭《ようきまつ》り、二百十日《にひゃくとおか》・二百二十日《にひゃくはつか》の厄払《やくばら》い、麦蒔きが終わる一〇月下旬の農休みなど、何かにつけお若い衆が区長に道祖神祭りを要求したという。さらに悪天候が続いたり、凶作の年などには一年の途中であっても、改めて正月を祝うことがある。その時も象徴的な祭礼として道祖神祭りが行われる。お小屋《こや》を作り、ドンド焼きを行い、獅子が舞う。道祖神の祭礼が氏神の祭礼よりも身近な祭として、山梨の人々に受け入れられていたのである。

庚申塔
庚申《かのえさる》の夜に集まる庚申講が造立した供養塔。青面金剛像が一般的であるが、「庚申塔」と文字を彫った石塔も多い。

道祖神のご神体

道祖神のご神体は石造物が圧倒的に多く、稀に木像や藁製の像が見られる。一般に馬頭観音《ばとうかんのん》や巡礼供《じゅんれいく》養塔《ようとう》、▲庚申塔《こうしんとう》などは設置された年が記される可能性の高い性格の石造物である。これに対し、道祖神は地蔵などと同じように、設置された年代が顕著でない石造物といえる。石造物以外の木又は藁などのご神体ではなおさらといえよう。

『山梨県史』民俗編の刊行時までに山梨県内では二六〇〇基以上の道祖神が確認されている。まずは、この数の多さに驚かされる。江戸時代末期、一八五三（嘉永五）年の四郡村高《むらだか》帳に載る村数は七八一村であるから、その三倍以上の道祖神が存在しているのである。まさに「一国道祖神地帯」である。この総数は、より詳細な調査を行うと増加する可能性がある。

年代の確認できるものを見る限り、江戸時代から現代まで、三五〇年以上にわたって道祖神のご神体が造り続けられていたことになる。山梨県民は道祖神好きなのである。

県内の道祖神の形態を整理・分類すれば、次のようになる。

（一）丸石道祖神（図表1）

山梨の道祖神を特徴付けるのは、なんと言っても丸石の道祖神で、全体の約四割を占めている。特に県中央部の甲府市や旧東山梨郡域を中心に全県に分布している。丸石をまつることは縄文時代の県内遺跡から見られるというから、山梨県人の丸石好きは年季が入っている。大きな丸石以外にも、「道祖神が子を産んだ」といって、小型の丸石を続々と奉納する場合も多いから、丸石の個数自体はこれに数倍するといえる。

（二）石祠型の道祖神

丸石に続くのが石祠型で全体の三割弱である。その分布は信州につながる北杜市地域から県の中央部を通って、静岡県に近い南巨摩地域の富士川の谷筋である。

（三）▲双体道祖神《そうたいどうそじん》

信州の道祖神を代表する双体像は、山梨県内では全体の一割余りと、意外に少ない。その中心は県の南部が中心で、長野県境はそれほど多くない。長野県の双体道祖神のように、手をつないだり抱擁《ほうよう》したりする形は少ないようである。

（四）文字碑型の道祖神（図表2）

「道祖神」・「道祖大神《どうそだいじん》」・「八衢神《やちまたがみ》」などと書かれた文字碑は、双体像とほぼ同じで全体の約一割を占める。分布も似ていて、富士川を中心とする地域と富士吉田市域に多い。

石像・石祠以外のご神体をまつる例も少なくない。上野原《うえのはら》市西原《さいはら》の郷原《ごうばら》や秋山の栗谷《くりたに》ではご神体が木像である。郷原の道祖神のご神体は、普段は近くの個人の家に預けられている。祭礼時に辻に祭壇を組み、そこに二体が安置される。一体は天狗の姿をした木像で道祖神のオジイサン、もう一体は能面《のうめん》のような古い木製の仮面と胴・足の木片を付けた藁製の像で、こちらが道祖神のオバアサンである。

藁製の像は北都留《きたつる》郡小菅《こすげ》村の長作《ながさく》にもあって、こちらは藁人形に木製の面を付ける。以前は個人の家の二階に大きな梵天《ぼんてん》や幣束、男根を付けてまつっていたが、現在は正月一四日から二〇日まで、近くの

双体道祖神
男女の二像を並べた道祖神のこと。長野県・群馬県全域および静岡県富士川流域・富士山東麓に分布。

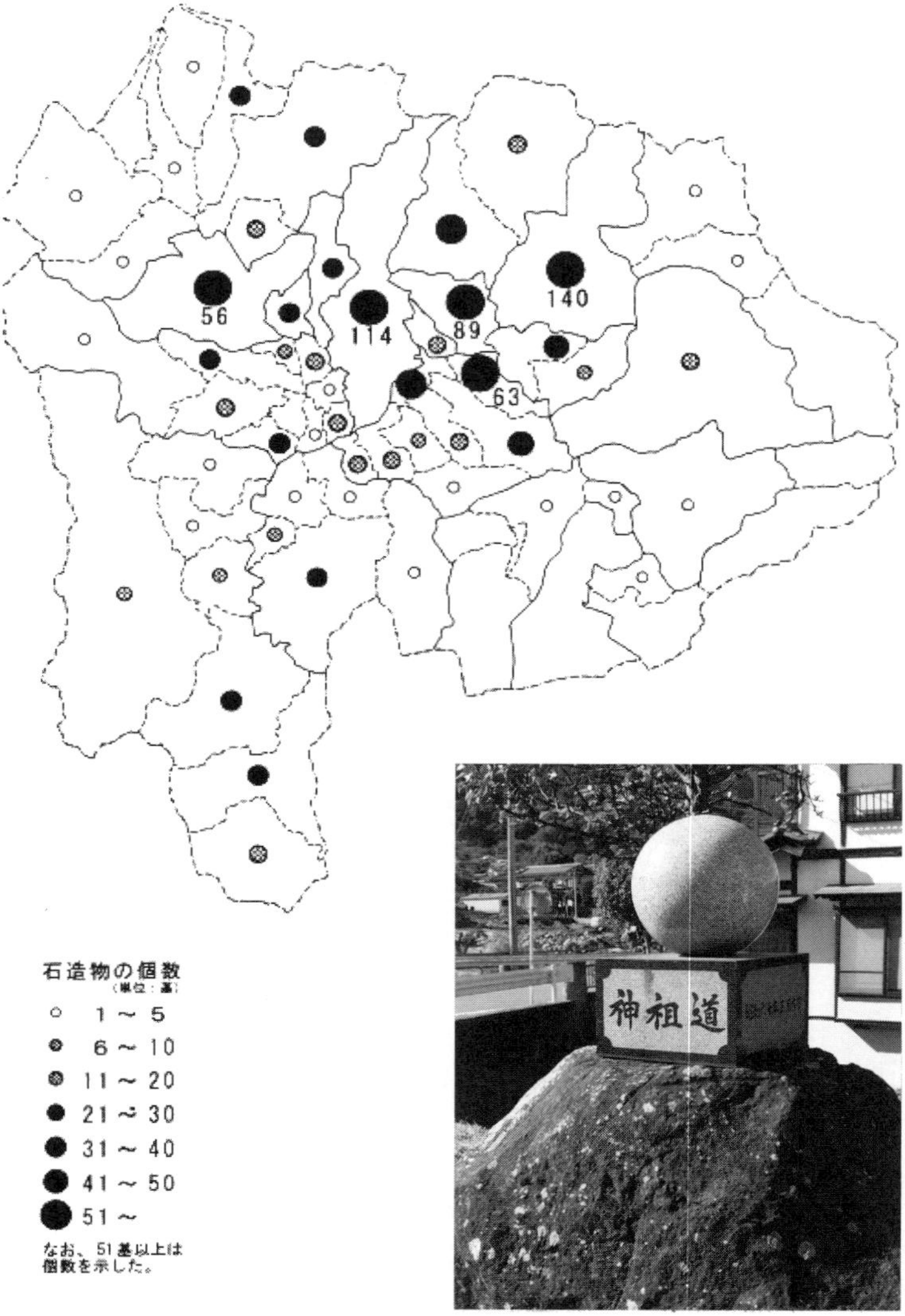

図表１　丸石道祖神の分布（『山梨県史』民俗編、238 頁、
基数は旧市町村ごとに集計したものである。）

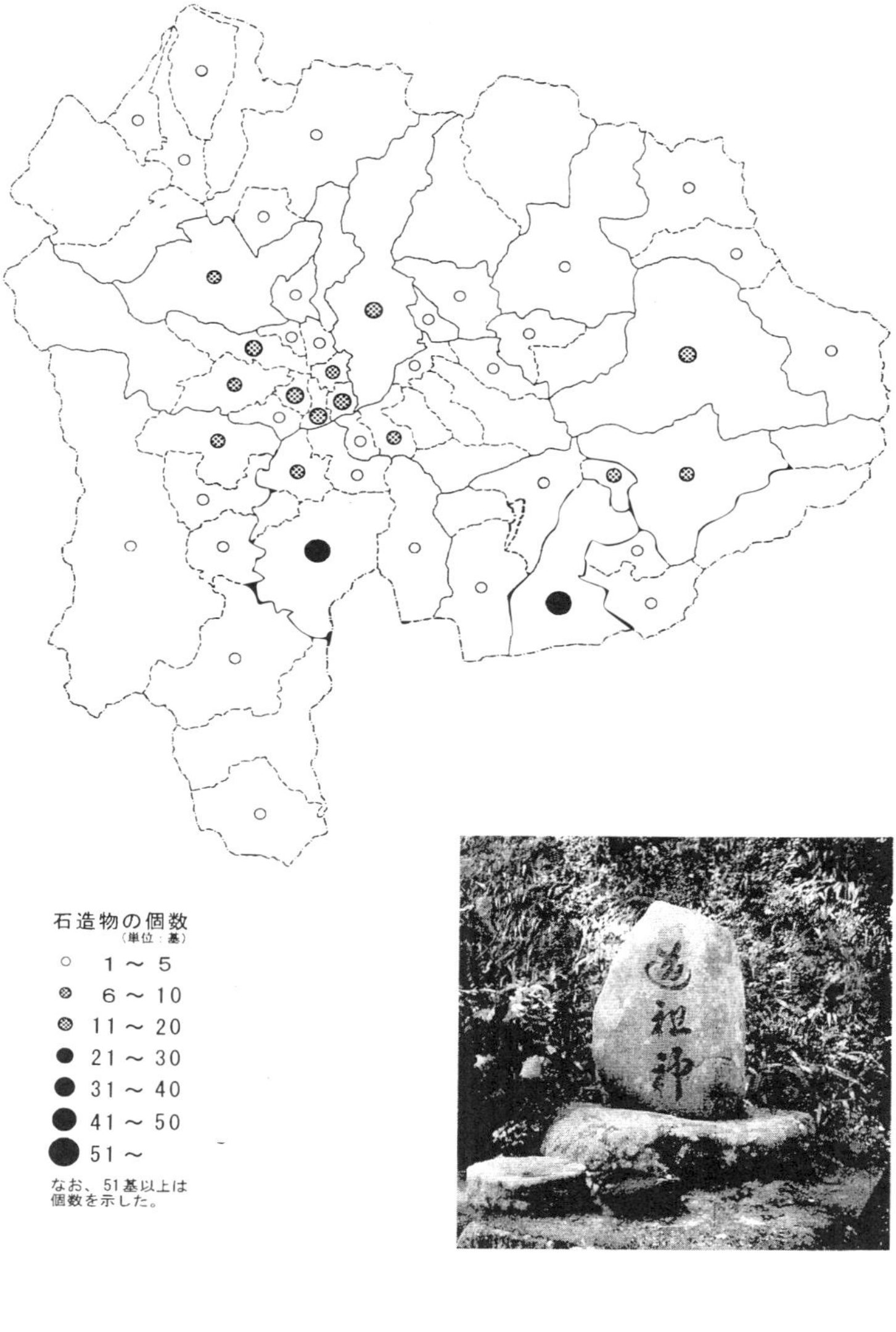

図表２　文字碑型の道祖神の分布（『山梨県史』民俗編、241 頁、
基数は旧市町村ごとに集計したものである。）

お堂の中でまつられている。

道祖神の名称

道祖神はさまざまな形態をとってまつられているが、その名称も数多い。ドウソジン・ドウソウジン・ドウロクジン・サエノカミ・サイノカミ・サルタヒコ・ヤチマタガミなどである。このうち山梨県内の文献で確認できる古い例は「さいのかみ」で、一六〇一（慶長六）年にいっせいに作成された検地帳の▲小名《こな》として記載されている。約七〇年後の寛文年間（一六六三～一六七三）の検地帳でも、「妻神」（サイノカミまたはサイジン）あるいは「妻神」の「除地」と出ている例がいくつかある。また、「道祖神場」も一七一九(享保四)年の「甲州八代郡小石和筋井上村田畑検地帳」などに見られる。この他「八衢神」(ヤチマタガミ）というのは、寛政年間（一七八九～一八〇一）以降の文字碑に見られる。国学《こくがく》の影響が考えられよう。

県内の地名の小名で見ると、サイノカミ系一六例（妻神三・幸ノ神二・祭ノ神二・才ノ神八・サイノ神一）が圧倒的に多く、ドウソジン系は二例（道祖神場一・道六神《どうろくじん》一）のみである。これらの小名は近世前期の検地帳の小名からとられる場合が多いと思われ、サイノカミ系名称がドウソジン系の名称に先行していたと考えられる。

（菊池　邦彦）

小名
ムラやマチの中のより小規模な地域を指す地名。土地台帳に出てくる字《あざ》と同じ場合が多い。

36 船に乗ったお地蔵さん
—追跡！　岩船地蔵—

船に乗った地蔵さん

写真1は、甲府市上積翠寺《かみせきすいじ》にまつられるお地蔵さんだ。お地蔵さんが乗っている台座《だいざ》に注目しよう。船の形をしている。このような、船の形をした台座に乗ったお地蔵さんを「岩船地蔵《いわふねじぞう》」とか「舟乗《ふなの》り地《じ》蔵《ぞう》」という。

写真1　甲府市上積翠寺の岩船地蔵

現在、山梨県内各地には少なくとも七〇基以上の岩船地蔵がまつられていることが確認されている。特に多いのは、北杜《ほくと》市とそれに続く甲府盆地西部の韮崎《にらさき》市から南アルプス市にかけての地域だ。また、甲府盆地北部の山寄りの地域や、甲府盆地東部の中央市を中心とする地域、富士川流域の身延町にも多くまつられる。国中《くになか》に九割近くがまつられている。

岩船地蔵は東京都・神奈川県を中心とした西関東から山梨県、長野県東北部および静岡県東部にかけてまつられているが、とりわけ山梨県にたくさんの岩船地蔵がまつられていることが、学問上の関心を集めてきた。

岩船地蔵って何だ?

お地蔵さんが船に乗っているわけを探るため、お地蔵さんの背に刻まれた文字を見てみよう。「享保四年　岩船地蔵菩薩　七月九日」とある。甲府市上積翠寺の岩船地蔵は一七一九（享保四）年、今からおよそ三〇〇年前の江戸時代に建てられたことがわかる。

現在、山梨県内で確認されている七〇基あまりの岩船地蔵の中で、作られた年がわかるのは四〇基あまりだが、そのほとんどが享保四年・五年の二年間の中で建てられていることから、この二年間に、山梨県の国中を中心に岩船地蔵信仰が流行したことがわかる。

岩船地蔵はもともと、下野国《しもつけのくに》(現栃木県)岩船山《いわふねさん》にある高勝《こうしょう》寺にまつられている地蔵である。高勝寺は、古くから死者の赴《おもむ》く山として近隣の信仰を集めてきた寺である。この寺にまつられていた岩船地蔵に対する信仰が、山梨に入ってきたのである。

岩船地蔵信仰は「ムラ送り」で伝わった

県内で確認された岩船地蔵で最も古いのは享保四年四月で、北杜市に五基が確認されている。このことから、享保四年三月頃には、岩船地蔵信仰が長野県佐久地方から北杜市に伝わっていたと考えられている。そして釜無《かまなし》川沿いの村々に伝わり、さらに甲府盆地に入り、市川三郷《いちかわみさと》町から身延《みのぶ》町まで伝わっていったと考えることができる。

岩船地蔵が伝わってきたルートとしては、他にも、青梅《おうめ》街道に沿って武蔵《むさし》方面（東京都西部地域）から享保四年の七月頃に甲州市の平野部に伝わってきたルートと、相模《さがみ》川に沿って郡内《ぐんない》に伝わってきたルートが考えられている。

岩船地蔵は、実際にどのように広まっていったのか、江戸時代に書かれた『一宮浅間宮帳』という旧市川三郷町高田《たかだ》の浅間神社が所蔵する記録の一部を見てみよう。そこには、甲府盆地における岩船地蔵信仰の姿が具体的に記されている。

今《ことし》地蔵祭りと言いて国中動《くにじゅうゆる》ぎて祭る、下野国岩舟の地蔵東国《とうごく》の国々、村々、里々輿《こし》を作り、旗・天《てん》蓋《がい》・笛・鼓・鐘・太鼓を鳴らし男女五六百人一組にて村次《むらつぎ》村次に祭り送る、或《あるい》は作神《さくがみ》とて稲の穂を木の枝竹の枝毎に籾一俵の穂程持ち来る村も有り、五月二十二日は加々美《かがみ》村、上今井《かみいまい》村、吉田《よしだ》村三ヶ村合せて男女千二三百人にて高田《たかだ》村、市川《いちかわ》村へ送り来る、国中村々此《かく》の如《ごと》し。（後略）

六月大壬寅朔日

（『山梨県史』民俗編、一〇七〇頁）

ここに「村次《むらつぎ》村次に祭り送る」とあることに注目しよう。岩船地蔵は「ムラ送り」で伝えられたのである。岩船地蔵祭りの一行が訪れたムラではそれを迎えて祭りを行い、そして次のムラへ送るのである。

現在、県内各地に残る岩船地蔵は、どこかのムラから伝えられ、どこかのムラへ送られていった岩船地蔵信仰の足跡なのである。

現代に続く岩船地蔵信仰

岩船地蔵信仰は決して過去のものではない。現在も信仰は続いている。もともと下野国の岩船地蔵であることも、享保四年に甲州で岩船地蔵信仰が流行したこともすでに忘れられているが、今日でも、健康や安全祈願、子授《こさず》け祈願、水難防止や治水《ちすい》・雨乞《あまご》いなどの祈願の対象として信仰されている。

北杜市小淵沢町下笹尾《しもささお》の岩船地蔵は別名「子持地蔵《こもちじぞう》」と呼ばれ、子どもを授かりたい人はこの地蔵に願いをかけると必ず子どもを授かるという。子どもを授かると、お礼《れい》に小さい地蔵を納めるため、堂内には数十もの小さな地蔵がまつられている。

水難防止の御利益《ごりやく》があると信じられているものに、北杜市長坂町小荒間《こあらま》の岩船地蔵や、南アルプス市新倉《あらくら》の岩船地蔵がある。新倉の岩船地蔵は、かつて御勅使《みだい》川の水害の折に、村人を守ってくれた地蔵として信仰され、現在でも水難防止の他に交通安全や健康を守ってくれる地蔵として信仰されている。

船に乗るという特異な形状から、洪水や大雨など水と関連づけられて理解されている岩船地蔵は比較的多い。中央市下三條《しもさんじょう》の岩船地蔵は、釜無川の水害に悩まされていた村人が、安全を願って享保四年一一月に下野国から勧請したといわれている。また、北杜市長坂町小荒間の岩船地蔵も、長年、土砂災害に悩まされた村人たちが、下野国から岩船地蔵を勧請して一基の石碑を建て、それ以来、土砂災害の

和讃　仏の功徳を讃える七・五調の歌謡。日本語で作られた仏教讃歌のひとつ。

被害がないといわれている。

農耕の神として村人に親しまれているのは、山梨市牧丘町隼《はやぶさ》の岩船地蔵である。地蔵が子どもに姿を変えて水田の耕作を手伝ったという伝説を伴っている。この地蔵には、夏は麦わら帽子をかぶせていたが、交通の激しい今日ではヘルメットをかぶせているという。

写真2　甲府市上積翠寺の岩船地蔵祭り

岩船《いわふね》地《じ》蔵《ぞう》祭《まつ》りが続いているところもある。甲府市上積翠寺では、毎年九月一二日に岩船地蔵祭りが行われている（写真2）。夕刻の六時頃から、人々が岩船地蔵の前に集まり祭りが始まる。始めは、地域の人が「お地蔵さんの」とよぶ短い念仏《ねんぶつ》を、次に「岩船《いわふね》▲和讃《わさん》」、「作神様《さくがみさま》」、そして「(般若《はんにゃ》)心経《しんぎょう》」と唱えていく。「お地蔵さんの」「岩船和讃」「作神様」「心経」は繰り返されるが、一つひとつ唱え終わるたびに手を合わせる。上積翠寺では、岩船地蔵の御利益を「水難防止」とともに「豊作の神さん」と考えられている。

（古屋　和久）

37 疫病退散から先祖供養まで

―さまざまな六斎念仏―

写真１　無生野の大念仏（上野原市）

県内に広く分布する六斎念仏

江戸時代の終わり頃、京都出町柳《でまちやなぎ》の干菜寺《ほしなでら》光福寺《こうふくじ》より上芦川村《かみあしがわ》（現笛吹市）ほか都留《つる》郡（後の南《みなみ》、北《きた》都留郡）一帯の講中《こうじゅう》に、六斎念仏《ろくさいねんぶつ》の免許状が出されていた。干菜寺は六斎念仏の本寺のひとつであり、京都六斎念仏の中心的な存在である。上野原《うえのはら》市無生野《むしょうの》の六斎念仏は、念仏を唱えながら踊るものである。そのいっぽうで、南都留郡富士河口湖《ふじかわぐちこ》町本栖《もとす》や京ヶ島《きょうがしま》を含む南巨摩郡の早川《はやかわ》筋でも、踊りをともなわない六斎念仏が盛んに行われていた。

無生野の六斎念仏は、旧暦の正月一六日と盆の八月一六日に無生野集会所に道《どう》場《じょう》と呼ばれる踊りの場を設けて行われる。「無生野の大念仏《だいねんぶつ》」として国の重要無形民俗文化財に指定され、二〇二二（令和四）年には「風流踊《ふりゅうおどり》」として、ユネスコ無形文化遺産に登録された（写真1）。

また、本栖の六斎念仏は、「本栖の大念仏」として正月一四日に区長宅に道場を設けて行われる。六斎念仏講《ろくさいねんぶつこう》、あるいは六斎講《ろくさいこう》と呼ばれる講員《こういん》が担い手となり、道場の準備や行事を取り仕切る。

六斎
仏教用語で、身をつつしみ戒めを守り清浄であるべき日と定められた、ひと月のうちの六日。六斎念仏は、この日に行われたことにちなむ。

鉦
鋳物製のたたきがね。台や首に吊したり、下に伏せて置いたりして、撞木で叩いて鳴らす。

さらに、南巨摩郡早川町内でも、京ヶ島の常昌院《じょうしょういん》のほか、黒桂《つづら》の宝竜寺《ほうりゅうじ》、草塩《くさしお》の宗伝寺《そうでんじ》、早川の抱明院《ほうめいいん》、新倉《あらくら》の大抱院《だいほういん》、茂倉《もぐら》の西方寺《さいほうじ》など六か寺で六斎念仏が行われてきた。宗派は黒桂の宝竜寺の真言宗醍醐《だいご》派《は》以外はすべて曹洞《そうとう》宗である。『早川町誌』（一九八〇年）によれば、黒桂の宝竜寺では一月二、三日に大念仏《おおねんぶつ》を、草塩の宗伝寺では一月四日に大念仏と六斎念仏を、早川の抱明院では正月一四・一五・一六日に大念仏を、新倉の大抱院では正月一五・一六日に大念仏を、茂倉の西方寺では正月一六・一七・一八日に大念仏を行っていた。

六斎念仏は踊りながら念仏を唱えるもの、という前提からいえば、無生野以外の六斎念仏は踊らずに座って唱えるものである。しかし、民家や寺の本堂に飾り付けをした道場で、太鼓や鉦《かね》を叩き、念仏や和讃《わさん》を唱えるものとして、同じ系統の念仏だと考えられている。六斎念仏は、もとは鉦を叩き念仏を詠唱するものだったが、後に笛・太鼓を鳴らし踊りを伴うものとなったことによる。

無生野の大念仏

無生野では、かつては正月には当役《とうやく》の、盆には相当役《あいとうやく》の家の座敷に道場を設けて行った。当役とは、その年に地域から選ばれた正月の担当者をいい、相当役とは八月の担当者をいう。現在は、公民館に約二間（約四メートル）四方に注連縄を張りめぐらした道場を作る。中央に親柱《おやばしら》、四隅に小柱《こばしら》を立て、張りめぐらした注連縄には多くの白紙垂《しろしで》を垂らす。道場の傍《かたわ》らには中央に阿弥陀如来《あみだにょらい》、右に不動明王《ふどうみょうおう》、左に十六善神《じゅうろくぜんじん》の掛軸《かけじく》を掛け、中央に大太鼓（締太鼓《しめだいこ》）置いて二人が向かい合って叩く。

まず、道場入《どうじょうい》りの儀式から始まり、「一本太刀《たち》」・「二本太刀」を踊る。道場の外に敷かれた布団に病人役が横たわると、その布団の上を三人が次々と跳び越え、三度目に跳び越えるとき、青竹の先で勢いよく布団を払い除ける。これをブッパライといい、役の一人が輿《こし》に立てた御幣で病人の体をなでて病疫《びょうえき》を祓《はら》う。その後、「大念仏の蓋《ふた》」という文句を唱えて大念仏が終了する。道場の飾りものや病疫のついた輿は、公民館近くの大念仏の石碑のところに置いてくる。このように、無生野の大念仏には修験道《しゅげんどう》の祓いの儀礼の影響がみられる。

茂倉の大念仏

茂倉では、正月一五日にブッカケ（仏掛け）、同一六日にネンブツ（念仏）、同一七日にブッキリ（仏切り）と日ごとに行事があったが、現在は正月の第二日曜日の一日に短縮して行っている。

西方寺本堂には、お山飾りが作られる。鴨居《かもい》から四隅を結ぶ注連縄を二重に張り、天井の中央から縄を垂らす。この中央の縄に、色紙で剣《けん》（東）・斧《おの》（中央）・柳《やなぎ》（西）・鋸《のこぎり》（南）・瓢《ふくべ》（北）の形に切った幣《へい》をつけ、四隅に張り渡した注連縄にかける。幣の色は内側の注連縄に白、外側の東が赤、西が緑、南が紫、北が青、中央が黄である。四隅にはクモノスと呼ばれる網の目状に切った半紙をのせる。四方の柱にはそれぞれ四枚ずつシンメイ（幣）を垂らし、東西の注連縄の中央には白い紙で仮の門《もん》が下げてある。また、四隅に張られた注連縄内の西側に、大太鼓を二つ並べて置く。鉦は注連縄の外、南北に二人ずつ向かい合って座り、さらに南西の隅に数珠取りが一人座る。お山飾《やまかざ》りの中には住職が一人入る。

輿
無生野の大念仏の「輿」は、四角い盆の上に御幣を立てたものをいい、病疫を祓った御幣を乗せるためのものである。

修験道
役小角《えんおづぬ》を開祖とし、山岳修行をする仏教の一派。天台密教に基づく本山派と、真言密教に基づく当山派に分かれる。

まず、ブッカケの大念仏《おおねんぶつ》で始まり、同時進行で住職が▲大般若経《だいはんにゃきょう》を転読し、終わると参列者全員の体を経典で祓う。大念仏はその間、詠《うた》うように唱えている。次に▲融通念仏《ゆうずうねんぶつ》、ブッキリの大念仏、最後にブッキリで念仏が終了する。ブッキリとは、お山飾りを先達が太鼓の桴《ばち》で払って切ることをいう。

寺の念仏と村の念仏

正月の大念仏は六斎念仏と呼ばれる民俗芸能だが、無生野の大念仏は修験色の強い踊る念仏であり、本栖の大念仏や早川筋の大念仏は唱える念仏である。それぞれ「大念仏」と記すが、読み方は無生野ではダイネンブツ（六斎念仏のこと）、他の地域ではオオネンブツという。京ヶ島では「大念仏《おおねんぶつ》」とは別に「六斎念仏」を行っていた。

京ヶ島では、六斎衆《ろくさいしゅう》と呼ばれる六人の男性が、正月四日に大念仏、正月一六日に宿入《しゅくい》り念仏《ねんぶつ》、八月一三日に盆《ぼん》の入《い》り念仏、一四日に盆の念仏回礼《ねんぶつかいれい》、一六日に宿入り念仏、それに春と秋彼岸《ひがん》の中日《ちゅうにち》に念仏を行っていた。また、村内で葬式があると、通夜《つや》・葬儀・埋葬・七日《なのか》の払《はら》いの度に念仏を唱えた。これらを総称してオネンブツといい、そのうち大念仏のことはデケデンデケデンといった。

また、正月と盆の一六日の宿入り念仏が六斎念仏のことだといい、六斎衆が寺の大門《だいもん》の下で向かい合って和讃《わさん》を唱えた後、本堂に入って再び向かい合って座り、掛け合いで念仏を唱えた。

このように、大念仏では経文《きょうもん》と念仏を繰り返し唱え、六斎念仏では念仏と和讃を唱えた。そして、大念仏は檀那寺《だんなでら》での行事であり、六斎念仏は村の行事であった。これは、茂倉の大念仏の「宿入り太鼓」

大般若経
「大般若波羅蜜多経」の略称で、大乗仏教の初期の経典六〇〇巻。すべてを読み上げることはできないため、要所を読んで全体を読むのに代える転読を行う。

融通念仏
仏教用語。一般に、良忍が開いた融通念仏宗で唱える念仏のことをいう。念仏で浄土に生まれると説き、多勢で念仏を唱えその功徳を融通しあうとした。一方、全国各地の融通念仏は、宗派に関わりなく民間で伝えられてきたものをいう。

にもよく現れている。「宿入り」とは本来は宿《やど》で行うことを意味しており、寺の行事として定着したのは案外、近年になってからかもしれない。

茂倉には、「念仏要集」と記された念仏帳が伝来する。表書きは「昭和卅九年正月　念仏要集　西方寺安楽講中　望月郁勇」とあり、念仏講中にはこれを複写して所有している人がいる。ここには、「願巻」・「願巻金上歌」・「阿弥陀の讃」・「小千代巻」・「小千巻金上歌」・「大千巻金上歌」・「彼岸忌」・「地蔵菩薩讃」・「観音讃」・「掛さが」・「寺さが」・「五輪くどき」の和讃が記されている。

これらは、大念仏に対して小念仏《こねんぶつ》と呼ばれる念仏で、二つの締太鼓《しめだいこ》と鉦を使って彼岸と盆施餓鬼《ぼんせがき》に行うものだという。この「念仏要集」の末尾には、「〇大念仏切紙大事　先合掌之印　ロイ　堅実合掌十返開十返　惣合十返　（▲真言）」と書かれ、「文日《(大)》光明遍照十方世界念仏衆生取不捨　次念仏　南無阿弥陀仏」と締めくくられている。最後に「文政十二己丑天正月吉祥日　受者　辰吉　甲州御嶽山弥勒寺」とある。次頁から「五大尊」などと書かれた切り紙の型紙が記されている。

山梨県内の六斎念仏は、現在も宗教色の強い行事として民間に引き継がれている。

（松田　香代子）

真言
神仏に対して言う神聖なことば。祈祷で唱える呪文もいう。サンスクリットを漢字音で表記。

38 富士登拝の民俗 ―富士講の話―

道者
信仰目的で訪れる人々のこと。参拝者・参詣者に同じ。

一生に一度の富士登山

「富士山に登らぬ馬鹿」、ないしは「二度登る馬鹿」と、山麓の富士吉田では言い慣わされてきた。日本人であれば、富士山は一生のうちに一度は登ってみたい山として、憧れの対象となってきた、霊峰である。少なくとも近代以降、登山を趣味としない、日本アルプスのような山々には一度も登ったことがないような普通の人々を迎えてきた山である。

富士山に登るにあたっては、約束ごとが存在する。他所からやってくる専門の宗教者や道者《どうしゃ》、つまり、一般の登山者を縛るだけでなく、山とともに暮らす山麓の人々にも一定の制約を与えてきた。今日では、それを服《ぶく》といい、日常の暮らしの中に生きている。その一例を紹介しよう。

服がかかると登れない富士山

山梨県の総合学術調査の第二次調査では、四つある登山のうち、主に吉田口の山小屋を取り上げて多方面にわたる聞き取り調査を実施してきた。その過程で得られた現在に残る服の一例で、ある山小屋に米麦や味噌、醤油、酒、飲料水、燃料に至るまで物資全般を広く販売していた商店主の妻の話である。彼女から、「富士山は不幸のあったときには登っちゃいけないんだってね」と富士登山に際しての物忌《ものいみ》について質問を向けられた。不幸の内容について、質問を返すと次のようなことがわかった。

八〇歳を期して、商売の対象でもあった富士山へのお礼登山を計画し、山小屋等の手配をした。しかし、夏山の開山中に、長期間病いに伏していた夫が亡くなってしまった。葬式を済ませ、納骨の前に山仕舞の吉田の火祭を迎えた。九月になってから四十九日《しじゅうくにち》の際に納骨を行ったが、その納骨時を起点に一年間は服なので、結局、二年後の八二歳の夏にようやく登頂《とうちょう》を果たすことができた。このような内容で、そのときの記念写真がある。

富士山は服がかかっている者は登ることが許されない。『日本国語大辞典』（小学館）で「服」の項目を引いてみると、「今年は赤ん坊が産まれて服が懸《か》かっているので富士山には登れぬ」（山梨県南巨摩郡）という用例が示される。死の忌みばかりではなく、出産も同じように忌避されていたことになり、事実、大正頃までは赤ん坊が産まれて五〇日経過していないと、山仕舞の火祭にはよそに泊まりがけで出かけなければならなかったという。これらは「富士山物忌令《ものいみりょう》」にも示される約束ごとであり、山もとで暮らす者もその規範の中で生活していたわけで、山開きや山仕舞などの御山《おやま》の行事にそれらが表出する。

また一八七二（明治五）年に女人《にょにん》の登山が正式に解禁されるまで、中世・近世を通じて女人の登頂は許されていなかった。男であっても、忌服《きぶく》に障らない者でなければ登頂は叶わず、いずれにしても、富士山は近親者の不幸に立ち会うことなく健康に一年を過ごすことができた者のみが登頂してきたという、歴史的背景があった。

「富士山物忌令」富士御師が伝えた物忌令。北面では、一六一二（慶長一七）年に書写した旨の奥書を持つ写本が古い。物忌は、神事などにあたって、一定期間飲食や行動などをつつしみ、不浄を避けることで、それをもとにした物忌令は、父母以下の親族の死亡、出産の際の忌服を定めたもの。富士登山についても適用された。

登拝の記録と筒粥

一五〇〇（明応九）年の縁年《えんねん》から六〇年後の庚申年《こうしん》は一五六〇（永禄三）年になる。ちょうど武田信

縁年
縁起の良い年。富士山が姿を現したとされる庚申の年を指す。

『勝山記』
一四六六（文正元）年から一五六三（永禄六）年に至るおよそ一〇〇年におよぶ法華宗僧侶の手になる年代記。富士山北麓を中心とした出来事が生活者の視点から記録されたことで知られる。

玄が川中島で上杉謙信と合戦を繰り広げている最中である。戦国時代の年代記として全国的にも著名な▲『勝山記』は、同年の条に「ツ、カイには何も入らず候えども、（中略）同じく道者のことは二月より七月まで参り申し候」（読み下し）と記す。筒粥《つつがゆ》（粥占い）を行ったところ、葭《よし》の管《くだ》（筒）への米粒の入りは思わしいものではなかった。すなわち占いの結果は悪かったが、二月から七月にかけて多くの道者の来訪があったという。庚申年にもかかわらず参詣者は少ないとした占いが、良い方向に外れたことを人々が喜ぶさまを記録している。

現在も下吉田（富士吉田市）の小室浅間神社では、一月一四日から一五日にかけて筒粥が行われており、二四本の葭の管の中に入った米粒の量や糊質によって夕顔以下の各種作物の豊凶と道者の多寡について占っている。道者の全般、次いで甲州・信州・駿州・相州・武州各国からの道者について順次占う。このように富士への参詣者について占う筒粥では、忍野《おしの》村の忍草《しぼくさ》・内野《うちの》、富士河口湖町河口の各浅間神社に伝えられ、その結果を記した占いの一覧表（分付《ぶづけ》）が氏子に配布される。忍草は山梨県を甲州（国中《くになか》に相当する）と郡内《ぐんない》に区分して占い、内野は道者全般のみを占っており、各社とも近隣諸国から富士参詣にやってくる道者について期待をこめて占っていたことが明らかになる。

北面《ほくめん》の富士信仰といえば、近世以降に江戸で成立し、その後に大きく発展した富士講《ふじこう》（江戸講）を思い浮かべるが、その基盤となった古層の信仰も存在した。富士山の信仰を各地に布教する富士御師《おし》の活躍によってその信仰が各地に定着し檀那所《だんなじょ》（得意先）が形成され、御師と師檀《しだん》関係を結ぶことになった。地元の先達《せんだつ》（リーダー）に引率され、各地の檀那は道者となって富士の御山に参詣した。吉田では古くから存在した登山者と富士講を呼び分けることはなく、ともに道者と呼んできた。

富士講の隆盛

長谷川角行《はせがわかくぎょう》は富士行者《ぎょうじゃ》の一人で、富士講（江戸講）の元祖であるという。この世と人間の生みの親は「もとのちち・はは」、すなわち富士山が根本神《こんぽんしん》であるとし、江戸とその周辺の庶民の現世利益的な要求にこたえて講の基礎をつくった。一六四六（正保三）年に一〇六歳で人穴（富士宮市）に死んだと伝えられる。その信仰は弟子へと継承され、月心《げっしん》とその子の村上光清《むらかみこうせい》（一六八三～一七五九年）に始まる光清派《こうせいは》と、月行《げつぎょう》から食行《じきぎょう》身禄《みろく》（一六七一～一七三三年）へと受け継がれた身禄派《みろくは》の二派に分かれた。光清は北口の富士浅間明神（北口本宮冨士浅間神社）の修理をしたことにも示されるように、財力によって身禄派を凌駕《りょうが》しており、吉田では「乞食《こじき》身禄《みろく》に大名光清《だいみょうこうせい》」といったという。

身禄は世直しの理想のため、一七三三（享保一八）年に富士山七合五勺の烏帽子岩《えぼしいわ》で入定《にゅうじょう》した。これに従ったのが田辺十郎右衛門《たなべじゅうろうえもん》である。身禄は入定にあたって信徒の登山本道《ほんどう》を北口と定め、吉田の御師坊《ぼう》を山もとの拠点とした。これからのち身禄派が優勢となり、その教えは江戸時代後期にかけてしだいに呪術性を脱却して、実践道徳的なものに発展していく。

一八世紀も半ばになると江戸市中にあっては禁制が出されるまでに組織化され、広がりをみせていた。一七四二（寛保二）年の富士山頂から採取した水を信仰的に使用する御水《おみず》の禁止に続いて、一七九五（寛政七）年には「富士講と号」して奉納物を建立し、行衣《ぎょうい》や数珠《じゅず》を用い、祭文《さいもん》を唱え、あるいは護符《ごふ》を出

入定
人々の幸福を願って食を断って自ら死ぬこと。本願を成就する最高の手段。

護符
宗教者が発行する御札のこと。御守り札。

したりすることを禁止する触書《ふれがき》が出されており（御触書天保集成）、その頃までに富士講が組織的に確立されていたことがわかる。「江戸は広くて八百八町、八百八町に八百八講」といわれるほどに数多くの講の分立をみることになった。

字切図
明治初年に、村の地籍を字ごとに描いた地図。

富士講を迎える吉田の町

江戸を中心とする富士講が盛んになるにつれ、それを受容した吉田の町にも変化が生じる。一八七五（明治八）年の▲字切図《あざきりず》をもとに復元した吉田の町の屋敷割を見ると、町を縦に貫く表の通りから東・西両方向に細い引込み路《みち》、タツミチ（立道）があり、その奥に御師は坊（御師住宅）を構えている。これらの御師が本来的な御師（本御師《ほんおし》）であり、これに対して通りに面して家並みを連《つら》ねるのが町家で、ここではおもに仕舞屋《しもたや》とよぶ一般の町家の中に新興の御師坊が混在するようになる。このような町家のエリアに進出したものを町御師《まちおし》という。富士講の隆盛と相まって、増加する道者の需要にこたえて新たに成立した宿坊《しゅくぼう》といえるだろう。

塩屋外川《しおやとがわ》氏の建物（旧外川家住宅）は、一七六八（明和五）年に新築された御師坊（住宅）であるが、本来的な御師でも宝暦年間（一七五一～一七六四）頃から坊の建て替えが目立ち、新たな顧客に対応したことがうかがわれる。伝統的な信仰形態のうえに新たな富士講の需要が重なったものといえる。外川家はその後部に裏座敷を増築している。吉田の町全体が、旧来の檀家に加えて新興の富士講の集団登山にも対応できるように変化していったのである。

（堀内　眞）

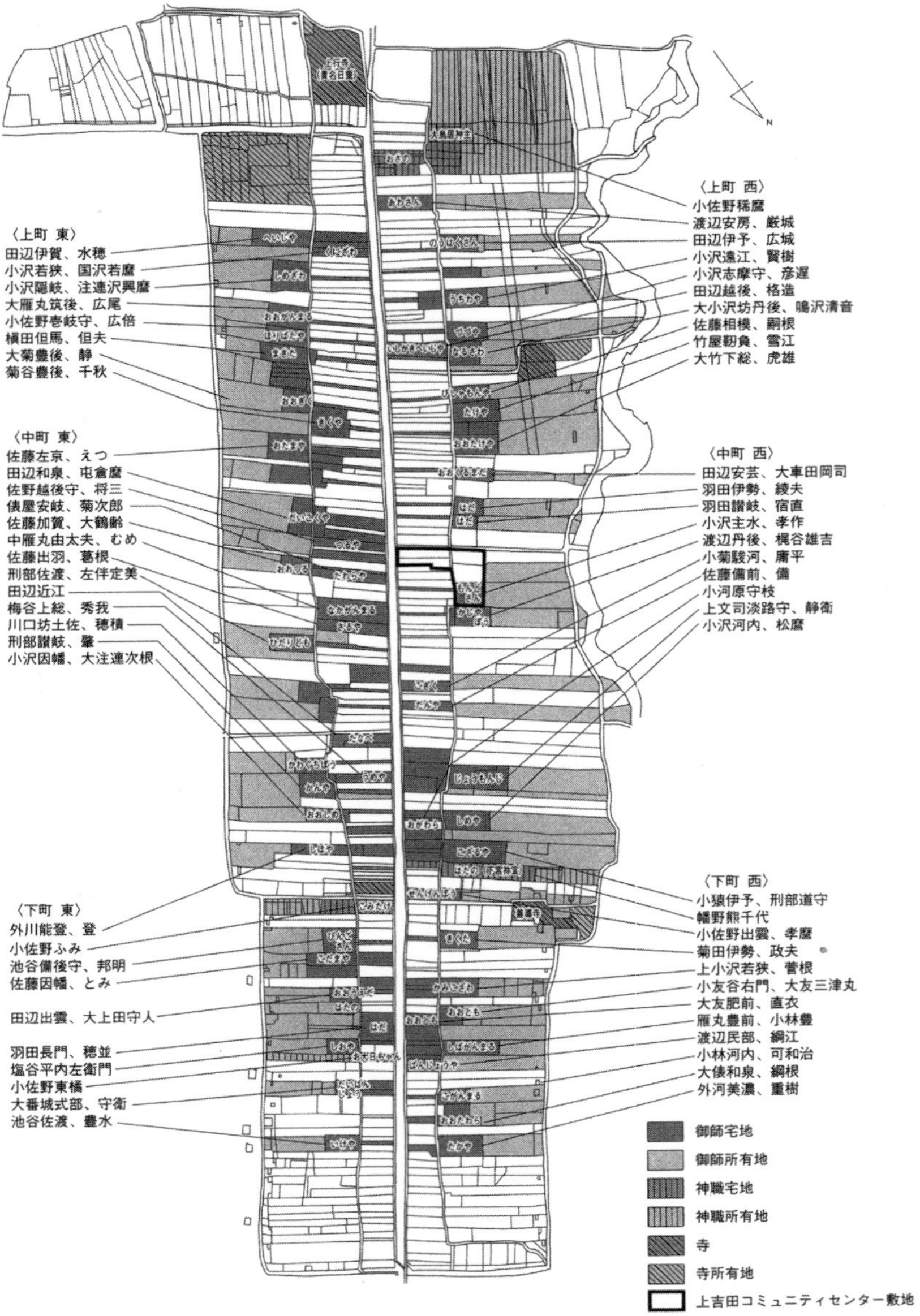

図表1　明治８年の上吉田の屋敷図
（「福地村之内上吉田組上町・中町・下町全図」『吉田の火祭』12 頁）

39 山から里におりる神 ―山宮と里宮―

甲斐の山宮

「富士山に七回（雪が）降れば里に降る」といわれるように、山（富士山）と山麓の里は対をなす概念でとらえられている。そして、それは信仰の上からも認められる。山を神霊《しんれい》の宿る神聖な場所とする信仰は古代から見られる。古くは山そのものを畏敬《いけい》して入山を禁じ、山容を拝するのに都合のよい山麓の清浄地《せいじょうち》を祭場として神を迎えまつり、やがてそこに神社が生まれた。

神社、そして寺院には、山を背にして、または山を仰ぎ見るところに里宮《さとみや》や山麓寺院として祭祀されるものがある。これと対応して、里にある里宮・寺院との間に祭神の交流などを伝える場合、その山頂や山腹にある方の社《やしろ》や祠《ほこら》を山宮《やまみや》としている。山梨県では、富士山とその山麓にまつられている数か所の浅間神社や、甲府盆地の東部に存在する一宮・二宮・三宮などの古社にその祭祀が際立っている。

河口の浅間神社と社上山

八六四（貞観六）年の大噴火によって甲斐にも浅間神社がまつられるようになった。富士河口湖町の河口浅間神社には、山宮社が背後の山の斜面に祭祀され、現在では春の例大祭、▲孫見祭《まごみまつり》の中で山宮祭《やまみやまつり》が行われている。江戸時代に編纂《へんさん》された『甲斐国志』（巻七一）は、同神社の「山宮社」について、本殿

孫見祭
四月二五日の河口浅間神社の祭り。産屋ケ崎神社へ産着を奉納する。

の背後の山にあって、大山祇命《おおやまづみのみこと》をまつり、「奥ノ院」と称したと述べる。この山には「山宮」の字名がのこる。さらに山宮キャンプ場の先に火打場《ひうちば》と呼ばれる場所、檜《ひのき》が植林された平坦地が存在する。眼下に河口湖を俯瞰《ふかん》し、その背後に富士山を仰ぎ見るところであり、ここが山宮社の跡だと伝承される。

キャンプ場周辺は、平坦な尾根の上に雛壇《ひなだん》状に造成された水田跡であり、沢水を引いて水稲を耕作していた。月遅れの四月三日のお節供に、中《なか》（中町のこと）では棚田《たなだ》に造成された田の法面《のりめん》の畦草《あぜくさ》に座って、サカヤ・サァカヤ（社上山《さかや》）の花見をした。花柄の着物を持って山に登ってそれを木に掛け、祭礼の一日を楽しんだという。上《かみ》は大久保山、下《しも》はお寺山にそれぞれ登り同じように花見を行っていた。

現在の山宮祭は孫見祭の附祭《つけまつり》のように、神輿《みこし》が出発する前に行っているが、江戸時代には三月三日に執り行っていた。資料に残る山宮の祭礼は、江戸時代中期のものである。杉の葉の神輿（鉾台《ほこだい》に近いもの）を山宮に担《かつ》ぎ上げ、掛け合いに歌（「川口歌《かわぐちうた》」という、山遊びの歌）を歌って一日を過ごすものであり、初娘子《はつむすめご》は家の衣装を持参して小松に掛け、花に擬《なぞら》えた。このような行事を山宮御幸《やまみやみゆき》の形をとって、孫見祭（四月の初申日《はつざるび》）に先立って行っていたことがわかる。

一之宮の浅間神社と山宮御幸

甲斐の一宮浅間神社は笛吹《ふえふき》市一宮町《いちのみや》一之宮《いちのみや》に鎮座する。この神社は富士山の噴火を鎮めるためにまつったとされる。一宮町の御手洗《みたらし》川と大石川が合流する地点の下流右岸に鎮座している。同社は、最初に同町東南にある神山の麓に祭神をまつったことに始まるといわれ、その後、現在地に遷地《せんち》したと伝え

写真1　お御幸さん

られている。最初の場所が故地《こち》として山宮になったという。宮元《みやもと》の一之宮から東南の山中に一之宮の飛地《とびち》があり、そこに摂社《せっしゃ》の山宮神社が祭祀されている。

一宮はお御幸《みゆき》さん（御幸祭）、通《かよ》い祭、山宮祭など神幸祭《じんこうさい》が何回もある。かつては祭礼が「年中七十五度」実施されたといわれ、多くの祭りがほかの場所にある社祠《しゃし》から一宮を目指して出かけてくるのに対して、山宮御幸は一宮から山宮へ出向くことを意識した祭りとなっている。祭神である木花開耶姫命《このはなさくやひめのみこと》の山宮、つまり実家への「お里《さと》帰《がえ》り」と伝えられており、物音をたてないなど厳しい物忌《ものいみ》が伴っていた。

かつて一宮・二宮・三宮が合同で旧暦四月中の亥《い》の日《ひ》に釜無川《かまなし》の信玄堤《しんげんづつみ》に出かけて、堤防を踏み固め、水防を祈願するオカワヨケ（御川除）の祭りを行っていたが、その祭礼を「お御幸さん」という。水の災難がないように、大きな水害がないようにと祈願する祭礼だった。

現在、三月一五日（前後の日曜日）に山宮への神幸祭である山宮祭が執行されており、旧社地の山宮へ神輿が渡る。登り口にあたる石区によって、山宮まで神輿が往復する。現在の神輿は小型のものを用いているが、かつては信玄堤へ神幸していた神輿を山宮まで担ぎあげていた。山宮神社に神輿が到着すると、神事と▲直会《なおらい》がある。その後、神輿は山宮を出発し、途中で二回ほど休憩を取って一宮に帰り、還幸祭《かんこうさい》を行って終りとなる。

直会
神事終了後に、神に供えた酒や供物を下げて、一同で飲食をすること。

二之宮の美和神社と山宮

笛吹市御坂《みさか》町二之宮《にのみや》の美和《みわ》神社と同町尾山《おやま》の杵衝《きつき》神社の両社は、里宮と山宮の関係になる。二之宮は美和神社を中心としたムラである。美和神社の神体は奈良県の大神《おおみわ》神社からきているという。大神神社は三輪《みわ》山そのものが神体だが、その拝殿の中にあった神体をもってきているという。杵衝神社の社頭《しゃとう》には「山宮」の▲扁額《へんがく》が掲げられている。尾山の耕地と山とが接する場所にまつられ、一宮の山宮とは立地を異にしている。二宮の春祭りは四月三日に行われる。祭りの由来については、二宮の神が一年に一度山宮に会いに行く、二宮は男神、山宮は女神であるといい、双方が男女の神として意識されていた。

三宮は玉諸《たまもろ》神社と呼ばれる。甲府市国玉《くだま》町に存在し、江戸時代は国玉大明神と称され、甲斐国三宮とされてきた。江戸時代には、三月初午日に旧神祠が鎮座する御室《おむろ》山、板垣《いたがき》村（甲府市）の御旅所《おたびしょ》へ神幸する山宮祭があり、また四月の第二亥《い》の日《ひ》に実施される夏御幸《なつみゆき》、一一月の第一亥《い》の日《ひ》に実施される冬御幸《ふゆみゆき》は、一宮・二宮と合同で実施された。

甲斐の山宮信仰は、富士山や浅間神社のような直接的なものより、むしろ一宮・二宮・三宮制の神社の中に発達する傾向がうかがわれる。柳田国男は『山宮考』で神をまつる場所について詳細に考察している。柳田の考えに添ってみていくと、神をまつる場所は古くは山にあり、山宮と称し、ここで氏《うじ》の祖《そ》神《しん》、祖霊《それい》をまつっていた。後に里宮ができて双方を祭祀したが、やがて里宮の方だけを祭祀するようになったという図式を描いている。

（堀内　眞）

扁額
神社や寺院の戸口などに掲げる大きな額。文字や絵が描かれている。

40 まア昔、あったそうだ ―願い・想いを伝える―

昔話と伝説

人々の願いや想いは、さまざまな形をとって表れる。言語を連ねて表現したものが、いわゆる口承《こうしょう》文芸《ぶんげい》と呼ばれるもので、その代表が伝説と昔話であろう。

民俗学では、この二つに違いを設けている。伝説は山や大地、岩石や樹木、河川や湖沼、寺院や神社など、実在の事物に関わる説明として伝えられる。過去の歴史的な事実と信じられている場合が多い。いっぽう、昔話は子どもが聴《き》いて楽しむような物語で、昔から語り継がれてきたストーリーである。「むかし、むかし」などの決まり文句で始まり、近辺の事物と関係なく語られる点が伝説と異なる特徴である。

土橋里木《つちはしりき》の『甲斐伝説集《かいでんせつしゅう》』（一九五三年）には、約六〇〇の伝説が載るが、そのうち石や水・樹木に関係した伝説が合計で約二六〇、山・谷・坂・峠などを加えると約三三〇にのぼり、全体の半分以上を占めている。

過去の史実と信じられているのが伝説であるから、歴史上の人物が主人公として登場する（図表1）。弘法大師《こうぼうだいし》や日本武尊《やまとたけるのみこと》はともかくも、武田信玄《たけだしんげん》や武田勝頼《たけだかつより》・日蓮上人《にちれんしょうにん》に関する伝説は、

人名	回数
武田信玄	26
日蓮上人	19
日本武尊	16
弘法大師	14
武田勝頼	11

図表1　伝説の主人公
（土橋『甲斐伝説集』より）

実際の史実を伝えるものと信ずる人が多いだろう。

山梨のグリム・土橋里木

山梨県の昔話や伝説の研究で大きな業績を残したのが、土橋里木（一九〇五～一九九八年）である。本名は「力（りき）」。一九三〇年に『甲斐昔話集《かいむかしばなししゅう》』を、一九三六年には『続 甲斐昔話集』を出版し、全国に知られる存在となった。山梨県の昔話・伝説研究は、土橋によって開拓されるとともに、終始、土橋の独壇場《どくだんじょう》であったと言ってよかろう。

土橋は甲府中学（当時）卒業後、大学進学を希望するが、親族会議の大反対で家業の郵便局を継ぐことになる。郵便局員の仕事をしながらの採話や執筆であった。故郷の上九一色村《かみくいしき》（現甲府市）が、土橋里木にとっての大学であった。

遠野（岩手県）の▲佐々木喜善《ささききぜん》『老媼夜譚《ろうおうやたん》』（一九二七年）を読んでいたというが、ほぼ独学で研究をすすめた。佐々木は、柳田国男の有名な著作『遠野物語《とおのものがたり》』（一九一〇年）に載る話を提供した人物である。『甲斐昔話集』の出版話が機縁《きえん》となり、土橋は柳田に師従《しじゅう》することになった。

柳田国男の「昔話の運搬と管理」が『甲斐昔話集』の巻頭を飾る。同書は一二〇話を載せているが、そのうち八八話は祖母（土橋くら）から聞いた話である。祖母の話は彼女の姑からの採話で、姑《しゅうとめ》はそれに倍する話を知っていたという。

土橋は、奥深い山村で「民俗学」を実践し、日本の民俗学に貢献した。ドイツの▲グリム兄弟と同じく、

佐々木喜善
一八八六～一九三三年。岩手県遠野出身。文学青年であったが、柳田国男に郷里遠野の不思議な話を語って聞かせた。後に自身でも『老媼夜譚』『聴耳草紙』などを発表する。

グリム
一九世紀初めのドイツの文学者。兄弟で昔話を収集し、『グリム童話集』を出版。

土橋もまた時代の変化を、敏感に読み取る才能を持った人物であった。『甲斐昔話集』出版後、話の提供者たちは次々と世を去った。土橋は、その直前に貴重な話を書き残したのである。

昔話の一例（地蔵の報恩）

同書から一例だけ紹介したい。「上九一色村辺《あたり》の話風《はなしふう》の見本にもと思って、祖母の話振《はなしぶり》を殆《ほとん》どそのまま現わし」たとの注釈が添えられている。

まア昔、ある所に爺様《じいさま》と婆様《ばあさま》があったそうだ。ごく人の善《え》エ夫婦どうけんども（だけれども）貧乏〳〵で、その日〳〵の暮しにも困っていたそうだ。ある日爺様《じいさま》は働いで儲《もう》けたいんめえばか（僅《わず》かばかり）の金《かね》持って、町へ米《こめ》買いに出かけたそうだ。所ン、途中まで来ると、酷《すご》い夕立《ゆうだち》がやって来て雨ンザン〳〵車軸《しゃじく》を流《なが》いて降って来たそうだ。するとそこの道端《みちばた》に「いいずみ」という名前の地蔵様《じぞうさま》が、やはりこの大降《おおぶ》りにヅブ濡《ぬ》れになって立っていたそうだ。爺様《じいさま》は大へん気の毒に思い、自分が濡《ぬ》れるは厭《いと》わで雨ン中を町へ飛びつけ、大事《だいじ》の米《こめ》の代金《だいきん》で傘《かさ》を一本買って来て、そのお地蔵《じぞう》様《さま》に被《かぶ》せて上げたそうだ。

そうして、まア爺様《じいさま》がビショ濡《ぬ》れになって空手《からて》で家イ帰って来て、婆様《ばあさま》今帰ったぞというと先から炉《ろ》イ空《から》の鍋《なべ》をかけ、待ち兼ねていた婆様《ばあさま》は、爺様米《じいさまこめ》は買って来たかえと聞くだそうだ。そいから爺様《じいさま》が、お地蔵様《じぞうさま》に傘《かさ》を買って上げた一部始終を話いて、ほんだから今夜《こんや》は湯でも飲んで寝ざアというと、婆様《ばあさま》も、爺様《じいさま》、そりゃアほんに善《え》え事をして来てくれとうと共々《ともども》に喜んで、その夜《よる》さは二人は只《ただ》の白湯《さゆ》を飲んで寝たそうだ。そうしると夜中《よなか》頃イもなると、誰か来てトン〳〵と表《おもて》の戸を叩《たた》く者があるっちゅうどう（あるそうだ）。ハテこんあ夜中《よなか》に誰《だれ》ずらな、変な事だと思って爺様《じいさま》が起き上り、戸をあけて見ると外には今日の地蔵様《じぞうさま》が、赤い珊瑚《さんご》の宝《たから》船に米俵《こめだわら》を山の様《よう》に積んで来ていとうだそうだ。そうして地蔵様《じぞうさま》は、さア爺様《じいさま》、傘《かさ》の代《かわ》りの物だぞよちいって、その米俵《こめだわら》をそこイおいて帰ったそうだ。そいから　爺様婆様《じいさまばあさま》でその米《こめ》を使って見るっちうと、その俵《たわら》は何ぼ使っても、後から〳〵米がチャンと元通りに殖《ふ》えていて、少しも減るっちう事《こと》ンなく、お陰《かげ》で爺様婆様《じいさまばあさま》は村一番の長者《ちょうじゃ》になって、一生安楽《あんらく》に暮《くら》いたそうだ。
それもそれッきりイ。

（土橋里木『甲斐昔話集』九〜一〇頁）

笠地蔵
大みそかの雪の夜に地蔵に笠をかぶせてやったら、地蔵が褒美をくれたという話。

土地特有の話振りに昔話の特徴があるわけではない。まずは、出だしの「まア昔」と、終りの「それッきりイ」の決まり文句。次いで、「ある所に」と場所を特定せず、主人公は名前のない「爺様と婆様」。これらが伝説と大きく異なる。内容は史実でないと分かるが、話者の創作でもない。時代も作者も不明である。しかし、昔から語り継がれてきた話である。こうした特徴をもつのが昔話である。

細部に違いがあるが、「▲笠地蔵《かさじぞう》」と同じ系統に属する話である。自分たちの生活を犠牲にしてまで、神や仏につくす。結果として、思いがけない褒美《ほうび》を手にする。この類の昔話は古い時代の素朴な信仰を

写真1　おなんガ淵

写真2　宝鏡寺の膳

残している。この大切な要素を考慮することなく創作したのが、いわゆる「民話」である。

山梨県の椀貸し伝説

次に、伝説を紹介しておこう。人寄せの行事に際して、大人数分の椀や膳を借りてくるが、返却するときに不足のまま返したため、次から借りられなくなってしまったという、後日談を伴う、いわゆる「椀貸《わんか》し伝説」がある。

中部地方から関東地方を中心に分布するが、その依頼場所が穴や淵《ふち》であったりする点で共通する。山梨県では富士川水系と桂川水系を中心に二〇例近くが報告されている。長野県では四〇例以上が、また愛知県では二〇例以上が報告されており、山梨県はこれら二県に次いで多い。それらのうちの二つの事例をあげてみよう。いずれも土橋の『甲斐伝説集』に載る。

まずは、都留《つる》市鹿留《ししどめ》の「おなんガ淵」である（写真1）。

昔、おなんという下女《げじょ》が粗相《そそう》をして主人に叱られ、桂川の支流の淵に身を投げて死んだ。その淵を「おなんガ淵」と呼ぶようになった。村人が膳椀何人前と紙に書いて、淵の近くの岩の上におき「お頼み申します」と言って帰ると、翌朝、その数だけの品が河原に並べてあった。ところがある時、一〇人前借りて、五人前しか返さない人があったので、その後は貸さなくなってしまった。その返さなかった膳が今でも、近くの神戸和彦氏方に四枚、都留市夏狩《なつかり》町の宝鏡《ほうきょう》寺に一枚保管されているという。それらは普通の黒い漆塗《うるしぬ》りで、朱《しゅ》で稲の蒔絵《まきえ》が描いてある（写真2）。

次は、北杜《ほくと》市白州《はくしゅう》町白須《しらす》にある往太《おうだい》神社の小池である。村内に人寄せがあって、膳椀が不足の時には、前の晩に神社の前の小池に行って、「これこれぶん膳椀をお貸しなって」とお願いし、翌朝行くと必ず池に浮かんでいた。ある時、不心得者《ふこころえもの》があり、仲間げんかをして、お椀を割り不足のまま池へ返したので、神様は怒って、それから頼んでも聞き入れなくなったという。

合理的に考えればあり得ないことであるが、場所があり、実際の什器《じゅうき》が残っているのだから事実なのであろう。こう信ずるのが伝説である。

制作に特殊技能を必要とする膳椀に注目し、それらを作りながら渡り歩いていた▲木地師《きじし》との交流を物語るものだとも説かれる。しかし、伝説伝承地の圧倒的多くが水域に接しているところから推察して、水神信仰との関連を想定すべきであろう。つまり、水神を祭りながら各地を渡り歩いていた、民間宗教家の関与を想定すべきである。山梨県ばかりでなく、他県でも同様に、椀貸し伝説の大半が山中の河川や湖沼に伝わる。竜宮伝説なども、これらの山中に転々と伝えられている。山国に暮らす人々の、水底に対するユートピア思想の表れと考えてよかろう。

（影山　正美）

木地師
轆轤《ろくろ》を使って盆や椀などの木器をつくる職人のこと。材料の木材を求めて山中を移動した。

第七章　過去・現在・未来

（甲府市）

41 人柄の地域論 —郡内と国中、西郡と東郡—

山梨の地域

「後頭部《こうとうぶ》の黒い人は金遣《かねづか》いがきれいだが、額《ひたい》の黒い人はケチである」。

皆さんはこの意味がおわかりになるだろうか。いつの頃から言われているのかは定かではないが、松《まつ》崎天民《ざきてんみん》『甲州見聞記』（一九一二年）に「甲府の料理屋女」の言葉として紹介されている。後頭部の黒い人とは「東郡《ひがしごおり》」の人で、額の黒い人は「西郡《にしごおり》」の人を指す。東郡の人は甲府へ来るとき朝日が、帰るときは夕日が後頭部に当たるため、後頭部が日に焼ける。西郡の人はその逆となるため額が黒くなる。

山梨県の地域は、古代から都留《つる》郡・八代《やつしろ》郡・山梨郡・巨摩《こま》郡からなっている。近世には九筋二領《くすじにりょう》と、一一の地域に分けられたこともある。ここでは、東部・富士五湖地域の「郡内《ぐんない》」と、甲府盆地の「国《くに》中《なか》」を取り上げ、山梨の地域性について述べてみたい。ただ、山梨県は歴史的に「甲斐」一国で領域が継続されており、各地域の差違より「県全体としての共通性が強い」と考えられる。よく話題となる「無尽《むじん》」も、本来の目的である資金を融通し合うという目的が薄れた今でも、全県的に盛んである。

しかし、実生活の場で地域の違いに気づく点もある。たとえば、現在でも方言による地域の差違は明確で、皮膚《ひふ》を「つねる」場合、郡内では「つまじる」・「ひっつむ」、東郡では「つまぎる」、西郡・河内《かわうち》

松崎天民
一八七八～一九三四年。岡山県出身の新聞記者、作家。おもに都市の風俗をテーマとする。料理評論家の先駆けでもあった。

九筋二領
国中の栗原筋、万力筋、大石和筋、小石和筋、中郡筋、北山筋、逸見筋、武川筋、西郡筋。および河内領、郡内領。

図表1　郡内・国中・河内

では「ちみくる」などと表現したりする。いくつかの単語をどのように言うかで、おおよその出身地が特定できる。

郡内

しばしば「御坂《みさか》峠（または笹子《ささご》峠）を越えると天気が変わる」と言われているように、郡内と国中・河内では自然環境が変わる。そればかりか文化的にも大きな違いがみられる。郡内は国中とよりも東京都・神奈川県との繋《つな》がりや、静岡県駿東《すんとう》との共通点が指摘される。たとえば中世の石造物の分布を見ても、国中とは大きく異なり、近代でも国中を「甲州」と言う場合もあった。現在は交通・通信網の発達や人的交流の活発化によってその違いは当然に少なくなっているが、国中の人が郡内の葬儀に時間通りに到着したら、すでに葬儀は終了していたので確認したところ、知らされた時間は出棺《しゅっかん》の時間であったとか、香典は香典袋に入れず帳場にて現金で支払うなど驚かされたという話もある。

また郡内は桂川や多摩川の河谷や富士山麓の溶岩・火山灰の地で平地が少なく、多くは高冷地である。したがって農業生産が少ないことから、機業《きぎょう》や行商《ぎょうしょう》、富士山信仰関連の生業《せいぎょう》が発達し、現在も機業や富士山周辺の観光業が盛んである。

特に第二次世界大戦後、「ガチャ万《まん》」（機織機《はたおりき》がガチャンと動けば大金が入る意味）と言われた機業の好景気の影響で、生活が派手《はで》になった時期がある。子の七五三《しちごさん》の祝いに親族・知人を招待し、結婚披露《ひろう》宴《えん》に近い演出を行うなどの例も見られた。当然、招待された方もそれなりのご祝儀《しゅうぎ》を差し出すことになる。また、地縁《ちえん》・血縁《けつえん》が強く、選挙の時などこの関係がフルに利用される。近年は、「▲吉田のうどん」が有名になった。粉食《ふんしょく》文化の伝統に加え、機業で女性が働くため男性が作ったとか、織物の買い付けに来る商人が昼食としたことが起源であるなどと言われている。

吉田のうどん
麺のこしが強く、具に茹でたキャベツが使われる。テレビ番組などで取り上げられ、全国的に知られるようになった。

国中

東京の人が甲府市の食堂で「カツ丼」を注文したら、ご飯の上に揚《あ》げたてのトンカツと千切りのキャベツが載《の》った食べ物が出てきて驚いた、という話がある。一般に国中で「カツ丼」と言えば、いわゆる「ソースカツ丼」を指す。他県にも同様なカツ丼があるが、ここの特徴は千切りキャベツが載ることである。ちなみに卵でとじた一般的なカツ丼は「煮《に》カツ丼」と言い、区別している。郡内は東京などと同じ「煮カツ丼」が普通の「カツ丼」である。先ほどとは逆に、国中の人が他地域へ行き、「カツ丼」を注文すると驚く。

▲国中は盆地特有の寒暖差が激しく、夏は暑く冬は空っ風が吹く気候である。中心部は釜無川《かまなし》・笛吹川《ふえふき》などによる水害の常襲地帯であったが、逆に周囲の扇状地では水田が開けず、戦前は畑作や養蚕が中心であった。この国中でも一枚岩ではなく本項の冒頭でも示したように、東郡と西郡で明らかな違いがあ

国中の諸地域
現在の行政区分では、甲府盆地の中央部を峡中、その周囲を峡東（おもに東郡）・峡西（おもに西郡）・峡南（富士川流域）・峡北（八ヶ岳山麓）というのが一般的である。

る。

東郡は笛吹川とその支流が形成したなだらかな扇状地が大部分を占め、人口も多い地域であった。勝《かつ》沼《ぬま》のブドウは古くから有名であるが、かつては養蚕により潤っていた。現在は知ってのとおり一帯はブドウ・モモの果樹栽培地帯となっているが、甲府盆地の果樹栽培が本格化するのは一九六〇年代以降になる。ここは規模の大きな農家が多く、その当主は「東郡の旦那衆《だんなしゅう》」と呼ばれ、財界人も多く輩出《はいしゅつ》している。

いっぽう、西郡は釜無川より西の地域で「曇って三寸」（曇っただけで川が増水する）と言われる低湿地と、「月夜でも焼ける」と言われる水に乏しい扇状地が中心となる。肥沃な農地が少なく、昔より行商が盛んで、いわゆる「甲州商人《こうしゅうしょうにん》」の土地柄である。利《り》に賢《さと》いことから「西郡人に油断するな」と言われ、明治時代に冒頭の「額の黒い人は……」と言われるようになったと考えられる。後に養蚕も盛んになり、八月の盆を、繭《まゆ》の出荷時期を避ける「十日遅れのお盆」が昭和四〇年代まで行われていた。その頃からこの地域もサクランボやモモを中心とした果樹地帯となっていった。

河内《かわうち》は、現在、あまり使われなくなった名称で、若い人はどこのことか分からない人が多数となっている。国中との共通点が多いが、ＪＲ身延線などの利用で買い物・通勤・通学で静岡県富士市・富士宮市との繋がりが強い。

（野口　茂文）

42 護符、疫病退散令状、捨て子 ―文字資料と民俗―

『甲斐の落葉』の視線

メソジスト派キリスト教の牧師であった山中共古《やまなかきょうこ》が山梨県に赴任《ふにん》したのが一八八六（明治一九）年のことである。布教活動の傍《かたわ》ら、県内の民俗（土俗）を記録した。「秘境」と称された奈良田《ならだ》にも足を運び、スケッチや見聞を残している。後に柳田国男の炉辺叢書《ろへんそうしょ》の一冊に加えられ、『甲斐《かい》の落葉《おちば》』（一九二六年）は多くの同好者に読まれるようになった。

土地の人が当然と思い、また意識にのぼらない行為（民俗）であっても、よそ者にとって新鮮に映る事象は少なくない。共古が山梨の地で「発見」したものに、戸口の護符《ごふ》がある。文字には魔物をもよける呪力があると信じられたようだ。

山中共古《やまなかきょうこ》の視線に学び、文字資料を民俗の視点で読み解いてみたい。

疫病退散の護符

「馬」の三字を「品」の形に配し、戸口に掲げてジフテリア除《よ》けの護符とした。「馬」の文字を用いるのは、ジフテリアの漢語名「馬喉風《ばこうふう》」・「馬脾風《ばひふう》」に由来しよう。北里柴三郎《きたざとしばさぶろう》らの血清療法の発明は一九世紀末である。それまで有効な治療法はなく、神仏に祈願する他ないとはいえ、実に原始的な呪法《じゅほう》である（資

炉辺叢書　柳田国男が主宰した出版企画。文庫版の書籍を四〇冊ほど出版した。

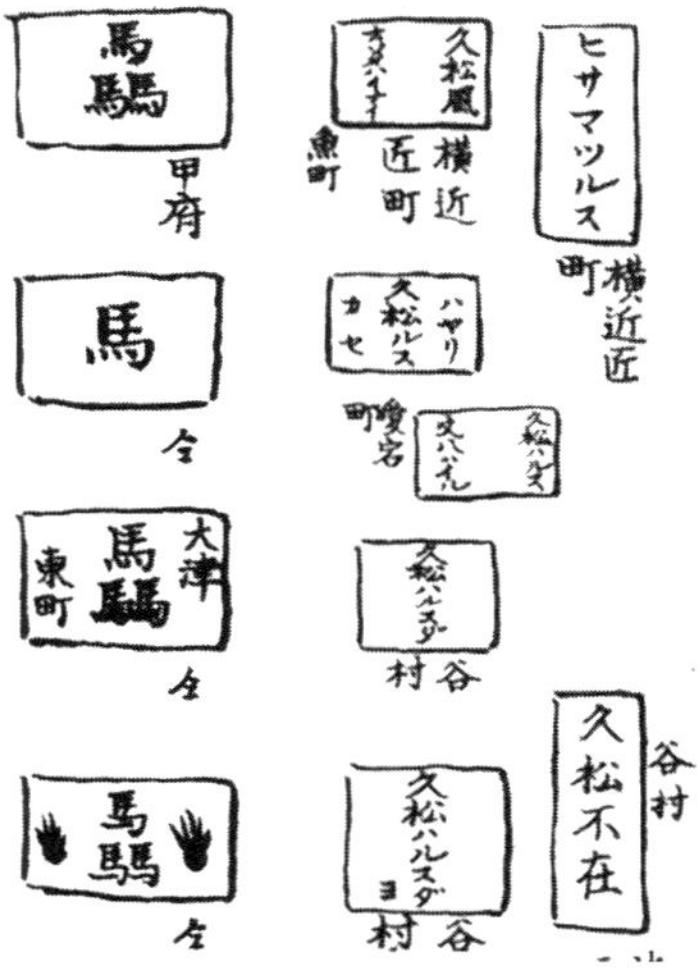

資料１　戸口の護符
（『甲斐の落葉』巻ノ上、79 頁）

料1）。

また、「ヒサマツルス」・「久松不在」の護符も面白い（資料1）。共古の解説によれば、一八九一（明治二四）年二月に大流行したインフルエンザ除《よ》けで、罹患《りかん》すると赤い斑文《はんもん》が出たため、「お染《そめ》風《かぜ》」と呼ばれたのだと説明する。しかし、赤の斑文は風疹《ふうしん》（麻疹）の典型である。共古の解説は正しくない。

お染は、鶴屋南北《つるやなんぼく》（四世）の歌舞伎《かぶき》『お染の七役』の主人公である。商家の娘で、丁稚《でっち》の久松《ひさまつ》と恋仲《こいなか》になる。「久松不在《ひさまつふざい》」とは、お染が恋い慕《した》った久松がいないからと、疫病のお染風邪を追い返そうとの呪法であろう。江戸の「お染風邪」はインフルエンザであり、甲斐国にも対策の呪法が伝染していたようだ。

疫病退散の令状

次は「疫病退散《えきびょうたいさん》の令状《れいじょう》」である。先の『甲斐の落葉』は、「山梨県庁」から「八代郡《やつしろ》大野寺《おおのじ》村疫神《えきじん》」宛《あて》で出された、「疫神退散令」を載《の》せている。

一八七一（明治三）年頃に疫病が流行した時のもので、次のような内容である。

普天《ふてん》の下、卒土《そつど》の浜《ひん》、王の民に非《あら》ずは莫《な》し。汝《なんじ》、疫神謹《つつし》んで速かに去る可《べ》し。去らず者に於《お》いては、八雲神社に奏《そう》じて、神兵を以《もっ》て可及《かきゅう》に征伐《せいばつ》するもの也《なり》。

（『甲斐の落葉』巻ノ下、四七頁）

「退散しなければ、八雲《やくも》神社の神が成敗する」というのだ。共古は「病人ノ枕辺《まくらもと》ニテ村役人《むらやくにん》読キカセタルモノ」との聞き書きも載せているが、「山梨県庁」という公的な機関が、「疫神《えきじん》」に対して命じるというのだから面白い。

こうした退散令状は山梨県内で一五点が知られている。発行の時期は「一八一四（文化元）年」から「一八七二（明治五）年四月」である。幕末から明治初期にかけて流行したことがうかがえる。山梨県立博物館にも、同様の令状がある。時期は一八五八（安政五）年、差出元《さしだしもと》は「甲府御役所」である。この年、江戸で流行したコレラが甲州にも及び、多くの死者を出している。文面は「普天之下率土之浜無不有聖王之民　汝疫神謹而速可去　云々」とあり、共古が書き記した明治期の令状とよく似ている。さらに、一八四〇（天保一一）年発行の八代郡永井組宛《あて》の令状は、山梨県立博物館蔵の令状と文面が一致しており、興味深い。一八年後に同一文の令状が出されていたのである。「お役所仕事」らしいと皮肉りたい気もするが、差出元《さしだしもと》を「御役所」と書く江戸期から「山梨県庁」と記す明治期にまたがっている点に目を向ければ、公的機関の発行とは考えにくかろう。

▲公儀《こうぎ》の権威を借りて疫病を退散しようとした、当時の人の心情を読み取るべきである。子ども騙《だま》しの

公儀
時の支配者や支配のための施設をいうが、江戸時代には徳川幕府を意味し、広く用いられた。

手口で疫病退散を謀《はか》る発想は、戸口の護符と同じである。文字が使われている点でも共通するが、文字の扱い方が今日とは違う。戸口の護符は明らかに呪具《じゅぐ》（呪術の道具）である。退散令状は、公儀の権威を文字に象徴させている。文字を無味乾燥《むみかんそう》な記号とは見ず、目に見えない悪霊《あくりょう》や疫病を折伏《しゃくぶく》するだけの、何かしらの霊力・呪力を認めている。その点で今日と異なる。

新聞の記事が切り取った「捨て子」

最後に取り上げるのが新聞記事である。「事実」を伝える使命を負うのがマスメディアであろう。記者は主観の排除を常に「自覚」するが、山中共古の視線を援用《えんよう》すると、「自覚」の外側に展開する興味深い「事実」に出会うことがある。

一九二四（大正一三）年、捨て子《すご》（捨児《すてご》）が流行したという新聞記事が載った。記者は撲滅《ぼくめつ》すべき悪習《あくしゅう》と受け止め、強い正義感でもって記事を書いたのであろう。

南都留郡の谷村《やむら》町一帯（現都留市）で、捨て子が流行しているという内容である。「大正十二年生れの子は三年以内に本人が死ぬか、さなくば其《その》両親が死ぬ」。「これを免《まぬが》れんには、其《その》幼児を籠《かご》に入れて人知れず十字路に捨て他人に頼んで拾って貰《もら》い、拾った人は五升笊《ごしょうざる》に入れて親に渡せばよいという」。警察署長が「とんでもない事」だとして捜査に乗り出したというのである（資料2）。

例の迷信から
谷村に捨児流行
飛んでもない事厳重に
取締ると三富署長語る

資料2　捨て子の記事
（『山梨日日新聞』大正13年8月5日付）

親の厄年《やくどし》に生まれた子を形式的に捨てる習俗は全国に見られる。親の厄が子にうつらないように、形式的であれ、親子の縁を切ることによって、子どもの成長を願うものである。記事は「去年子を持った人は盛《さかん》にこの迷信的行為をやり捨子が頻々《ひんぴん》として起る」と伝える。「大正一二年生れ」が不吉《ふきつ》とは、おそらく同年に発生した関東大震災から生じた「迷信」であろう。未曽有《みぞう》の大惨事が背景にあり、何者かが「言い触らした」ため、人々を「迷信的行為」に駆り立ててしまった。捨て子の民俗が下地《したじ》になければ、「とんでもない」行動が流行することはなかったであろう。

親子の縁《えん》を切ることによって、厄年の親の災厄が及ばないようにするほかに、子が病弱であるなど、何らかの災厄を背負っている場合にも、いったん親子の関係を裁《た》ち切る。健康な縁者に拾ってもらい、仮の親子の関係を結ぶ。太閤秀吉《たいこうひでよし》の子の幼名は、「棄（捨）て」や「拾い」であった。「天下人」とて、習俗の拘束から自由ではなかった。関東大震災を機に、古くから続く習俗が目を覚ましたのである。

一九二四（大正一三）年という現代（当時）の「常識」に照らした時、不合理きわまりない「迷信」が生きている。こうした事実を不可解と受け止めた人物がいたから、幸いにも捨て子の記事が記録された。民俗が古い時代の遺物でないこと、また民俗は形を変えながら人々の言動を規定していることを、新聞記事は示している。

文字資料が記した「捨て子」

山梨県内にも、捨て子に関する文字資料がある。その数は二〇点以上にのぼるとされる。それらから一例を取り上げ、文字資料が書き残した捨て子の姿を描いてみたい。

　　子捨離別状《こすてりべつじょう》の事《こと》

一御公儀《ごこうぎ》様御法度《ごはっと》の儀《ぎ》も弁《わきまえ》ず捨子仕《つかまつ》り候《そうろう》、此の子明治二年巳極月《みごくげつ》二十一日の産に御座候《ござそうら》えども、女親これ無く相成《あいな》り、猶《なお》また当節世柄悪《よがらあし》く、誠に難渋《なんじゅう》仕《つかまつ》り候間《あいだ》、拠《よ》んどころ無く捨子仕り候、何《なに》卒《とぞ》貴殿の御慈悲を以《もっ》て取り上げ養育なし下され、千万有り難く仕合《しあわ》せに存じ奉《たてまつ》り候、猶々《なおなお》貴殿御見捨て下さらば此の子餓死候間、何卒不便《ふびん》と思召《おぼしめ》し、憐愍《れんびん》を加え、御見捨て下されず偏《ひとえ》に願い上げ奉り候、子捨状依《よっ》て件《くだん》の如《ごと》し。

別紙御親類・御組合・御隣家中様、宜敷《よろし》く御取計《とりはか》らい下さる可《べ》く候、早々、以上

定兵衛様

＊読み下しは筆者（『西桂町誌』資料編第二巻、七四九頁）

「御法度《ごはっと》の儀《ぎ》」と違法性を認識しながらも、「女親これ無く相成《あいな》り」と何らかの事情で母親がなく、また「当節世柄悪《とうせつよがらあし》く」と経済的にも苦しく、子を捨てるにいたった事情が切々と記されている。現代であれば虐待《ぎゃくたい》も甚《はなは》だしいが、一五〇年を経た時代の価値基準を過去に当てはめ、過去の行為を批判するのは慎《つつし》まなければならない。親が子の幸福を願う気持ちは共通している。ただ、その方法が違うのである。

冷静な目で読むと、この文書は明確な意図をもって記されているのが分かる。事情を文面で伝え、後

のために残しておきたいという明確な意図がうかがえる。

まずは、養育を引き継ぐ相手を指名し、依頼している。「定兵衛」であれば、養育を引き受けてくれるであろうとの計算が見え隠れする。「子捨《こすて》」と記すものの、「養子」と言うのがふさわしい。要するに、親権を放棄するための「子捨」なのである。後に事情が変わったとしても、取り戻すことができないことを確認しておく必要がある。証文《しょうもん》だけでは不安なので、「御親類・御組合・御隣家中」と親戚や近隣の家々にも証人になってもらおうというのである。契約行為における保証人である。

現代の感覚であれば、「定兵衛」は裕福な慈善家であろう。広い土地を経営する大農家、さもなければ丁稚奉公《でっちぼうこう》を抱える商家であったろう。跡継ぎに恵まれない大家《おおや》であったとも考えられるが、いずれにしても捨て子を受け入れる社会システムが存在していた。選択肢のひとつとして、「子捨」は社会的に認められていたのである。

社会システムとして「子捨離別」が機能していたのは、捨てることによって親子の関係を裁ち切ることができるという観念を共有していたからである。人が共有する観念が民俗であり、文字資料の後背《こうはい》に貼りついている知識である。人間の生活や歴史の表舞台に出ることは少ないが、表側の歴史を方向付ける動力である。

二一世紀に入ってもなお文字の呪力は健在である。暗記（受験勉強）に苦しめられ、人生の進路が左右される。また、名付けにおいても、話題は尽きない。

（影山　正美）

43 大垣外型と上湯島型

—親分子分を追う研究者たち—

大垣外《おおがいと》型と上湯島《かみゆじま》型といっても、ほとんどの人には何のことかわからないだろう。しかし、民俗学の研究者であれば誰もが知る有名な二類型であり、親分子分《おやぶんこぶん》関係の代表的な二つのタイプであることは、学界では広く知られている。

山梨県の親分子分は、研究者の間では早い時期から注目されてきた。一九三四（昭和九）年、小作調停官《ちょうていかん》として山梨県に赴任《ふにん》した塩田定一《しおたていいち》は、この時代にすでに県内の親分子分に関するアンケート調査を実施している。調査結果はその翌年、塩田によって冊子にまとめられて配布され、山梨県の親分子分関係の存在が広く知られることになった。

しかし、なんといっても山梨の親分子分を世の中に知らしめたのは、一九四〇（昭和一五）年、社会学者▲喜多野清一《きたのせいいち》が発表した「甲州山村の同族《どうぞく》組織と親方子方《おやかたこかた》慣行」という論文だろう。当時新進気鋭の社会学者であった喜多野は、山梨県北都留《きたつる》郡棡原《ゆずりはら》村（現在の上野原《うえのはら》市棡原）大垣外の同族集団と親分子分関係について詳細《しょうさい》な現地調査を行い、同族と親分子分という異なる性格の社会組織が、組み合わさって村落秩序を作り上げている実態《じったい》を明らかにした。大垣外では高橋姓の総本家《そうほんけ》であるオーカタを中心に、その分家と孫分家十数戸がジルイとよばれる同族集団を形成し、この同族結合を基礎として、分家はそ

喜多野清一
一九〇〇～一九八二年。社会学者。専門は家族社会学・農村社会学。和歌山県出身。九州大学教授・大阪大学教授・早稲田大学教授・駒澤大学教授を歴任する。日本社会の近代化をテーマとして農村社会の構造分析を行い、本家分家・親方子方関係などが重層する村の実態を明らかにした。また、家・同族・親方子方関係について理論化を図った。

の直接の本家に親分になってもらうという形で親方子方関係が結ばれていた。高橋姓は、大垣外の総戸数約六〇戸のなかで最も戸数の多い姓《せい》で、総本家オーカタを中心に同族集団を形成していた。高橋姓以外の各姓もそれぞれの本家を中心に一族としてまとまっており、本家を親分とする親方子方関係で結ばれていたが、各姓の本家は自らの一族の親分であると同時に、オーカタ高橋家を親分とする子分にもなっていた。こうして大垣外では、村全体がオーカタを頂点とするピラミッドのような階層構造《かいそうこうぞう》を作り上げていた。オーカタ高橋家は、近世には名主《なぬし》や年寄《としより》を世襲した有力家であり、直接分家を年寄脇《としよりわき》にして固め、大きな影響力を持っていた。檀那寺《だんなでら》での位牌の配列や氏神《うじがみ》である白山八幡《はくさんはちまん》神社の祭礼でも、他の家とは比較にならない、別格《べっかく》の地位を保ってきた。

大垣外では、結婚の際には、オーカタをはじめ一族の本家がチューニン（仲人のこと）をつとめた。チューニンは、結婚に際して両家の間に入って式次第《しきしだい》を進行させる役で、代々特定の家に頼むことに決まっていた。チューニンを頼むということは一種のオヤカタドリで、チューニンと新婚《しんこん》夫婦の間には親分子分の関係が生まれた。新婚夫婦は親分であるチューニンに対して盆や正月に鮭《さけ》や酒を贈り、夫婦に子どもが生まれれば当然のこととして親分が名付《なづ》け親になり、反物《たんもの》や着物など祝いの品を贈った。喜多野が調査した当時、こうしたつき合いは三年間ほどに短縮《たんしゅく》されていたが、以前は、子分は親分に恩をうけるので、親分に対して年に二度労働奉仕《ろうどうほうし》をしたといわれている。大垣外では、このように結婚や子どもの誕生《たんじょう》といった人生の節目ごとに親方子方の関係が新たに結びなおされ、何代にもわたって家同士の関係として引き継がれてきたのである。

山梨県の親分子分といえば、この大垣外のように、本家が代々にわたって分家の親分となり、それが積み重なって、総本家を頂点とする階層構造が作られていると考えられていた。小作《こさく》層や分家層の家が地主や本家などの有力者を親分に頼み、親分の庇護《ひご》によって生活を安定させようとするのがこの関係の意味であり、親分になれるのは村内でも特定の有力家に限られるとされていた。

ところが、戦後、県内各地を調査した服部治則《はっとりはるのり》は、山梨県内にはこれとは異なるタイプの親分子分関係が存在するという事実を明らかにした。一九四七（昭和二二）年、山梨師範《しはん》学校（現在の山梨大学教育学部）に赴任した服部は、赴任当初より県内各地で村落調査を実施した。特に、一九四七（昭和二二）年から一九五二（昭和二七）年にかけて南巨摩《みなみこま》郡西山《にしやま》村（現在の早川《はやかわ》町）上湯島で行った親分子分関係に関する調査の報告は、一九五二（昭和二七）年「山梨県下に於ける親分子分関係の一類型」として発表され、学界の注目を集めた。

この論文が注目された理由は、上湯島の親分子分が、先に大垣外で報告された親分子分とは大きく違っていたからである。上湯島では、親分子分関係は本家分家とは関係なく、家と家との任意的《にんいてき》な関係、当事者《とうじしゃ》が自由に選ぶことのできる個人的な関係であった。ここでの親分子分関係は極《きわ》めて流動的で、二代続けて同じ家を親分にすることは滅多《めった》にないという。大垣外のオーカタのような特定の有力家が代々親分になるということはなく、ある世代で親分になった家が次の世代では子分になるというように、代が代わる度《たび》にお互いにオヤになったりコになったりする関係である。服部はこれを「平板《へいばん》的な関係」と表現している。上湯島では、親分の庇護を期待して子分になるというよりも、「縁《えん》が薄《うす》くなりかかった親戚との関係を濃くするため」または「親戚付き合いを広めるため」に親分子分関係を結ぶという。村内で親密に交際する範囲を広げ、その関係を強固にするための形式的な手続きとして親分子分関係が活用されており、「友達だから」親分に頼むという例が多いと服部は述べる。

この上湯島の事例は、親分子分を家々の上下関係、庇護奉仕《ひごほうし》の関係としてのみ理解しようとしてきた従来の考え方に修正を迫る、画期的《かっきてき》な事例であった。山梨県内で見いだされた二つの対照的な親分子分関係を、「大垣外型」と「上湯島型」と名付けたのは社会学者の▲森岡清美《もりおかきよみ》である。森岡は、「従来の研究によって山梨県の親分子分慣行は、大垣外型（本家分家を中核《ちゅうかく》として、地主小作、政治的指導追随《ついずい》の関係の重なるもの）を一方の極とし、上湯島型（本家分家と重ならず、しかも相互に親分になりあい、その上に家関係として固定していないもの）を他の極とする、一定の幅をもって理解さるべきことが明らかにされた」と述べている（東京教育大学社会学研究室『山梨県秋山村中野・神野社会調査実習報告』一九六〇年）。喜多野の報告した大垣外の事例は親分子分関係の典型例と受けとめられたが、その後の服部の調査によって全く異なる上湯島の事例が世に知られるようになった。この事例を親分子分の「両極的《りょうきょくてき》類型の一方の側のものとし、反対の類型を他の一方に対置する方法がとられるようになった」と服部は述べる。山梨県内で行われた二つの実態調査の成果は、日本の親分子分の多様性を象徴する二類型として、また親分子分という関係の仕組みを解き明かす重要な手掛かりとして、研究者の間で広く共有されている。

（中込　睦子）

森岡清美
一九二三〜二〇二二年。社会学者。専門は家族社会学・宗教社会学。三重県出身。東京教育大学教授・成城大学教授・淑徳大学教授を歴任する。浄土真宗・キリスト教・新宗教・祖先祭祀と家族、家憲、家族周期とライフコース、現代家族の変容など、近現代日本の家族に関する多様な主題について理論と実証の両面で研究を行った。

44 変わりゆく民俗 ―昭和初期の山村調査と山梨―

柳田国男の山村調査

一九三四（昭和九）年から三年間にわたって、全国五二か所の山村が選定され、全国規模の組織的な調査が行われた。調査員は柳田国男《やなぎたくにお》が主宰する研究会「木曜会《もくようかい》」のメンバーが中心で、学術振興会の補助を受けての調査研究であった。

目的は、「日本人として、争うことの出来ない共通性」や、「日本人特有の精神生活がどんな筋道を通って発達したといふことを解明」しようとする点にあった。あらかじめ一〇〇項目の質問事項を設け、それらを『採集手帖《てちょう》』という小冊子に印刷して各調査員に持たせた。

項目は今日の民俗調査とは観点が違う。民俗を体系的につかもうとする視点は弱い。たとえば、年中行事では「門松《かどまつ》の立てる場所」・「盆《ぼん》の仏迎《ほとけむか》への入口と盆火《ぼんび》を焚《た》く場所」、人生儀礼であれば「嫁の入口と作法」・「棺《ひつぎ》の出口と出棺《しゅっかん》時の行事」といった程度である。

山梨県では、当時の中芦川《なかあしがわ》村（現笛吹《ふえふき》市）が唯一選ばれ、▲金城朝永《きんじょうちょうえい》が調査を担当した。残された『採集手帖』によれば、金城は一九三四（昭和九）年六月二〇日から六月二八日までと、同年の一一月一〇日から一一月二二日までの二回、延べ三週間にわたって滞在し、民俗調査を行っている。

金城朝永
一九〇二～一九五五年、沖縄県生まれ。方言や民俗の研究に従事。『異態習俗考』などの著書がある。

話者として名前が記載されているのが、村の草分けと伝えられる芦沢家の勝治郎（当時八四歳）、息子の友太郎（当時五〇歳）とその妻（当時五〇歳）、役場書記の渡辺浪吉（当時七二歳）、役場小使《こづかい》の丸山英吉（当時四〇歳）、小学校校長の小林忠造（当時五〇歳）、宿の主人である野沢文作（当時六二歳）である。宿泊はこの期間を通じて、野沢文作が経営していた「日之出屋《ひのでや》」であった。

調査の結果は一九三七（昭和一二）年の『山村生活の研究』に集約されることになる。しかし、金城たちによって採集された資料は、そのままの形で反映されたわけではなかった。採集資料は地域社会（ムラ）から切り離されて処理され、日本の山村文化という視点で再編集された。具体的には、先の一〇〇項目が「村の起りと旧家」、「村の功労者」、「村の大事件」、「暮らしよかった時」など六二のテーマに再整理され、執筆には大間知篤三《おおまちとくぞう》、守随一《しゅずいはじめ》以下、研究会の主要メンバーが当たった。

柳田たちの山村調査から半世紀後の一九八五（昭和六〇）年前後、成城大学民俗学研究所によって追跡調査が行われ報告がなされた。そのなかに中芦川は含まれていない。おそらく、『採集手帖』の記述が簡略にすぎたため、追跡の対象として選ばれなかったのであろう。

『山村生活の研究』以降の生活変化

まずは、山村調査から半世紀間の生活の変化を概観してみたい。金城朝永が滞在した宿の「日之出屋」を例に、古老からの聞き得た資料をもとに整理する。

宿の主である野沢文作は野沢家の三代目当主で、「日之出屋」は文作の代になって始められた。遅く

馬方
馬の背を使って荷物を運ぶ仕事に従事する人のこと。

駄賃
運送代金のこと。「一駄」は馬一頭分の荷物を指す。

とも大正時代後半には一九三四（昭和九）年当時のような宿を営んでいたという。宿の経営以外に五反《たん》ほどの畑を耕作し、麦や粟《あわ》、トウモロコシなどを栽培していた。村内他家と同様に養蚕をしていたが、こちらの方はうまくいかず大正時代の終わり頃にはすでに見切りをつけたという。長男は小学校を卒業した後、▲馬方《うまかた》の仕事に従事して▲駄賃を稼ぎ、家計をたすけた。木炭と材木の運搬、帰路には峠を越えた八代《やつしろ》村（現笛吹市）にある雑貨屋「北村屋」で、村人に依頼された品物を購入して来たという。

宿といっても建物は茅葺《かやぶ》きの農家をそのまま利用したが、ただ二階には畳《たたみ》を敷いた座敷を設け、一階の座敷とともに客が寝泊りした。薬屋、繭《まゆ》買い人、干物屋、呉服屋、土木工事の監督などがよく宿泊していたという。『採集手帖』には甲府の時計修繕《しゅうぜん》屋、東京の歯医者、浪花節《なにわぶし》語り、吉田の不動明王のお札売りなどの記載がみえる。

調理場の造作は非常に簡単で、土間に水桶と切《き》り板《ばん》の台がある程度であった。煮炊はすべてヒジロ（囲炉裏）を使い、竈《かまど》はなかったという。風呂は桶に簡単な焚き口が付いた程度のもので、屋外に持ち出して焚いた。

宿主の野沢文作は、一九三六（昭和一一）年一一月、六三歳で他界した。金城が調査に入ってから一年足らず後ということになる。亡くなる直前に、長男は上芦川《かみあしがわ》村（当時）から嫁を迎えたが、その長男も一九三七（昭和一二）年には徴兵された。

この間、もっぱら嫁が宿仕事の切り盛りをしたという。長男は一九三九（昭和一四）年に帰還《きかん》し、父文作の位牌とともに一家をあげて名古屋に、その後しばらくして熊本へと移った。「日之出屋」は一九

大戸
家の正式な出入口に設けられた大きな戸。多くは潜り戸があり、日常的に出入りする。

三九（昭和一四）年で廃業となり、以後、再開することはなかった。

一九四五（昭和二〇）年三月、長男一家は戦禍《せんか》を避けるため中芦川に戻った。生業はもっぱら炭焼《すみや》きと畑仕事であった。昭和二〇年代に家屋の大改築が行われている。茅葺きの屋根を取り払ってトタン屋根にし、二階部分を付け足した。この時に入口である戸間口が東から南側に付け変えられ、▲大戸《おおど》が消えた。また、ヒジロ（囲炉裏）は掘り炬燵《こたつ》に変わり、土間がコンクリートで覆われたのもこの時期であった。

村内の改築ブームは二回あったという。第一期は一九五五（昭和三〇）年前後からで、このときに調理場と風呂場の改築が盛んに行われた。流し場や竈、備え付けの風呂がこの頃導入された。ブームの第二期は東京オリンピック（一九六四〈昭和三九〉年）前後からで、屋根の改装がすすみ茅葺き屋根にトタンをかぶせた家が多くなったという。

葬儀をめぐる民俗の変化

次に、山村調査から半世紀間の民俗変化を見る。なかでも葬儀習俗に焦点を当てる（著者の調査）。

死者がでると、まず二人一組の飛脚が送られるが、その範囲はだいぶ縮小された。飛脚は自家用車を使うようになったが、昭和二〇年代までは文字どおり徒歩の飛脚が送られた。その範囲は坂向こうと表現される、峠を越えた甲府盆地方面に及んだという。

湯灌《ゆかん》をすませると死者を北枕《きたまくら》に寝かせ、枕元には枕膳《まくらぜん》が盛られる。また、胸元には魔除けの刃物を置く。これらは半世紀後も行われていたが、病院で臨終を迎える者が増え、湯灌にともなう▲逆さ水は行われなくなっていった。

葬式は自宅で行われ、手伝いは葬式組《そうしきぐみ》とよばれる近隣組織が担った。半世紀後も土葬が続けられており、棺桶《かんおけ》（座棺《ざかん》）作りや穴掘りは葬式組の役割であった。死者が出た家で調理を行わない。いわゆる▲別《べっ》火《か》の習俗も守られており、ヘッツイ（竈のこと）や釜は近所から借用していた。一九八〇年頃になり、葬式組で一式を買い揃え、倉庫に保管するようになった。

縄《なわ》タスキをして▲石で釘を打つなど、入棺《にゅうかん》時の習俗は半世紀後も続いていた。出棺《しゅっかん》時の習俗のなかには消えたり、変更したものがあった。死者の着物を屋根に投げ上げる行為は完全に消えた。先頭が松明《たいまつ》を燃やし葬式行列を先導する習慣は、寺の庭先に到着してから点火するよう変更された。いっぽう出棺直後に、座敷を箒《ほうき》で掃き出すことは行われていた。

寺の境内《けいだい》に張る四方幕《しほうまく》も依然《いぜん》として行われていた。五間《ごけん》四方で、東西南北に竿を立て、二メートルほどの高さに二段で晒布《さらしぬの》をぐるりと張り巡らし、この下を葬式行列が回る。財力に応じて、四方幕、東西の二方幕《にほうまく》、幕《まく》なしの平弔《ひらとむら》いがあったが、以前に比べて四方幕や二方幕の割合が多くなった。また、棺桶を埋めるに先立って、親類縁者が枕石《まくらいし》と称する小石《こいし》を投げ込む。これも行われていた。

死後の供養《くよう》のうち主だったものを拾い出してみると、初七日《しょなのか》・四十九日《しじゅうくにち》・一周忌《いっしゅうき》・三年《さんねん》忌・七年《ななねん》忌・十三年忌・三十三年忌・五十年忌がある。初七日《しょなのか》は昭和二〇年代に、葬儀の当日に変更された。一・三・七年忌までは行うのが普通であるが、御馳走でもてなすなど、だいぶ盛大になった。また、最後の供養が弔《とむら》い上《あ》げと称する五十年忌で、二股塔婆《ふたまたとうば》を集落の辻に立てる。この習慣は続いており、それがすむと

逆さ水
普段と異なり、水に湯を入れて温度調整する行為。日常は厳しく戒められた。

別火の習俗
死に関わった場所の火を煮炊きに使わないこと。臨時の調理場を設ける。

石で釘を打つ
金槌の代わりに石を使って蓋を固定する。日常と違う所作で忌を回避。

荒神
「荒神」は「三宝荒神」とも。火の神を指す。

神様になるから供養をする必要がない、とも伝えていた。

以上が葬送習俗および変化の概略である。

部分的な消滅や改変をみるが、呪術的要素の強い習俗であっても継承されていたものが少なくない。列挙すれば、神棚に半紙を貼る、葬儀の後に台所にある荒神《こうじん》の御幣を切り直す、死者が同年齢の場合年勝ち豆を炒って配る、などである。さらに、死の予兆に関しても、正月そうそうに女性が亡くなるとその年は死人が多い、オウジョウヤマ（往生山か？）の石が下まで転がると年寄りが死ぬ。オウジョウヤマの石が途中で止まると若者が死ぬなど、半世紀後にも伝承されていたものがある。

追跡調査から四〇年

追跡調査から、さらに四〇年が経《た》とうとしている。一家であれば、世代交代がなされる歳月である。葬儀に関して劇的に変わったのが、執行の場所である。自宅葬《じたくそう》が消えた。それまでは自宅葬が普通で、それによって保持されていた葬儀習俗は少なくなかった。

『山梨日日新聞』の「お悔やみ」欄《らん》をもとに表をつくってみた。西暦二〇〇〇年をはさんだ二〇年ほどの間に、大きく変化したのがわかる（図表1）。一九九〇年にはホール葬（葬祭会館など）がゼロであったが、二〇一〇年には自宅葬がゼロになった。昨今、家族葬が増えつつあり、将来的には自宅葬の復活も考えられるが、当面はホール葬が衰えることはないと思われる。

葬儀場所の変化によって、三〇年前の土葬は姿を消した。いっぽうで、葬儀自体がなくなったわけで

年度	自宅葬	ホール葬	寺院など	不記載	計
2020	0	84	2	24	110
2015	1	130	6	7	144
2010	0	129	11	3	143
2005	6	119	13	0	138
2000	56	40	7	0	103
1995	102	6	16	0	124
1990	86	0	8	4	88

図表1　葬儀場の変化
（『山梨日日新聞』の「お悔やみ」欄をもとに、各年度の11月分を拾った。2020年度の「不記載」が多いのは、コロナ禍の影響と思われる。）

はない。物故した人物を、関係者が丁重に弔うという心意は脈々と継がれている。その表現方法が経済（生活）の変化に伴って変わったにすぎない。心意の表現が「民俗」であるとするならば、変化は必至である。非合理的な部分は、合理的なものへと形を変えていく。自宅葬からホール葬への変化は、その良い例である。

生き続ける弔い上げ

二〇二三（令和五）年三月中旬、笛吹市の中芦川を訪れてみた。寺の入口に二股塔婆が立ち並んでいた。四〇年の間、変わらず受け継がれていたのである（写真1）。なかでも、「令和五年三月四日」と記した真新しい二本が目を引いた。一三歳で亡くなった「女」と、五二歳で亡くなった「男」のための塔婆であることがわかる。聞くところによると、施主の娘と施主の父親だという。施主は墓地だけを残して、すでに土地を離れていた。

弔い上げの風習は記憶との「送別」を意味しまいか。死から五〇年後は、亡き人への記憶（想い）を有する者が終末を迎える頃である。記憶の主が亡くなると、記憶（想い）は主から離れて漂う。放っておけない、何らかの形で処理したい。こうした心意は、亡き肉親に関する記憶を有す者のみである。それは生を受けた者すべてに共通の心意であろう。

写真1　二股塔婆
（笛吹市芦川町中芦川）

名称は古めかしい「弔い上げ」を引き継ぐが、その役割が記憶（記憶にある肉親）との決別の表現であり、ケジメを次代の人に告げる手続きであるならば、動機は自然で人間らしい。弔い上げがすむとカミになる、という解説は個性を消滅した霊魂への誠意である。弔い上げなる民俗は、惰性《だせい》で続いてきたわけではない。亡き人たちへの誠意、人として自然にわき出る義務心によって支えられてきたのである。

（影山　正美）

45　自然災害の記憶と遺産

―「恩賜林」の始まり―

自然の恩恵と猛威に生きる

山梨県はフルーツ王国である。そして甲州ワインの産地である。年間を通じて雨量が少なく日照《にっしょう》時間が長いため、ブドウや桃、サクランボなどの果樹栽培に適しているのである。

ところが、ひとたび大雨が降ると河川が大暴れする。信玄堤《しんげんづつみ》に代表されるように、甲斐国は洪水被害にたびたび見舞われ、治水対策が領主の最重要課題だった。その努力は絶え間なく続けられてきたにもかかわらず、山梨県はたびたび洪水とそれにともなう土砂災害に見舞われ続けてきた。洪水被害を物語る石碑類が各地に多く残されている。

写真１　被災六十周年祈念碑
（韮崎市）

たとえば韮崎《にらさき》市である。一九五九（昭和三四）年夏に、台風七号と伊勢湾台風による洪水被害をうけた。街の中心地が濁流にのまれ、甚大な被害をうけた。それから六〇年後の二〇一九（令和元）年、市役所の前庭に「昭和三十四年（台風七号・伊勢湾台風）被災六十周年祈念碑《きねんひ》」が建立された（写真１）。

三〇〇〇メートル級の山々に囲まれているのが山梨県である。雨水は急峻《きゅうしゅん》な山肌を削り山麓へと流れ下っても、森林帯の保水力によって平野部の安全が守られてきた。しかし、その森林帯を入会地《いりあいち》として地域で利用し管理してきた仕組みは、明治政府が御料林として召《め》し上げたことで、バランスを崩してしまった。国の殖産興業政策によって、養蚕が奨励され、豊かな鉱物資源が採掘された。さらに、養蚕業や鉱工業などの産業に欠かせない燃料を確保するために、多くの薪炭材《しんたんざい》を山から乱伐《らんばつ》した。御料林の盗伐《とうばつ》も繰り返され、かつての森林は開墾されて禿げ山《はやま》になったのである。

明治四十年の大水

山梨県では、甚大な被害があった洪水災害のことを大水《おおみず》と呼んできた。とくに、明治時代以降の大水の特徴は、山腹崩壊によって土砂が河床《かしょう》に堆積して水嵩《みずかさ》が上がり、川が乱流《らんりゅう》し破堤《はてい》を繰り返すというものだった。そのため、堤防の補修だけしても、抜本的な解決にはならなかった。

一九〇七（明治四〇）年、歴史に残る大水が山梨県全域を襲った。死者二三三名、全壊・流失家屋約五七六七戸、埋没・流失した田畑・宅地六五〇ヘクタール。このほか山崩《やまくず》れは三三五三か所、堤防の決壊・破損の延長約一四〇キロメートル。この洪水災害のことを「明治四十年《めいじしじゅうねん》の大水」と呼んでいる。

このとき、水害で孤立した笛吹川《ふえふきがわ》右岸の石和《いさわ》の人々に向かって、食糧の到着を「米キタ」「アスヤル」「船クルヒルコス」と障子に大書きし、背後から炎の光を照らして対岸から知らせたという。現在のようなヘリコプターによる救援活動もない時代、何日間も食糧を入手できず飢餓状態だった人々にとって、生きる希望を与えてくれる伝言であった。

川が流れ出ない河口湖

明治四十年の大水は、国中《くになか》と郡内《ぐんない》の境の笹子・御坂《みさか》山地から流れ下る笹子川《ささごがわ》・大幡川《おおはたがわ》流域、そして河口湖にも甚大な被害をもたらした。

河口湖に注ぐ河川は、御坂山地を中心に北側から流れ込むものが多い。梨川《なしがわ》・西川《にしがわ》（疱川《もがわ》）・寺川《てらがわ》・六首川《ろっくびがわ》・山の神川《やまのかみがわ》・鯉ノ水川《こいのみずがわ》の六河川である。しかし、河口湖を源として流れ出る河川はない。そのため、大雨が降って湖が増水すると水の逃げ場がなく、湖岸の村むらは幾度《いくど》となく洪水被害に見舞われた。住民が「摺鉢《すりばち》の底ですから、幾日《いくにち》経《た》っても減水するわけがありません」というように、たまった水の中での暮らしが幾日も続いた。

大水の記憶

明治四十年の大水では、どこに湖があるのか境目がわからないほど増水し、建物の一階部分が水没した状態になっていた。また、浸水《しんすい》した一階部分は柱のような構造材が残るのみで、まるで高床式の住居のようになってしまった。浸水期間が長いので、二階から釣り糸をたらして太公望《たいこうぼう》を決め込む者もいたというエピソードまである。通常の出水の水嵩は一丈《じょう》五尺《しゃく》（四・五メートル）くらいだが、明治四十年の大水は三丈《じょう》（九メートル）余りだったという。

これに追い打ちを掛けたのが、明治《めいじ》四十三年《しじゅうさんねん》の大水だった。明治四十年の時より、さらに二尺《しゃく》三寸《すん》（六九センチ）も高い増水であった。減水は自然蒸発に頼るしかないため、一階部分が四、五年も水に浸かり続けた家もあった。主要街道はほとんど使えず、山側の本家の二階から湖水側の分家の二階へと桟橋《さんばし》を渡して行《い》き来《き》したり、河口《かわぐち》渡船場から船に乗って対岸へ渡ったりした。

被災者の集団移住

洪水は、家や耕地に浸水被害をもたらすだけではない。河口湖岸のように、長期間水没することで復旧の目処《めど》すら立たないこともあった。水害常習地帯の畑は痩地《やせち》で、畑の中から水があふれてくる差し水によって、雑穀のヒエやアワでも根枯れしてしまった。

山梨県は、被災者対策の一環として国庫補助と県の助成による▲北海道への集団移住を奨励した。明治四十年・四十三年の大水では、移住を余儀なくされた人々が山梨県全体で三〇〇〇人以上もいた。当時の河口村からは、一九一一（明治四四）年に一一戸五一名が北海道に向けて出発した。しかし、開墾地の過酷な環境から、離農者が絶えなかったという。

北海道への集団移住
多くが羊蹄山（蝦夷富士）の周辺に移住。「山梨」の地名がある。

御料林の下賜

明治四十年・四十三年の大災害を契機として、翌一九一一年に県内の御料林一〇万四〇〇〇ヘクタールが無償で山梨県に下賜された。これが今日の恩賜県有財産、いわゆる恩賜林で、組合を作り管理運営をしている。一般に恩賜林組合と略称されている。

前述したように、大水害は河川の水源地が山林乱伐によって保水力を失ったことで引き起こされた。そのため、恩賜林は盗伐や開墾から守る山林保護を目的としている。恩賜県有財産は、それぞれの地域に分割して管理運営されている。たとえば旧河口村の場合、山林が分散しているため二つの保護組合に属し、それぞれ財産区や管理会という組織が実際の管理運営にあたっている。また、その一部は一九一一年当時、各村に払い下げられて村有財産となった。

御料林と記念日の制定

御料林とは、明治憲法下で皇室財産に編入された森林のことである。一八八一（明治一四）年、山梨県では三〇万町歩（約三〇万ヘクタール）の元小物成地《こものなりち》（雑年貢地）のほとんどが官有地《かんゆうち》に区分され、そのうち林相《りんそう》をなした一九万九〇〇〇町歩と残りの原野が、一八八九（明治二二）年に官林と合わせて皇室御料地に編入された。明治政府は、皇室財産を増やして皇室の費用を賄《まかな》う財源としたほか、軍事費・行政費の非常財源にもしようとした。御料林は全国官有林野のうち、大面積で民有地と錯綜《さくそう》しない場所が選ばれ、その一つとして山梨県官有地は一括《いっかつ》して御料地に編入されたと考えられている。

ところが、広大な林野は御料局《ごりょうきょく》の管理が行き届かず、盗伐と火災によって荒廃《こうはい》が急速に進み、水害の脅威は年ごとに増していった。御料林の下げ戻しは、一八九六（明治二九）年の水害後に協議されるようになったが、有償払い下げについて御料局との折り合いがつかないまま、明治四十年・四十三年の大水害が起こってしまった。

明治四十三年の水害は、中部地方・関東地方の広範囲にわたり、明治政府は山梨一県に多額の復旧費を給付することはできなかった。一九一一（明治四四）年二月一一日に、皇室費からの下賜金一五〇万円を基金として窮民《きゅうみん》の救済のための恩賜財団済生会《さいせいかい》が発足した。このとき同時に決められたのが、御料林の山梨県への下げ戻しで、三月一一日に天皇が御料地を県有財産に下賜する「御沙汰書《ごさたしょ》」の伝達が行われた。後に、この三月一一日は「恩賜林記念日」と制定された。県下の小・中学校では、毎年三月一一日に「御沙汰書」の奉読《ほうどく》とその内容についての説明が行われていた。

写真２　謝恩碑

現在、甲府城跡に作られた舞鶴城公園の中央部に、天を突き刺すように高くそびえる石柱が建っている。下賜に感謝するため、一九一七（大正六）年から一九二〇（同九）年までの三年間、当時の金額で約一〇万円を費《つい》やして建てた謝恩碑である（写真2）。また、一九一七年には恩賜林記念日の歌が作られ、小・中学校での記念式典で歌われた。第二次世界大戦後は、県の行事として毎年三月一一日に謝恩碑前広場で記念式典が行われている。また、恩賜県有財産の保全・整備は、山梨県とともに一六〇余の地元保護団体が協力し、公益社団法人山梨県恩賜林保護組合連合会として組織されている。

（松田　香代子）

46 人気の観光地への道のり ―持続可能な観光開発―

写真1　富士山（御中道で馬に乗る観光客）

岳麓開発と観光

富士吉田市にある山梨県立吉田高校の前身は「岳麓農工《がくろくのうこう》」と通称される実業学校であった。学校開設当時、岳麓は富士山麓地域を指す地域呼称であり、山梨県は大正年間（一九一二〜一九二六）に「岳麓開発計画」を作成し、観光開発に着手した。

一九三六（昭和一一）年二月、富士山地域が国立公園に指定され、その後、一九三八（同一三）年に箱根地域、一九五五（同三〇）年に伊豆半島、一九六四（同三九）年に伊豆七島が追加指定された。霊峰富士と広大な裾野、湖沼と温泉、優美な海岸線、南国ムードをかもす伊豆の島々、休養と保養を兼ね備えた世界的な観光地となっている。特に北面からの富士山の眺めは素晴らしく、富士五湖や青木ヶ原樹海、御坂山地、三ツ峠山など雄大なパノラマを形成している。中央自動車道や富士スバルラインなどを利用して数多くの観光客が訪れる。二つの胎内《たいない》（吉田・船津）や溶岩洞穴、ハリモミの純林、レンゲツツジ群落などが国の天然記念物の指定を受けている。外国人観光客の受入れ態勢の整備拠点として、富士山・富士五湖地域が国際観光モデル地域になっている。

ウミ　富士北麓では湖水を指す。

富士五湖の村々と開発

富士五湖観光の拠点となっている河口湖であるが、昭和初期には、まだ湖畔《こはん》を一周する周回道路の開設はなく、一九六二（昭和三七）年と比較的新しい。湖畔には集落と耕地のみが展開していた。北岸の富士河口湖《ふじかわぐちこ》町大石《おおいし》では、周辺地域と行き来にもっぱら自家用の舟を利用していた。

南岸には、▲ウミ（海、湖水）に注ぐ「流れ川」は存在しない。ここの集落は、大船津・小船津（以上富士河口湖町船津《ふなつ》）、乳ヶ崎・八丁屋・林・西（以上同町小立）、勝山・小海（以上同町勝山）など、ムラごとのまとまりが認められる。この時代、畑で耕作する代表的な作物はトウモロコシであった。御坂山麓の恩賜林《おんしりん》に隣接する民有地は一帯が植林地で、それ以前は一面の桑原《かばら》だった。

河口湖に西隣するのは西湖《さいこ》で、かつては八代郡《やつしろぐん》に所属し、西湖《にしのうみ》と呼ばれていた。ここでの富士山は、「蔭山」「凍り山」の陰口を浴びせられていた。この地の人々は、「向こう側にひっくじけるものなら、ひっくじいてしまいたい」と思い、そうして南からの暖かい風が吹いてくることを願望していたという。郡内とは別の九一色郷《くいしきごう》として一体感のある地域を構成しており、湖辺《こへん》、西方《にしかた》とは、富士山に対する認識に温度差があった。

交通網の整備もあって、比較的東京に近い山中湖周辺では、早くから避暑客を核にした観光地化の取り組みがなされた。よその観光地の多くが戦後の高度成長期に対応した新興《しんこう》の観光地であるのに対して、山中湖畔は第二次大戦以前にすでにその基礎が確立された先進の地域であった。観光開発の中心をなすのは別荘開発で、その大半が恩賜《おんし》県有林を利用したものだった。山梨県主導で開発計画が策定され、借地による土地の開放が進んで、広大な別荘地域が展開するようになった。「岳麓開発計画」の中で、富士山麓土地会社が設立され、旭日丘に別荘地区が形成された。山中湖南岸に東・中・西区が設定され、各株主に提供できるように小区画に割られていた。この地域は旧来の集落とは離れて新たに形作られたために、別荘と旧集落は直接的な交渉は持たず、別荘やゴルフ場などで働く人だけが直接的に別荘の人々と関わってきたといってよい。

八ヶ岳と南麓の開発

例年、清里《きよさと》（北杜市高根町）の秋の収穫を祝う▲ポール・ラッシュ祭が、キープ協会清泉寮《せいせんりょう》周辺で行われる。このイベントは旧高根町を合併した北杜市が主催する。県外からも大勢の観光客が訪れて賑《にぎ》わっている。清里の開拓に尽力したポール・ラッシュの業績をたたえるのが目的で、一九五四（昭和二九）年に始まった。メイン会場の清泉寮前の牧草地には八ヶ岳周辺の食材を使ったピザやトウモロコシなどの屋台が並び、草むらに腰を下ろして飲食する人も見かける。木工品や陶器など地元の工芸品の出店もあった。

ポール・ラッシュ　一八九七〜一九七九年。アメリカ人牧師。一九二五年に来日。太平洋戦争で一時帰国したが、一九四五年再来日。

清里は八ヶ岳の東南麓、海抜一〇〇〇〜一四〇〇メートルの高原地帯に位置している。一八七五（明治八）年に浅川村と樫山《かしやま》村が合併して清里村が成立し、そのまま明治町村制の村となり、その後、一九五六（昭和三一）年に高根町となり、清里はいったん消えた。一九六四（昭和三九）年に樫山《かしやま》を大字清里に変更した。この土地を取り巻く清涼な自然環境をもとに清里と命名されたという。旧清里村の範囲は、真ん中に浅川地籍を挟んでその東西に清里の地籍が展開している。観光的には清里高原と呼ばれ、それが地名化して地図上にも表記されている。

公益財団法人キープ協会は、一九三八（昭和一三）年に建てられた清泉寮を母体に、一九四八（昭和二三）年よりこの地において、創設者ポール・ラッシュの理想に基づく「祈りと奉仕」の実践の場として、それに必要な施設を運営して今日に至っている。清泉寮は、北杜市高根町清里と同市大泉《おおいずみ》町にまたがることから「清泉寮」と名付けられた。行楽シーズンともなると、ここで販売されるソフトクリームを求める購入客の長い行列ができるが、それもこの寮が持つもう一つの顔となっている。

「清里」の価値

清里は、よく信州のうちかと間違えられる。実際に信州だと思い込んでいる人も少なくない。観光ガイドブックの中でも信州のくくりの中で扱っているものが少なくなく、信州につながるような高原のイメージを売り物にしている。かつて南都留《みなみつる》郡の中野村が、「観光立村」を目指して山中湖《やまなかこ》村と改称したように、高根町ではその町名を、清里町に変更しようとする動きがあったという。長野県では旧御代田《みよた》町が「西軽井沢町」に変更しようと取り組んでいた。これらに触発されてのことであろう。

観光的にうけるイメージがまるで違い、清里のほうがネームバリューをもっている。しかし、海抜一〇〇〇メートルを超える弘法坂《こうぼうざか》の上の一地域名を町全体の名前にしようとしたことは、旧高根町内の他の地域から冷ややかに受け止められただけで、具体化するには至らなかった。また、高根町の農業祭りを清里の名を冠して一回だけ実施したことがあったが、同じように継続はされなかった。

清里の南、高根町箕輪新町《みのわしんまち》の一角、堤地区の一部は「南清里」と名付けられてペンション用地として分譲されており、現在は半ば地名化している。清里は知名度が高く、東念場《ひがしねんば》の浅川地籍でもペンションは清里の名を使っている。清里のペンションが予約で埋まると、次に大泉や小泉《こいずみ》のそれが埋まっていく。とにかく清里は他所に比べれば集落形成の望めるところである。ここで観光産業に携わる人は、「清里にきてよかった。ここでは、年間を通じて客をとることができる」という。大泉では「冬場に客が入らない」ため、冬の期間はなんらかのアルバイトをしなければならない。

「夜さえ明ければ客が来る」といわれた清里であるが、確かに一時期のブームともいえる時代は去った。しかし、現在も新たにこの地域で開業するペンションが少なくとも年に二、三軒はあるという。廃業《はいぎょう》するのも同じくらいの数なので、清里全体では常時一〇〇軒ほどのペンションが営業していることになる。不況下にあっても、この地域は着実に来訪者を迎え、観光に従事する暮らしが展開している。

（堀内　眞）

47 世界遺産としての富士山 ―その調査から登録まで―

登録までのあゆみ

富士山の世界遺産登録は何が出発点となったのであろうか。一九九三年五月、富士山を世界（自然）遺産とするべく、「富士山の自然を守る会」と「静岡県自然保護協会」が共同で静岡県知事と環境庁長官に請願書を提出した。翌年、「守る会」はさらに運動を盛り上げるため、署名運動を提案し、他の自然保護団体や山梨県にも呼びかけて、自然遺産としての登録を目指し、約二四〇万人の署名を集めた。

しかしながら、この登録は実現しなかった。二〇〇三（平成一五）年、環境省の「第三回世界自然遺産候補地に関する検討会」の内容からすると、五合目から上は山の価値がほとんどない、一合目から三合目くらいの間が重要であるが、その間が一番問題の多い地域でもあるとされた。溶岩上《ようがんじょう》に発達した植物群落とか、溶岩トンネルとか、溶岩洞窟《ようがんどうくつ》とかいろいろな地形、その他もろもろが下の方になっていて（森林限界以下に集中していて）、人の手が入りすぎていることなどが検討され、候補地から除外された。このような経緯から、それ以降、環境省が登録に向けた具体的な動きをとることはなかった。

文化遺産としての動きはどうか。文化庁の具体的な検討は環境省に先行し、二〇〇〇（平成一二）年頃からであろうか。同年は文化財保護審議会（現文化審議会）の世界遺産条約特別委員会が「世界遺産候補地として推薦すべき」という報告書をまとめ同審議会に提出。同報告書は、富士山は「日本人の信仰や美意識と深く関連し、日本を代表する名山」と位置づけ、推薦には国民の理解と協力が必要であるとした。

文化遺産としての登録をめざす、その下敷きとなるような富士山の調査は「歴史の道」整備事業や自治体史の編纂《へんさん》などを軸に継続的に行われてきた。富士吉田市は、一九九六（平成八）年に、「富士吉田口登山道」が「御坂道《みさか》―鎌倉街道」「▲棒道《ぼうみち》」とともに文化庁の「歴史の道百選」に選定されたことをうけ、同年から吉田口登山道の整備活用推進事業に着手し、二〇〇一（平成一三）年まで調査と整備を行った。なお、吉田口登山道は山梨県教育委員会が実施した「歴史の道」調査の二二の古道に含まれない道であったが、同道をあわせ全国の九七件がこのときに選定された。

棒道
北杜市と長野県方面を結んだ直線道路。武田信玄が軍用につくった伝えられる。

二〇〇二（平成一四）年『富士山百科』が刊行され、富士山を文化遺産としてみる普及書の端緒《たんしょ》となり、その後、数冊のムック類などに富士山の文化的な側面が掲載され（『日本歴史の原風景』、『富士を知る』など）、文化遺産としての認識の醸成《じょうせい》がはかられた。

二〇一三（平成二五）年六月、富士山は信仰の山、また芸術の源泉として、世界文化遺産に登録された。二つの要素をもつ名山としての評価である。

北面の人文的な調査

江戸で盛行した富士講《ふじこう》（江戸富士講）を山もとの吉田（富士吉田市上吉田）では江戸講と呼称した。「江

富士塚
富士山を模して築いた人工の塚山。江戸時代に盛んに造営された。

御中道
富士山の中腹を一周する道のこと。時計回りに周回する。

戸は広くて八百八町、八百八町に八百八講」といわれるほどに数多くの富士講が分立し、江戸・東京の周辺には数多くの▲富士塚《ふじづか》が築造され、今日に至っている。

富士講が爛熟《らんじゅく》した江戸時代の天保期（一八三〇〜一八四四）を経て、幕末・明治期から一〇〇年を経た一九七〇年代、首都圏内の富士塚の破壊が進行した。最古の富士塚といわれる高田富士（安永八〈一七七九〉年）も消滅した。富士塚は神社や講中（講社）、講員のものであるばかりではなく、民俗文化財として保存活用の機運が盛り上がったことから、(財)日本常民文化研究所による調査研究が開始され、調査報告第二集『富士講と富士塚―東京・神奈川―』（一九七八年）、同第四集『富士講と富士塚―東京・埼玉・千葉・神奈川―』（一九七九年）が刊行された。

前書は「富士講の系譜」を掲載し、東京都と神奈川県の富士塚を集成したものであり、富士塚の保存に向けた実測図を盛り込む。後書は東京や南関東に分布する富士講と富士塚の多角的な調査を報告し、その後の富士講研究の端緒となった。

自治体史の関連調査には、富士吉田市の『上吉田の石造物』（一九九一年）や『マネキ』（一九九六年）（マネギ、奉納物のこと）の調査があり、同市博物館は吉田口御師《おし》の外川家に絞った『富士山吉田口御師の住まいと暮らし』（二〇〇九年）を、静岡県の富士市立博物館は富士見一三州に及ぶ富士塚調査を実施し、『富士塚報告書』（一九九五年）を刊行した。山梨県富士山総合学術調査研究の第二次調査は、富士山▲御《お》中道《ちゅうどう》大沢室の石造物と付随する「神殿」（三柱神社とも）、奉納物を集成し、『山梨県富士山総合学術調査研究報告書二』に収載した。一九二〇（大正九）年の縁年《えんねん》に際して「神殿」建造についての寄付や奉納物と、その後の御中道の巡拝《じゅんぱい》を一覧化し、その全体を山梨県立富士山世界遺産センター報告書『世界遺産富士山　第一集』（二〇一七年）で整理している。

富士講資料の調査研究

室町時代後期以降、富士山へ登拝《とはい》する道者《どうしゃ》、参詣者《さんけいしゃ》の集団登山が確認され、日本全体に広く行われる富士信仰についての調査研究が進展している。とりわけ、関東地方に広く分布し、のちに富士講（江戸講）へと発展する富士信仰について明らかにするものが主流で、江戸にあっては、その檀那所《だんなじょ》・祈禱檀《きとうだん》家《か》が、江戸市中に生成した富士講へと再編されていった。それらがマネギ類に代表される奉納物によってもうかがうことができる。近代に入ると、▲教派神道《きょうはしんとう》に再編された新たな信仰へと発展することになる。

富士山北面の信仰拠点集落の一つである川口（富士河口湖町河口）には、そのような富士講中による奉納物がほとんど存在しない。また、同地の御師住宅の敷地に富士講碑《こうひ》は造立されていない。同地の浅間神社にも、そのような石造物の造立は認められず、甲府市横近習《よこきんじゅう》町（中央二丁目）の富士講である水上講の灯明台一対が存在するのみである。

吉田（富士吉田市上吉田）の場合はどうか。関係する石造物は、江戸時代中期の富士講村上派による「下浅間」（江戸富士講の呼称、北口本宮富士浅間神社）の大改修と参道の石灯籠から出発して、社殿の背後に多数の講碑が造立されるようになり、幕末期には御師の屋敷地にも建てられていく。御師の建物内には富士講の額や信仰物が奉納される。御神殿には富士講の講紋と講員名や登拝日を記した祈禱札《きとうふだ》（紙

教派神道　明治政府から公認された禊教・天理教など一三の宗派を指す。

のマネギ）が掲げられ、その形式のままに宿帳にも記載されるようになる。布製のマネギ（招旗《まねきばた》）も御《お》師《し》坊《ぼう》や下浅間、山小屋に納められる。須走（静岡県駿東郡小山町）にも、同様に富士講の奉納物が多数認められる。マネギ類は江戸の富士講によって大きく発展を遂げた信仰用具といえよう。

「信仰の対象」と「芸術の源泉」の山

富士山は「信仰の対象」であるとともに、「芸術の源泉」として、日本人の自然観や日本文化に大きな影響を与えてきた。その内蔵する価値を明らかにするための調査研究を山梨県は二〇〇八（平成二〇）年から、富士山総合学術調査研究事業として実施している。

また、それと関連して、山梨県・静岡県は、それぞれ世界遺産センターを整備した。富士山に関わる包括的《ほうかつてき》な保存管理の拠点とするとともに、富士山の自然、歴史・文化に加え周辺観光等の情報提供を行うなど、訪れる多くの人々のニーズに対応する拠点施設として、二〇一六（平成二八）年六月に山梨県のセンターは開館し、ここを拠点とする調査・研究が再出発した。それに伴い富士山総合学術調査研究委員会の事務局を、山梨県教育委員会部局からここに移した。

調査研究は参詣路・登拝路・巡拝路（巡礼路）に関するもの、登拝拠点となる御師住宅の建築学的なもの（本庄家、槇田家など）、吉田口登山道山小屋の民俗学的なものなど多方面にわたる調査研究に及んできた。

また、▲世界遺産委員会決議への対応として、富士山内の上方の登山道との関連に関して、「下方斜面

世界遺産委員会　世界遺産について話し合うための国際連合教育科学文化機関（ユネスコ）の委員会。会議には諮問機関である国際記念物遺跡会議（イコモス）の代表者などが参加する。

写真1　富士講の登山

における巡礼路の特定」という課題に取り組んでいる。北面への参詣路・登拝路・巡拝路（巡礼路）の経路や信仰施設の位置を明らかにした上で検討し、普及啓発のための複数の地図の作成や、それに基づいた活用事業を実施する。加えて、従来確認されている道とは別の、新たな道の調査を行っている。静岡県や富士宮市とも連携し、青木ヶ原樹海内の古道や、人穴信仰遺跡に至る県境を越える道筋の調査をする。富士講の信仰拠点としての人穴（富士宮市）は、信仰的にいつ頃に成立し、整備の手が加えられて、富士講碑群の造立をみたのか、これらを明らかにし、将来にわたって継承することは、とりわけ山もとに暮らす人々にとっての大きな責任といえよう。

（堀内　眞）

参考文献

一　参考文献は㈠次の一歩の学習案内文献、㈡参照・引用文献の二つに分けて記載した。

二　㈠次の一歩の学習案内文献は、本書を読んで興味を抱いた読者が、それをさらに深く知るため、また自ら発見した事柄を調べ考えるために参考となる文献を記載した。文献は、山梨県立図書館、各市町村立図書館、大学図書館等に配架されていると思われる単行本に限定した。

三　㈡参照・引用文献は、本書執筆に際して参照したり、引用したりした文献を基本に、山梨県内を対象とした各分野の重要文献を、本書の章の順に記載した。文献は、単行本に加えて雑誌、論文集などに掲載された論文や報告も収載し、著者・編者の五十音順に配列した。

四　文献の記載は、単行本は著者・編者名『書名』発行所、発行年の順に記載し、論文・報告等は執筆者名「題目」著者・編者名『書名』発行所、発行年、あるいは著者名「題目」『雑誌名』巻数―号数、発行所、発行年とした。

五　同じ書籍に年次が異なる幾つかの出版形態がある場合は、もっとも新しく刊行されたものを記載したが、文献によっては最も普及していると判断される版にした場合もある。

六　本著は、『山梨県史』民俗編（山梨県、二〇〇三年）に関わった専門委員・調査委員を中心に執筆されている。そのため、『山梨県史』民俗編の執筆箇所の参照については省略した。

㈠　次の一歩の学習案内文献

①山梨県の民俗・生活文化の全体像を学ぶ

土橋里木・大森義憲『日本の民俗19山梨』第一法規出版、一九七四年

山梨県編『山梨県史』民俗編、山梨県、二〇〇三年

②県内の民俗を知り、地域差を考える

山梨県教育委員会編『山梨県民俗資料緊急調査報告書―県下30地区の民俗―』山梨県教育委員会、一九六四年
山梨県教育委員会編『山梨県民俗地図―山梨県民俗文化財分布調査報告書―』山梨県教育委員会、一九八五年

③特定の分野について、県内の民俗を知る

上野晴朗『やまなしの民俗―祭りと芸能―』光風社書店、一九七三年
坂本高雄『山梨の草葺民家―伝統的形式住居の終焉―』山梨日日新聞社、一九九四年
土橋里木『甲斐昔話集』（全国昔話資料集成一六）岩崎美術社、一九七五年
土橋里木『甲斐の伝説』第一法規出版、一九七五年
中沢　厚『山梨県の道祖神』有峰書店、一九七三年
服部治則『農村社会の研究―山梨県下における親分子分慣行』御茶の水書房、一九八〇年
山梨県教育委員会編『山梨県の民家』山梨県教育委員会、一九八二年
山梨県教育委員会編『山梨県の民謡―民謡緊急調査報告書―』山梨県教育委員会、一九八三年
山梨県教育委員会編『山梨県の諸職―山梨県諸職関係民俗文化財調査報告書―』山梨県教育委員会、一九八六年
山梨県教育委員会編『山梨県の祭り・行事―山梨県祭り・行事調査報告書―』山梨県教育委員会、一九九九年
山梨県教育委員会編『山梨県の民俗芸能―山梨県民俗芸能緊急調査報告書―』山梨県教育委員会、二〇一二年

④特定地域の民俗を調べる

塩山市史編さん委員会編『塩山市史』通史編下巻民俗編、塩山市、一九九八年
甲府市史編さん委員会編『甲府市史』別編1民俗、甲府市役所、一九八九年
須玉町史編さん委員会編『須玉町史』民俗編、須玉町、二〇〇二年

都留市史編纂委員会編『都留市史』資料編民家・民俗、都留市、一九八九年
西桂町誌編さん委員会編『西桂町誌』資料編第三巻近現代・民俗、西桂町、二〇〇〇年
富士吉田市史編さん委員会編『富士吉田市史』民俗編一・二、富士吉田市、一九九六年
山梨市役所編『山梨市史』民俗編、山梨市、二〇〇五年

⑤民俗と民俗学を学ぶ
大島暁雄・佐藤良博他編『図説民俗探訪事典』山川出版、一九八三年
福田アジオ・宮田登編『日本民俗学概論』吉川弘文館、一九八三年
福田アジオ・内山大介他編『図解案内日本の民俗』吉川弘文館、二〇一二年
柳田国男『郷土生活の研究法』ちくま文庫版『柳田国男全集』二八巻所収、筑摩書房、一九九〇年
⑥民俗調査に挑戦する
上野和男・高桑守史他編『新版民俗調査ハンドブック』吉川弘文館、一九八七年
野本寛一・赤坂憲雄編『暮らしの伝承知を探る』（フィールド科学の入口）玉川大学出版部、二〇一三年
⑦民俗を調べるための辞書
福田アジオ・神田より子他編『日本民俗大辞典』（上下二巻）吉川弘文館、一九九九・二〇〇〇年
民俗学研究所編『民俗学辞典』東京堂、一九五一年
民俗学研究所編『改訂綜合日本民俗語彙』（全五巻）、平凡社、一九五五～六年
山梨日日新聞社編『山梨百科事典』（増補改訂版）山梨日日新聞社、一九八九年

㈡　参照・引用文献

第一章　つながる人々

大間知篤三「呪術的親子」大間知篤三『神津の花正月』六人社、一九四三年（『大間知篤三著作集』四巻所収、未来社、一九七八年）
喜多野清一「甲州山村の同族組織と親方子方慣行―山梨県北都留郡桐原村大垣外を中心として―」『民族学年報』第二巻、一九四〇年
喜多野清一・正岡寛司編『「家」と親族組織』早稲田大学出版部、一九七五年
桜木真里子「横田町における頼母子講について」中野泰編『川と海の民俗誌：陸前高田市横田・小友地区民俗調査報告書―』（気仙地域の歴史・考古・民俗学的総合研究・民俗部門報告書）筑波大学人文社会系中野泰研究室、二〇一七年
中込睦子「葬後供養と親族の服喪―親念仏とオカエリジンギをめぐって―」『長野県民俗の会会報』二五号、二〇〇二年
中込睦子「山梨県のジルイ―文字資料と伝承を素材として―」『歴史人類』三七号、二〇〇九年
長崎県田平町郷土誌編纂委員会『田平町郷土誌』一九九三年
萩原頼平編『甲斐志料集成』12、甲斐志料刊行会、一九三五年
服部治則「甲州の同族神―特に「苗字かけ」について―」『民間伝承』一三巻一二号、一九四九年
服部治則『農村社会の研究―山梨県下における親分子分慣行―』御茶の水書房、一九八〇年
富士吉田市史編さん委員会編『富士吉田市史』民俗編第一巻、富士吉田市、一九九六年
古島敏雄編『山村の構造』御茶の水書房、一九五二年
堀内　眞「山梨県下のオヤシマイ・シュウトトムライ」『信濃』三七巻一号、一九八五年
堀内　眞「御幸祭について」『山梨県史研究』第五号、一九九七年
みかなぎりか『飛騨古川のものがたり』文藝春秋、二〇〇二年

御坂町誌編纂委員会編『御坂町誌』本誌編、御坂町、一九七一年
柳田国男「山宮考」ちくま文庫版『柳田国男全集』一四巻所収、筑摩書房、一九九〇年
山梨県編『山梨県史』通史編六、山梨県、二〇〇六年
山梨県教育委員会編『御幸道』（山梨県歴史の道調査報告書第17集）山梨県教育委員会、一九八八年
山梨県教育委員会編『山梨県の祭り・行事―山梨県祭り・行事調査報告書―』山梨県教育委員会、一九九九年

第二章　なりわいと技術

網野善彦『甲斐の歴史をよみ直す』山梨日日新聞社、二〇〇三年（新書版、二〇〇八年）
飯田文弥「江戸後期の市川紙業と駿州へ紙漉出稼ぎの差止について」『甲斐』一一九号、二〇〇九年
市川大門町誌刊行委員会編『市川大門町誌』市川大門町誌刊行委員会、一九六七年
岩沢愿彦「甲斐の『はだよし』―特に手本紙について―」岩橋小弥太博士頌寿記念会編『日本史籍論集』下巻、吉川弘文館、一九六九年
笠井東太『西島紙の歴史（和紙）』西島手すき紙工業協同組合、一九五六年
熊王徳平『狐と狸』東邦出版社、一九七〇年
斎藤左文吾『近世製紙業の研究―甲斐市川大門村及び河内地方の和紙業について―』山梨日日新聞社、一九九六年
榊　莫山『文房四宝　硯の話』角川書店、一九八一年
須玉町史編さん委員会編『須玉町史』民俗編、須玉町、二〇〇二年
塚原美村『行商人の生活』雄山閣、一九七〇年
都留文科大学民俗学研究会編『雨畑の民俗　山梨県南巨摩郡早川町雨畑』（民俗調査報告第13号）都留文科大学民俗学研究会、一九八九年

寺島良安『和漢三才図会』巻二十七（東洋文庫版5）、平凡社、一九八六年
中富町誌編纂委員会『中富町誌』中富町、一九七一年
西山村総合学術調査団編『西山村総合調査報告書』山梨県教育委員会、一九五八年
萩原三雄編『山梨不思議事典』新人物往来社、二〇〇九年
深沢正志『秘境奈良田』峡南郷土研究会、一九八〇年
富士吉田市史編さん委員会編『上吉田の民俗』（市史民俗調査報告書9）富士吉田市、一九八九年
富士吉田市史編さん委員会編『富士吉田市史』民俗編第一巻、富士吉田市、一九九六年
文化庁文化財部編『焼畑習俗Ⅱ（山梨県・宮崎県）』（民俗資料選集30）、国土地理協会、二〇〇二年
平凡社地方資料センター編『山梨県の地名』（日本歴史地名大系19）平凡社、一九九五年
堀内　眞『山に暮らす―山梨県の生業と信仰―』岩田書院、二〇〇八年
松江重頼編『毛吹草』（岩波文庫、一九八八年）
三宅也来『萬金産業袋』（『万金産業袋』生活の古典双書5、八坂書房、一九七三年）
村上　某『甲州噺』（甲斐叢書刊行会編『甲斐叢書』巻二所収、第一書房、一九七四年）
村松志孝『市川紙業史』今村三三、一九五〇年
森島万象一世編『紅毛雑話』巻二、天明七年序
山梨郷土研究会編『山梨郷土研究入門』山梨日日新聞社、一九九二年
山梨県教育委員会編『山梨県の民家』山梨県教育委員会、一九八二年
山梨県教育委員会編『山梨県の民謡―民謡緊急調査報告書―』山梨県教育委員会、一九八三年
山梨県教育庁学術文化財課編『富士山　山梨県富士山総合学術調査研究報告書―資料編―』山梨県教育委員会、二〇一二年

山梨県史編さん専門委員会民俗部会編『在家塚の民俗―中巨摩郡白根町―』山梨県、一九九六年
山梨県富士山総合学術調査研究委員会編『富士山　山梨県富士山総合学術調査研究報告書2―本文編―』山梨県富士山世界文化遺産保存活用推進協議会、二〇一六年
山梨県立博物館編『企画展　葡萄と葡萄酒（ワイン）』山梨県立博物館、二〇一六年
山梨日日新聞社編『山梨百科事典』山梨日日新聞社、一九七二年
竜王町史編さん委員会『竜王町史』竜王町、二〇〇四年

第三章　身近なモノとくらし

安藤邦廣『茅葺きの民俗学　生活技術としての民家』はる書房、一九八三年
影山正美「山梨県における粉食文化の一断面―いわゆるウドン正月の事例を中心に―」『山梨県史研究』三号、一九九五年
影山正美「関東・甲信地方のホウトウ食とウドン正月の民俗」『食文化助成研究の報告』一一号、味の素食の文化センター、二〇〇〇年
坂本高男『山梨の草葺民家―伝統的形式住居の終焉―』山梨日日新聞社、一九九四年
髙橋晶子「カルサンかモンぺか」『民具マンスリー』第三九巻八号、二〇〇六年
土橋里木「芦川村のカラサンについて」『民俗手帖』一、山梨民俗の会、一九五五年
土橋里木「芦川村のカラサン追記」『民俗手帖』四、山梨民俗の会、一九五六年
西桂町誌編さん委員会編『西桂町誌』資料編第三巻近現代・民俗、西桂町、二〇〇〇年
富士吉田市歴史民俗博物館『仕事と仕事着』展示解説、富士吉田市、二〇〇五年
山崎祐子「織物業」日本民俗建築学会編『日本の生活環境文化大事典』柏書房、二〇一〇年
山崎祐子「食生活」日本民俗建築学会編『日本の生活環境文化大事典』柏書房、二〇一〇年

山梨県教育委員会編『山梨県の民謡―民謡緊急調査報告書―』山梨県教育委員会、一九八三年
山梨市役所編『山梨市史』民俗編、山梨市、二〇〇五年
山梨日日新聞社編『芦川村誌』下巻、芦川村役場、一九九二年

第四章　人生のおりめ
浅野久枝「『伝統』を産み育てる力―山中諏訪明神安産祭の事例から―」『山梨県史研究』一〇号、山梨県、二〇〇二年
須玉町史編さん委員会編『須玉町史』民俗編、須玉町、二〇〇二年
髙山　茂「甲斐の太太神楽」『甲斐路』七八号、山梨郷土研究会、一九九四年
土橋里木「山梨県上九一色地方」『旅と伝説・婚姻習俗』一九三三年
富士吉田市史編さん委員会編『富士吉田市史』民俗編一・二、一九九六年
文化庁編『日本民俗地図』6（婚姻）、国土地理協会、一九七八年
柳田国男「聟入考」『婚姻の話』ちくま文庫版『柳田国男全集』一二巻所収、筑摩書房、一九九〇年
山梨県史編さん専門委員会民俗部会編『上津金の民俗―北巨摩郡須玉町―』山梨県、一九九四年

第五章　まちどおしい日
影山正美「山梨県における粉食文化の一断面―いわゆるウドン正月の事例を中心に―」『山梨県史研究』三号、一九九五年
影山正美「関東・甲信地方のホウトウ食とウドン正月の民俗」『食文化助成研究の報告』一一号、味の素食の文化センター、二〇〇〇年
須玉町史編さん委員会編『須玉町史』民俗編、須玉町、二〇〇二年
天川幸造『土に生きる』私家版、一九九五年

信清由美子「山梨の七夕人形」『甲斐』一二四号(特集 人形)、山梨郷土研究会、二〇一一年
富士吉田市史編さん委員会編『富士吉田市史』民俗編一・二、一九九六年
山中共古（笑）『甲斐の落葉』（炉辺叢書）郷土研究社、一九二六年（有峰書店、一九七五年）
山梨県立博物館編『開館企画展　やまなしの道祖神祭り―どうそじん・ワンダーワールド―』山梨県立博物館、二〇〇五年
山梨県立博物館編『消えた「おかぶと」―節句人形カナカンブツの謎を追う―』山梨県立博物館、二〇〇九年

第六章　人の心とまつり

伊藤堅吉「富士講」『民衆宗教の思想』（日本思想大系67）岩波書店、一九七一年
岩科小一郎『山の民俗』岩崎美術社、一九六八年
小沢秀之「甲斐の山宮」『甲斐路』二二号、山梨郷土研究会、一九七二年
影山正美「『椀貸し伝説』考―『市』の始原的風景を探る―」『甲斐路』七〇号、山梨郷土研究会、一九九一年
北野博美・小寺融吉・小田内通久・西角井正慶・圖師嘉彦「六齋見學記録（山梨県南都留郡中野村平野に残存する『六齋』見学記録）」『民俗芸術』三巻一〇号、民俗芸術の会、一九三〇年
五来重編「念仏藝能」『日本庶民生活史料集成』第十七巻民間藝能、三一書房、一九七二年
杉本　仁『選挙の民俗誌―日本的政治風土の基層―』梟社、二〇〇七年
土橋里木『甲斐昔話集　続』（諸国叢書）郷土研究社、一九三六年
土橋里木『甲斐伝説集』山梨民俗の会、一九五三年
土橋里木『わらべ唄研究ノート―山梨県上九一色村の童謡と童戯―』山梨ふるさと文庫、一九八七年
中沢　厚『山梨県の道祖神』有峰書店、一九七三年
西桂町誌編さん委員会編『西桂町誌』資料編第三巻近現代・民俗、西桂町、二〇〇〇年

富士吉田市教育委員会歴史文化課編『吉田の火祭』富士吉田市教育委員会、二〇〇五年
富士吉田市教育委員会編『富士山吉田口御師の住まいとくらし』富士吉田市教育委員会、二〇〇八年
富士吉田市史編さん委員会編『富士吉田市史』史料編第五巻、一九九七年
古屋和久「山梨の岩船地蔵研究の現状と課題」『甲斐』一一三号、山梨郷土研究会、二〇〇七年
堀内　眞「社上山の花見―川口の山遊びの歌とおさか参り―」『富士　創刊五周年記念号』富士短歌会、二〇一一年
正岡子規『病床六尺』一九〇二年（『現代日本文学全集』6所収、筑摩書房、一九五五年）
松平定能編『甲斐国志』全五巻（『大日本地誌大系』所収、雄山閣出版、一九六八～一九八二年）
山中共古（笑）『甲斐の落葉』（炉辺叢書）郷土研究社、一九二六年（有峰書店、一九七五年）
山梨県編『山梨県史』資料編六、山梨県、二〇〇一年
山梨県教育委員会編『山梨県の祭り・行事―山梨県祭り・行事調査報告書―』山梨県教育委員会、一九九九年
山梨県教育委員会編『山梨県の民俗芸能―山梨県民俗芸能緊急調査報告書―』山梨県教育委員会、二〇一二年
山梨県史編さん専門委員会民俗部会編『二之宮の民俗―東八代郡御坂町―』山梨県、一九九七年

第七章　過去・現在・未来

秋山敬・笹本正治・飯田文弥・斎藤靖彦『山梨県の歴史』山川出版、一九九九年
石井　進監修『日本歴史の原風景―21世紀への遺産―』別冊歴史読本41、新人物往来社、二〇〇〇年
磯貝正義・飯田文弥『山梨県の歴史』山川出版、一九七三年
大柴弘子『甲州樫山村の歴史と民俗』Ⅱ、鳥影社、二〇一七年
喜多野清一「甲州山村の同族組織と親方子方慣行―山梨県北都留郡棡原村大垣外を中心として―」『民族学年報』第二巻、一九四〇年

五緒川津平太『キャン・ユー・スピーク甲州弁?』①・②・③、樹上の家出版、二〇〇九・二〇一三・二〇二〇年
外川家住宅学術調査会・富士吉田市歴史民俗博物館編『富士山吉田口御師の住まいと暮らし―外川家住宅学術調査報告書―』(富士吉田市文化財調査報告書第七集)富士吉田市教育委員会、二〇〇九年
日本常民文化研究所編『富士講と富士塚―東京・神奈川―』(日本常民文化研究所調査報告第二集)日本常民文化研究所、一九七八年
日本常民文化研究所編『富士講と富士塚―東京・埼玉・千葉・神奈川―』(日本常民文化研究所調査報告第四集)日本常民文化研究所、一九七九年
萩原三雄編『山梨不思議事典』新人物往来社、二〇〇九年
服部治則「山梨県下に於ける親分子分関係の一類型」『山梨大学学芸学部研究報告』三号、一九五二年
服部治則『農村社会の研究―山梨県下における親分子分慣行―』御茶の水書房、一九八〇年
富士急行50年史編纂委員会編『富士山麓史―富士急行株式会社創立50周年記念出版』富士急行株式会社、一九七七年
富士塚調査研究委員会編『富士見十三州　富士塚調査報告書―富士山信仰と富士塚―』富士市立博物館、一九九六年
富士吉田市教育委員会編『富士山吉田口登山道関連遺跡報告書　歴史の道整備活用推進事業に伴う調査報告書』富士吉田市教育委員会　二〇〇一年
富士吉田市史編さん室編『上吉田の石造物―富士吉田市上吉田地区石造物調査報告書―』(富士吉田市史資料叢書一一)　富士吉田市教育委員会、一九九一年
富士吉田市史編さん室編『マネキ』(富士吉田市史資料叢書一三)富士吉田市教育委員会、一九九六年

ポールラッシュ記念センター編『キープ協会五〇年のあゆみ』キープ協会、一九九七年
森岡清美「あとがき」東京教育大学社会学研究室編『山梨県秋山村中野・神野社会調査実習報告』一九六〇年
柳田国男編『山村生活の研究』民間伝承の会（発売岩波書店）一九三七年
山梨郷土研究会編『山梨郷土研究入門』山梨日日新聞社、一九九二年
山梨郷土研究会編『山梨の歴史景観』山梨日日新聞社、一九九九年
山梨県教育委員会文化課編『山梨県歴史の道調査報告書』山梨県教育委員会、一九八四年～一九九一年
山梨県教育庁学術文化財課編『富士山　山梨県富士山総合学術調査研究報告書』山梨県教育委員会、二〇一二年
山梨県富士山総合学術調査研究委員会編『富士山　山梨県富士山総合学術調査研究報告書2』山梨県富士山世界文化遺産保存活用推進協議会、二〇一六年
山梨県立博物館編『河口集落の歴史民俗的研究』（平成25年度山梨県立博物館調査・研究報告7）山梨県立博物館、二〇一四年
山梨県立富士山世界遺産センター編『世界遺産　富士山』第一集（　特集「御中道調査報告」）山梨県立富士山世界遺産センター、二〇一七年
山梨県立富士山世界遺産センター編『世界遺産　富士山』第二集、山梨県立富士山世界遺産センター、二〇一八年
山梨県立吉田高等学校六十年史編集委員会編『山梨県立吉田高等学校六十年史』山梨県立吉田高等学校同窓会、一九九七年
『図説富士山百科　富士山の歴史と自然を探る』（別冊歴史読本14）、新人物往来社、二〇〇二年

編集後記

本書は山梨県史民俗部会に関わった者が主となって執筆した。『山梨県史』民俗編の刊行（二〇〇二年）から、二十年以上の歳月が経つ。刊行後も年二回の研究会が続いた。十年くらい経った頃であろうか。成果を形にしたらどうだろうか。積極的な声があったとも記憶していないが、雰囲気が湧き上がっていたことは間違いない。

県史編さんは百年に一度の大事業である。県史『民俗編』に関していえば、総頁数一二〇〇余の分厚い書に仕上がった。内容もふくめて、「空前」にして「絶後」の書になっていると思う。「手に取って読んでほしい」と願うが、やはり専門書に属そう。かといって、読まれないのは寂しい。当初、県史『民俗編』の枠組みをそのまま生かし、幅広い年齢層の方々にも気軽に読んでもらえるよう、再編集しようと考えた。分厚い専門書と一般の読者との橋渡しをしたい。本書の出発点にあった動機である。

四十ほどのテーマを設けて割り振り、その後の研究会で検討を重ねた。その過程で明らかになったのは、「専門性」と「読みやすさ」の両立の難しさである。両立もまた「専門性」であった。入門書をつくろうとした私たちが、入門者であったわけである。

そこで当初の枠組を見直した。タイトルをはじめ、試みのいくつかは感じ取っていただけるであろう（これも楽観的か）。いずれにしても反省多き出版物であるが、県史『民俗編』と同様、学史上においては唯一無二の書である。この自負だけは持ち続けたい。

県史『民俗編』の刊行まで、約十年の調査・執筆の期間がある。この間の思い出を拾い出せば切りがない。それらのなかで鮮明に残るのが、中途で物故せられた先生方の声と笑顔である。本書の刊行を見守ってくださった方々である。ここに紹介しておきたい。

初代民俗部会長の服部治則先生。親分子分研究の第一人者で、著書の『農村社会の研究』(一九八〇年)は広く知られる。雪深い峠道を長靴姿で調査地に入ったお話などは、脳裏に焼き付いている。

専門委員の宮本袈裟雄先生。私は学生時代、先生にお世話になった。私は先生から民俗調査の手ほどきを受けた。それから十年後、県史編さん事業での再会は、ほんとうに幸せな偶然であった。

専門調査員の髙山茂先生。山梨県のご出身で、専門は民俗芸能であった。県内を隈なく歩かれた。山峡に伝わる芸能が消え去ろうとする寸前の時期、精力的な調査を積み重ねられた。大変バイタリティーあふれる方であった。本書に載る二編は遺稿である。

本書はささやかな試みにすぎない。次代に継がれて新たな一書が編まれんことを希う。

なお、山梨県史の関係者ではないが、青柳陽一・鈴木利秋・信清由美子の三氏に助っ人としてご協力いただいた。アスパラ社の向山美和子さんもまた、本書の生みの「親」のお一人である。末筆ながら、心より御礼申し上げる。

(影山正美)

山梨民俗研究会

山梨県史民俗部会を母体とした任意の研究会。2002年の県史刊行後も、年に2、3回の研究会を継続してきた。研究会のメンバー12名のほか、県史編さんに関係しなかった新たな会員も加わって、県史民俗編で十分に追究できなかったテーマについて研究を深めてきた。

ふるさと山梨の民俗世界―可能性としての生活文化―

2024年10月26日　第1版 発行
2025年　1月23日　第2版 発行

編著者　山梨民俗研究会
発行者　向山 美和子
発行所　㈱アスパラ社
〒409-3867 山梨県中巨摩郡昭和町清水新居102-6
TEL 055-231-1133
装　丁　㈱アド・ステーション
印　刷　シナノ書籍印刷㈱

ISBN978-4-910674-11-7

執筆者紹介

青柳　陽一（あおやぎ　よういち）
山梨郷土研究会会員／第１章第７節

浅野　久枝（あさの　ひさえ）
同志社女子大嘱託講師、山梨県文化財保護審議会委員、元山梨県史編さん民俗部会専門調査員　／第１章第１節、第４章第21・23・25・26節

影山　正美（かげやま　まさみ）
駿台甲府高校美術デザイン科非常勤講師、元山梨県史編さん民俗部会専門調査員／第２章第10節、第３章第15・19節、第４章第24節、第５章第27節、第６章第40節、第７章第42・44節

菊池　邦彦（きくち　くにひこ）
東京都立産業技術高等専門学校名誉教授、元山梨県史編さん民俗部会専門調査員／第６章第35節

鈴木　利秋（すずき　としあき）
甲府市立北西中学校非常勤講師、元甲府市立北東中学校教諭、元山梨県史編さん近代部会主査／第２章第13節

髙橋　晶子（たかはし　あきこ）
元山梨県史編さん民俗部会嘱託／第３章第17節

髙山　茂（たかやま　しげる）
元山梨県史編さん民俗部会専門調査員、元日本大学国際関係学部教授／第５章第29・30節

中込　睦子（なかごみ　むつこ）
山梨県文化財保護審議会委員、元筑波大学人文社会系准教授、元山梨県史編さん民俗部会専門調査員／第１章第２・３・４・５節、第７章43節

野口　茂文（のぐち　しげふみ）
山梨県立白根高校非常勤講師、元同校教諭、元山梨県史編さん中世部会主査／第２章第14節、第７章第41節

信清　由美子（のぶきよ　ゆみこ）
山梨郷土研究会会員／第５章第32節

福田　アジオ（ふくた　あじお）
国立歴史民俗博物館名誉教授、元山梨県史編さん民俗部会長／序章、第１章第６節

古屋　和久（ふるや　かずひさ）
都留文科大学教授、元山梨県史編さん民俗部会特別調査員／第４章第22節、第５章第33節、第６章第36節

堀内　眞（ほりうち　まこと）
山梨県立富士山世界遺産センター学芸員、元山梨県史編さん民俗部会専門委員／第１章第７節、第２章第８・11・13節、第６章第34・38・39節、第７章第46・47節

松田　香代子（まつだ　かよこ）
愛知大学非常勤講師、元山梨県史編さん民俗部会特別調査員／第２章第９節、第６章第37節、第７章第45節

丸尾　依子（まるお　よりこ）
山梨県立博物館学芸員／第２章第12節、第３章第20節、第５章第28・31節

山崎　祐子（やまざき　ゆうこ）
一般財団法人宮本記念財団理事・研究員、元山梨県史編さん民俗部会特別調査員／第３章第16・18節

索　引

1　本文および頭注から重要語句、専門用語、人名を採録し、五十音順に配列した。
2　見出しは本文・頭注に記載された文字としたが、ひらがな・カタカナの見出しに適切な漢字表記がある場合には、括弧書きでそれを記載した。
3　見出しの表記のみではその内容が想起しにくいと思われる語については、括弧内に簡単な注記を施した。

か

さ

し

す

せ

そ

な

に

ぬ

ね

の

は

み

む

め

も

や

ゆ

よ

り

れ

ろ

わ